U0620720

城乡一体发展的新常态、新动力与新建构研究

Study on the New Normal, New Impetus and New Construction of Urban-Rural Integration Development

蔡书凯 著

国家社科基金后期资助项目
出版说明

后期资助项目是国家社科基金设立的一类重要项目，旨在鼓励广大社科研究者潜心治学，支持基础研究多出优秀成果。它是经过严格评审，从接近完成的科研成果中遴选立项的。为扩大后期资助项目的影响，更好地推动学术发展，促进成果转化，全国哲学社会科学工作办公室按照“统一设计、统一标识、统一版式、形成系列”的总体要求，组织出版国家社科基金后期资助项目成果。

全国哲学社会科学工作办公室

目　　录

第一章
引　言

一　研究背景

习近平总书记指出，要以改革创新的精神围绕统筹城乡发展，建立以工促农、以城促乡的长效机制，形成城乡一体化发展的格局。党的十九大提出，中国特色社会主义进入新时代，我国社会主要矛盾已经转化为人民日益增长的美好生活需要和不平衡不充分的发展之间的矛盾。提出要实施“乡村振兴战略”，“要坚持农业农村优先发展，按照产业兴旺、生态宜居、乡风文明、治理有效、生活富裕的总要求，建立健全城乡融合发展体制机制和政策体系，加快推进农业农村现代化”。

城乡一体化是随着生产力的发展而促进城乡居民权利的平等化重构的过程，进而使城乡人口、技术、资本、资源等要素相互融合，互为资源，互为市场，互相服务，逐步达到城乡之间在经济、社会、文化、生态上协调发展的过程。① 推进城乡一体化建设，是我党在加速推进社会主义现代化建设新时期基于现实国情而提出的重大战略之一。2002 年，党的十六大在制定全面建设小康社会战略的同时，针对城乡二元结构提出了“统筹城乡经济社会发展”的方针。党的十七大报告中明确提出，“要加强农业基础地位，走中国特色农业现代化道路，建立以工促农、以城带乡长效机制，形成城乡经济社会发展一体化新格局”。党的十七届三中全会再次

① 吕连生：《中部地区城乡一体化特色和发展新对策》，《江淮论坛》2013 年第 6 期。

强调，“我国总体上已进入以工促农、以城带乡的发展阶段，进入加快改造传统农业、走中国特色农业现代化道路的关键时刻，进入着力破除城乡二元结构、形成城乡经济社会发展一体化新格局的重要时期”，并进一步提出到2020年，城乡经济社会发展一体化体制机制基本建立。党的十八届三中全会提出“必须健全体制机制，形成以工促农、以城带乡、工农互惠、城乡一体的新型工农城乡关系，让广大农民平等参与现代化进程、共同分享现代化成果”，为城乡一体化、为“三农”问题的解决指明了方向、提供了新的契机。2015年4月30日下午，中共中央政治局就健全城乡发展一体化体制机制进行第二十二次集体学习，习近平总书记在主持学习时强调，加快推进城乡发展一体化，是党的十八大提出的战略任务，也是落实“四个全面”战略布局的必然要求。党的十九大作出中国特色社会主义进入新时代的科学论断，提出实施乡村振兴战略的重大历史任务。实施乡村振兴战略的提出既是推动城乡一体化战略部署的重大举措，又是对城乡一体发展的继承和超越。

2018年，中国城镇化率已达到59.58%，改革开放以来，中国城市城区规模不断扩大，且逐渐向周边农村延伸；同时也积累了城乡关系转型升级资本、物质和技术基础。农村经济社会事业不断发展，农民收入快速增长，2018年，农民人均纯收入14600元，比2017年增长7.35%，增速继续保持高于GDP增速和城镇居民收入增速；城乡面貌焕然一新，农村公共设施建设不断完善；农村公路“村村通”目标基本实现，大部分农村人口的饮水安全问题得到解决；公共服务均等化进一步快速推进，国家社会事业发展的重心逐渐转向农村；农村社会保障体系不断健全，按照保基本、广覆盖、有弹性、可持续原则，农村社会保障制度框架逐步搭建，新型农村合作医疗覆盖97%的农民，农村最低生活保障制度覆盖5300多万人，从2009年起开展新型农村社会养老保险试点，国家不断加大补贴力度，目前，已有7800多万农民开始领取养老金。

但是，我们在看到成绩的同时，也应看到目前的实践与我国城乡一体化发展的目标，还相去甚远。虽然近年来，中国城市化进程不断推进，但在长期“城乡分治”制度的作用下，中国城乡二元结构的矛盾没有得到根本缓和，城乡差距仍然呈现不断扩大的趋势，中国城市孤立发展的态势没有根本改观，城市与农村、点与面之间相互隔离，城市经济、社会发展的扩散效应难以发挥，经济增长的福利不能及时为区域所有主体所共享。突出表现在：一是城乡发展不平衡问题突出，关键症结在于城乡收入差距仍然较大。据国家统计局公布的数据，2018 年我国城镇居民人均可支配收入 39251 元，农村居民人均可支配收入 14617 元，城乡居民收入比为 2.69∶1，城镇居民和农村居民的收入水平差距呈现缩小趋势，但仍在高位运行。突出的问题是农民收入远低于城镇化居民收入。此外，城乡分割的二元体制仍然在各个维度广泛存在，如二元土地制度、二元户籍制度、城乡资源无法自由流动、城乡要素交换不平等、农村基本公共服务薄弱、城乡劳动力市场的隔离等。二是土地城镇化和人口城镇化之间呈现非均衡发展。土地的城镇化快于人口的城镇化，二元土地制度和二元户籍制度直接导致了当前中国的土地城镇化明显快于人口城镇化，但更深层原因是以投资驱动为导向的经济发展战略。三是农民持续增收难度大。由于农业生产本身的自然风险加大，以及家庭联产承包责任制带来的小农户大市场问题，再加上城乡二元结构影响等原因，中国农民稳定增收仍面临较大的不确定性。四是“农业现代化”和“农业安全”程度不高。我国农业正处于传统农业向现代农业转变时期，科技含量较低；农业生产的产前、产中、产后劳动生产过程中，农业机械化程度较低，农业现代化程度不高。部分农产品对国外市场的依存度较高，存在粮食安全风险。五是城乡社会发展水平不平衡，农村社会发展水平落后于城市。与城市相比，农村公共产品的享有率远远落后于城市。除了交通、邮电、通信等基础设施落后，从社会保障方面来看，农村远远落后于城市，农村居民只享有极少的最低保障，从医疗来看，农村医疗卫生事业同城市相比同样存在明显的差距，占总人口 70% 的农村人口只享有 20% 的卫生资源。从教育来说，农村居民的教育环境、受教育程度等与城市相差甚远，国家教育经费投向明显向城镇倾斜。有关资料表明，在其他条件相同的情况下，城镇居民平均比农村居民多接受 4.5 年教育①。六是城乡一体发展的体制机制有待进一步完善。我国现行的城乡制度格局中，以户籍制度、土地制度为重点和核心，

① 廖其成：《大力推进城乡发展一体化建设》，《求实》2013 年第 S1 期。

涉及劳动就业、教育、社会保障、环境管理、金融、公共服务等多项制度，都存在不同程度上的二元结构，对城乡一体化的推进形成瓶颈制约和阻碍。

在经过多年的高速发展后中国经济步入新常态。我国正处在工业化结构性加速向城市化结构性减速转换，城乡一体发展的背景和动力发生深刻变化，驱动城乡一体发展的部分传统动力在逐渐减少或者衰竭，而新的动力尚在萌芽和培育。例如，经济增速下滑导致的地方政府可支配财力增长速度的下滑可能影响到农村基础设施和公共产品的投入数量和投入速度、农民非农收入增长受限，老龄化导致的外出务工人员触及天花板等。新型城镇化的重点转向人口城镇化必然拉动城乡一体发展；人口结构变化和服务业的发展将推动劳动者尤其是农民工的工资提高；农村土地制度改革将进一步激活农村土地要素市场；食品消费结构加快转型升级拓展了优质生态农产品市场，互联网和现代物流的发展赋予农业更多当代商业色彩，农业生产“转方式、调结构、增效益”面临重大机遇。另外，近些年来，中央财政不断增加对农业的投入，加快现代农业建设，农村的物质资本积累已经到了从量变到质变的阶段，人力资本积累也有了很大发展。这些都意味着新常态下农业现代化面临新的机遇和动力。

二 研究意义

自改革开放以来，中国城乡经济社会不断发展，城乡交换关系逐步改善，城乡分割开始松动。基于对城乡关系变化态势的现实评估以及可持续发展观的内在要求，国家“十五”计划在城乡关系协调方面提出将“增加农民收入放在经济工作的突出位置”；党的十六大明确提出统筹城乡经济社会发展的方略。党的十七大进一步提出形成城乡经济社会发展一体化的新格局，十七届三中全会提出了“至2020年基本建立城乡经济社会发展一体化体制机制”的改革目标，标志着我国城乡关系进入了一个划时代的新阶段；党的十八届三中全会提出“形成以工促农、以城带乡、工农互惠、城乡一体的新型工农城乡关系，让广大农民平等参与现代化进程、共同分享现代化成果”，意味着中国城乡关系建设站在了更高的历史起点。党的十九大进一步提出要实施乡村振兴战略，促进城乡融合发展，是对城乡一体的继承和超越，是新农村建设的加强版和升级版。

展望未来，新常态下中国经济社会将面临深刻而全面的“转型”。这将是我国推进城乡一体化的关键时期，需要全面加快推进农村改革，建立城乡一体化的体制机制，为转变经济发展方式、实现公平与可持续发展奠定重要基础。城乡一体化是一个不断深化改革的过程，即打破原有城乡二元结构继而建立新体制的过程。只有不断创新体制机制，才能突破二元结构的瓶颈，才能为城乡一体化改革的推进提供强大动力和持续保障。城乡一体化进程全面推进将极大地改变中国经济社会面貌，再一次解放中国的生产力，推动中国顺利走出“中等收入陷阱”，向全面小康社会迈进。基于此，研究和探讨城乡一体发展的推进策略，适当选择当前解决是当前“三农”问题的着力点，统筹推进一些重要领域和关键环节体制机制改革，是推进我国城乡一体发展的当务之急。

国际经验表明，当城市化水平处在50%左右时，是推动城乡融合的最佳时期①，2018年，中国城镇化率已达到59.58%，这意味着我国经济社会已发展到破除城乡二元结构、推进城乡一体化的新阶段，中国城乡一体发展已经走过政策性调整阶段，进入布局性和制度性建设阶段，走过了着力于解决城乡关系的矛盾和危机阶段，进入主动地根据我国全面建成小康社会目标而正确处理城乡关系的新阶段。

在这样的背景下，分析中国城乡一体发展的总体状况，从分析市场与政府、农业与非农产业、农村与城市、大城市与中小城市等关系入手，深入研究新常态下城乡一体发展的动力转换，探析当前农业现代化、农村城镇化、农民市民化等面临的机遇，在深入分析的基础上总结、凝练城乡一体发展的对策，从而形成以工促农、以城带乡、工农互惠、城乡一体的新型工农、城乡关系；分层考量中国城乡一体化发展面临的现实阻隔，从整体上寻求推进城乡一体发展制度供给的方向、路径和阶段性重点；同时，基于大国特征、结构转型和政策效率的非均质性差异，在逻辑演进、凝练

① 胡新民：《城乡发展一体化保障机制研究——基于义乌市的实证分析》，《浙江师范大学学报（社会科学版）》2014年第1期。

对策时，特别注意考量不同体制机制安排的操作可行性、策略整体性、市场力量主导性和主体包容性。在研究过程中基于动态的、综合的视角和思维方式去观察、分析、求解问题。本研究无疑有助于从本质上认识、把握城乡一体化的内在规律，有助于整体上寻求激励相容、富有效率的政策措施，有助于形成更具操作性、前瞻性的政策建议和决策参考，无疑具有十分重要的实践价值和时代意义。

三　研究框架

研究框架见图 1。

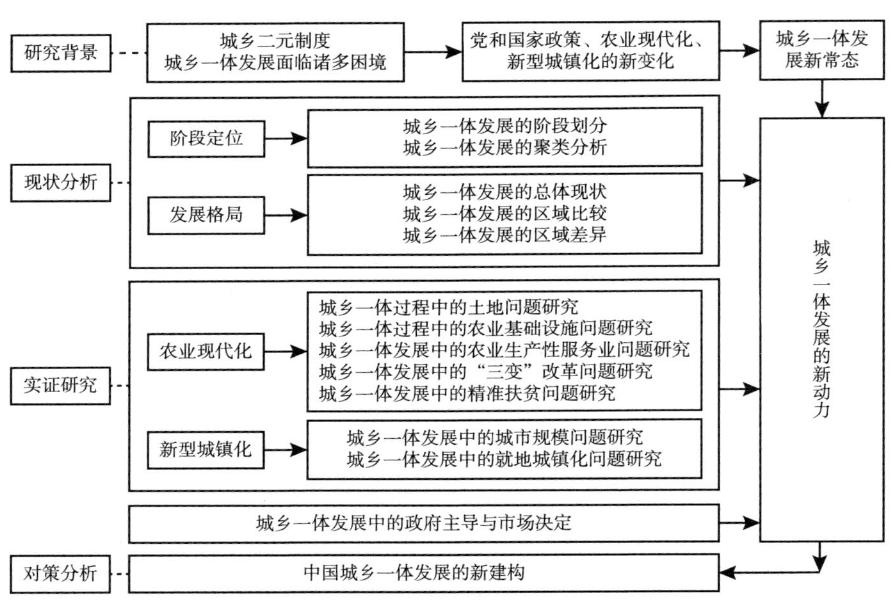

图 1　研究框架

四　研究方法

1. 文献分析与实地调研相结合

本研究所涉及的城乡一体发展的体制机制问题，学术界已经有了较多的研究积累，产出了大量的论文和学术著作；同时，关于我国城乡一体发展的经验总结资料也比较丰富。因此，本研究将按照所设计的研究思路和计划，对这些文献进行分析，提取我们所需要的信息。同时，改革开放以来，各地在城乡一体发展方面取得了比较成功的经验，对这些代表性地区的现实状况进行调研以便获得文献不能提供的第一手资料，可以使我们的研究更贴近现实。

2. 定性分析与定量分析相结合

任何事情都是质和量的统一。因而在研究过程中，本研究力图通过定性分析与定量分析的结合，例如，用计量模型分析生产要素的自由流动和平等交换问题，通过建模分析公共资源均衡配置问题，用计量模型分析来揭示城乡一体发展的总体情况、城乡一体发展过程中农户基础设施参与意愿、农户土地信托参与情况、农业生产环节外包等，力争使研究有理有据。

3. 纵向比较和横向比较相结合

纵向比较是对事物在不同时点上的情况进行分析。城乡一体发展是一个长期的动态过程，伴随着我国工业化和城市化的进程而演进，为了深入城乡一体发展的内在机理和规律，我们必须从历史角度对其全部发展进程分阶段加以对比考察。尽管各个国家和地区的城乡一体发展各有独特之处，但所涉及的问题都有一定的共性。这就使得本研究有必要而且能够借鉴发达国家和地区的发展轨迹，通过对比分析来提出健全城乡一体发展体制机制的对策。

五 主要内容

第一章为引言，主要介绍本研究的研究背景、研究意义、研究框架、研究方法和研究内容。

第二章为理论基础与文献回顾。回顾了城乡二元结构的相关主流理论，并对国内外城乡一体发展的相关文献进行了梳理和简要评价。并基于文献分析了城乡隔离发展的原因，包括产业弱质性和政策歧视说。产业弱质性理论认为农业的产业弱质性（甚至农民的群体劣势性）是城乡二元经济结构产生的原因；政策歧视说更倾向于将二元经济结构看做政府发展战略等“外生”因素作用的产物。

第三章对中国城乡一体所处的阶段进行了研究。基于国内外城乡一体相关文献和对中国城乡一体发展的现实观察，将中国城乡一体发展细分为四个阶段：城乡分离发展阶段、城乡互动发展阶段、城乡统筹发展阶段和城乡一体发展阶段。量化的分析研究表明中国城乡一体发展正由城乡互动发展向城乡统筹发展阶段转换。利用长三角地区 41 座城市数据的实证分析表明，应该改变一刀切的城乡一体化政策，基于区域差异视角实施差异化策略。

第四章对中国城乡一体发展的区域差异进行了研究。根据城乡一体化评价指标体系，对中国 287 个地级以上城市的城乡一体发展水平进行了定量测度，分析了区域差异，并基于国家的城市群战略，从“两横三纵”的城市化格局视角，分析各通道城市群的城乡一体发展情况。

第五章分析了城乡一体发展的动力来源和新常态下城乡一体发展动力来源的转换。城乡一体发展的动力来源包括外部动力来源、内部动力来源以及与上述动力因素密切相关的环境因素。新常态下城乡一体发展被提高到新的政治高度，城乡关系进入一个“强联系”驱动时期。农业现代化快速破局为城乡一体化提供了内部原动力；多种形式的城镇化稳步积极推进为城乡一体发展提供了外部牵引力。

第六章分析了城乡一体发展的内生动力：农业现代化。城乡一体发展的逻辑起点和经济基础是农业生产发展，农业现代化是城乡均衡发展的引擎，基于理论分析和实证研究，本章认为现代农业的发展越来越依赖外部知识和服务要素的投入与运用；应该在城乡互动、工农互促的过程中，推进现代服务业与农业的融合发展，不仅实现农民现代化、农业机械化和农业科技化，还要实现农业生产的组织化、市场化和社会化。具体的，本章在相关调研的基础上分析了农业现代化过程中的核心问题，包括土地流转问题、农业基础设施问题、农业生产性服务业、农村“三变”改革问题和精准扶贫问题。

关于土地流转问题，本研究重点研究了土地信托流转问题。农地资本化流转是实现农业现代化、推动新型城镇化的必然途径。本部分基于 523

份农户调研数据，首先运用 Probit 模型确定了影响农户土地信托参与意愿的影响因素，然后运用 ISM 模型分析了各影响因素间的关联关系和层次结构。研究结果表明：种植业收入占总收入的比重和对当地政府的信任程度是表层直接因素，非农就业月收入和当地经济发展水平是中间间接原因，户主年龄、户主是否非农就业、非农就业稳定性是影响土地信托参与意愿的深层根源因素；随着中国农村经济社会的变迁，农村人口老龄化和非农化进一步加剧，通过促进农民工技能提升和强化农民工融入城市培训，进而提高农民工就业的稳定性是促进农村土地信托发展的重点。

关于“三变”改革问题。“三变”改革的制度安排具有推动乡村振兴的显著特征，这使其成为推动乡村振兴的重要途径和抓手，为城乡一体发展提供了新的动力源。本研究结合作者对安徽省金寨县、旌德县、郎溪县，贵州省水城县等地“三变”改革和西藏自治区曲水县的农村集体资产股份权能改革试点工作的调研，发现“三变”改革与乡村振兴战略高度契合，是实施乡村振兴战略的重要抓手和有效路径，“三变”改革通过交易成本降低机制、扩大分工和知识溢出机制、财政支农资金注入，增强了村集体和农户的谈判筹码，有效实现了农村内部资源的聚合和裂变，也为外部资源进入农村、农业降低了交易成本，提供了有效通道。

关于精准扶贫问题。本研究借助逻辑推演方式，梳理精准扶贫作用于城乡一体化建设的方式、路径、程度，挖掘精准扶贫战略实施中的问题、缺陷，并提出精准扶贫战略要实施相应改进策略，以期最大限度发挥精准扶贫推动城乡一体化成效，破解我国“二元”经济发展格局，实现全面小康。

第七章研究了城乡一体发展的外生动力：新型城镇化。以新型城镇化引领城乡发展一体化是我国经济社会转型发展和“四化”同步发展的内在要求。本章认为我们需要摒弃过去那种城乡分割、牺牲“三农”的城镇化思路，通过新型城镇化推进城乡发展一体化，缩小城乡发展差距，实现城乡整体经济协调发展，做到人口城镇化与土地城镇化相协调，从而真正解决好“三农”问题，实现城乡一体发展的目标。本章研究了新型城镇化过程中的核心问题，包括城市规模扩张问题和就地城镇化问题。

关于城市规模问题，本研究基于增长极理论和中心—外围理论，分析了中心城区发展对外围区域农业现代化的影响；实证研究表明，城市规模扩展显著促进了区域农业现代化水平的提升，城市规模扩张对农业现代化既有极化效应又有涓滴效应。基于面板门槛模型的分析发现，当城市绝对规模小于74.26万人时，极化效应大于涓滴效应；当城市绝对规模大于221.32万人时，涓滴效应大于极化效应。研究认为基于中国的大国特征，不同规模的城市需要推行差异化的城市化带动农业现代化发展战略。

关于就地城镇化问题，本书认为，就地城镇化带来的农村新社区是传统的封闭的乡村社会向现代社会转型发展的重要载体，是城乡融合发展的有效实现形式，是提升乡村治理效果的支撑点。就地城镇化有利于城乡均衡发展、有利于农村人口就近非农转移，本书在分析当前中国就地城镇化过程中存在的问题基础上，提出了相应的对策建议。

第八章为新常态下中国城乡一体发展的新建构。在以上研究基础上，结合十八届三中全会、十九大报告、历年中央“一号文件”和近期习近平总书记讲话精神，在剖析政府与市场关系的基础上，本书提出了以下政策建议：一是需要政府与市场“双力”协同推进；二是推进农业供给侧改革，发挥市场决定作用；三是深化体制机制改革，发挥政府的主导作用；四是促进城乡产业融合发展，发挥产业的牵引作用；五是推进各种形式的城镇化，发挥城镇化的推动作用。

第二章
理论基础与文献回顾

一　理论基础

“二元结构”的概念最早是由荷兰经济学家伯克（J. H. Boeke）在1953年出版的《二元社会经济学与经济政策》一书中提出①，这本书以荷属时期印度尼西亚的经济社会结构为标本，认为当时在印度尼西亚的城市里已经出现了市场经济、市民化社会的产物，而爪哇等地农村却还处于农村公社或者是父权制共同体的原始状态。伯克认为，那时印度尼西亚处于典型的二元结构社会。

英国社会改革家埃比尼泽·霍华德（1898）在《明日的田园城市》一书中提出非常著名的“田园城市”理论，主张“用城乡一体的新社会结构形态来取代城乡对立的旧社会形态”，农业与工业联姻，农村与城市联姻，让高度繁忙和充满活力的城市生活的所有优点与农村所有的美和快乐达到完美融合②。提倡建设一个兼有城市和乡村优点的理想城市，从而城市和乡村作为一个整体运行，实现各要素的自由流动。他认为城乡都有其优点和缺点，而“城市—乡村”的融合则可以去掉各自的缺点发扬优点。他倡导通过发展中小城市来替代大都市，并形成一个高效的城市网络，以实现城市和乡村平衡、和谐发展。

① W. E. Moore, “OTHER: Economics and Economic Policy of Dual Societies as Exemplified by Indonesia. J. H. Boeke,” *American Anthropologist*, Vol. 56, No. 6, 1954, pp. 1149 – 1151.

② 埃比尼泽·霍华德：《明日的田园城市》，商务印书馆，2010。

沙里宁（1942）在《城市：它的发展、衰败和未来》一书中就详尽地阐述了有机疏散理论，他主张将原来密集的区域分成一个一个的集镇，集镇之间用保护性的绿化地带联系起来，使之既有联系，又有所隔离，成为一个城乡差距较小的城乡区域均质体，使城市具有良好的结构并健康发展，让居民既感受到城市的脉搏，又不脱离自然。

芒福德（1961）的城乡发展观认为城与乡是不可分的，城市和乡村同等重要，是需要紧密结合的有机体，社会城市应该是一个具有开放性的多孔可渗透的区域综合体。在城市发展的区域形态上，芒福德推崇发展清晰整体的区域交通网络，主张通过分散权力来建造新的城市中心，形成一个更大的区域统一体，以现有城市为主体，发展平衡的社区，达到区域整体发展。他认为可以通过区域统一体来实现霍华德的"田园城市"模式，达到重建城乡间平衡的目的。

系统的二元经济结构理论是美国著名的经济学家刘易斯（A. Lewis）在其 1954 年发表的经典著作《劳动无限供给下的经济增长》中首次提出的。刘易斯阐述了"两个部门结构发展模型"的概念，认为发展中国家存在两种不同的生产部门：以传统生产方法生产、劳动生产率极低的自给自足的农业经济部门，以现代生产方法生产、劳动生产率极高的城市现代工业部门。20 世纪 60 年代，费景汉（John C. H. Fei）和拉尼斯（G. Rains）在《劳动剩余经济的发展》一书中，对刘易斯模型做了一些重要的补充和修正，并最终形成了"刘易斯—费景汉—拉尼斯"模型。1961 年，美国经济学家乔根森（D. W. Jorgenson）提出了与"刘易斯—费景汉—拉尼斯"模型不同的二元经济模型，这个模型具有新古典经济色彩。由于深受新古典主义发展理论的影响，乔根森试图构建一个纯粹新古典主义的框架来研究农业部门的发展对于工业部门增长的影响，探讨城乡之间人口流动问题，并对刘易斯模型的"劳动力无限供给"假设进行了反思①。

20 世纪 60 年代，美国经济学家舒尔茨（T. Z. W. Schultz）对刘易斯的无限剩余劳动供给模型及其二元结构理论提出了批评。舒尔茨认为完整

① D. W. Jorgenson, "The Development of a Dual Economy," *Economic Journal*, Vol. 71, No. 282, 1961, pp. 309 - 334.

的资本内涵不仅包括物质资本，还应当包括人力资本；很多国家和地区之所以贫困和落后，并不在于缺乏物质资本，其根本原因在于人力资本的匮乏以及轻视对人力资本的投资。舒尔茨认为，刘易斯的二元经济模型中完全忽视了人力资本在经济发展中所发挥的作用。他在《改造传统农业》一书中指出，“农民在处理成本、收益和风险时是精于计算的经济主体”①。

佩鲁（1950）尝试从地理空间视角来研究城乡关系，并提出了“增长极理论”，认为平衡发展只是一种理想状态，现实中增长并非同时出现在所有地区，经济增长通常是从一个或数个“增长中心”开始，通过不同的渠道向外扩散，逐渐向其他部门或地区传导，进而对整个经济产生影响。之后，赫希曼的“极化—涓滴”效应理论和弗里德曼“核心—边缘”理论对该理论做了进一步完善。

缪尔达尔（1957）提出了著名的“循环累积因果”的地理二元结构理论，他认为在一个动态的社会过程中，社会经济各因素之间存在着循环累积的因果关系。经济发展首先从一个条件好的地区开始，并通过累积因果过程不断获得超前发展，由于“扩散效应”和“回流效应”的存在，先进区域和落后区域的空间相互作用的结果会导致先进地区更加先进、落后地区更加落后。他认为有必要化解城乡差距增大过程中出现的“马太效应”，发展中国家必须进行制度创新，消除腐败，注重城乡收入的均等化，从而缩小收入差距②。他指出政府应该采取不平衡发展战略，通过刺激和帮扶加快落后地区的发展，同时发挥城市的扩散效应，缩小城乡收入差距，促进城乡公平。

岸根卓郎（1985）的“城乡融合设计”理论，试图建立超越城市、农村界限的人类经营空间，创造自然和人类信息交换场所，产生“城乡融合的社会”，强调建立农业、工业协调发展的“农工一体复合社会系统”“自然—空间—人类系统”；强调改造农村的办法不能让城市“侵入”农村，而应该城乡融合，重视农村的作用，保全生态系统。

① 舒尔茨：《改造传统农业》，商务印书馆，1987。

② 缪尔达尔：《经济理论与不发达地区》，杰拉尔德·达克沃思公司，1957。

利普顿（1993）的“城乡偏向”理论认为城乡二元结构产生的原因在于政府实施了有利于城市的政策，这种对城市偏袒的政策，导致更多的社会资源流向城市区域，造成对乡村的不利影响，并进一步扩大城乡差距。他认为发展中国家应该削弱甚至摒弃城市偏向战略，坚持城乡均衡化的发展战略以实现城乡间的均衡发展①。

二　城乡二元结构问题的缘起：基于文献的分析

在探究城乡二元经济结构问题时，必须首先解答这种产业或部门之间的差距是如何形成的。针对此问题，根据已有文献大致形成了两条不同的研究线索。

（一）产业缺陷

如果传统部门以农业为代表，而现代部门以工业和服务业为代表，则不同产业由于产业特征差别就很容易形成劳动生产率的差异，特别是，与工业和服务业相比，农业的产业“弱质性”是导致城乡二元经济结构的重要成因②。

农业生产在很大程度上依靠天气来决定收成，天气的不稳定性使得农业生产收成具有明显的不稳定性。张红宇（2003）指出：“工业是可以重复、连续不断地机械生产，农业则必须与自然生产交织，增加了生产经营的不确定性和问题的复杂性。”③ 与此类似，陈纪平（2008）则强调：“农业的这种‘生物性质’使农业劳动在时间上必然是与自然的生长周期相联系的，因而带有严格的季节性。”④ 这种从产业缺陷视角来理解二元经济结构成因的思路与早期诸多思想家的见解一脉相承。

① M. Lipton, “Urban Bias: of Consequences, Classes and Causality. (Special Issue: Beyond Urban Bias),” *Journal of Development Studies*, Vol. 29, No. 4, 1992, pp. 229 – 258.

② 吴敌、明洋：《略论农业的弱质性》，《农村经济》2004 年第 11 期。

③ 张红宇：《城乡统筹：以农民收入为中心的结构转换分析》，《产业经济研究》2003 年第 4 期。

④ 陈纪平：《家庭农场抑或企业化——中国农业生产组织的理论与实证分析》，《经济学家》2008 年第 3 期。

从产业特征角度去理解城乡二元经济结构的成因，实质上是论证农业相对工业和服务业具有某些先天的“产业缺陷”，这集中表现在四个方面：第一，在生产方面，以农业为代表的传统部门需要长期的自然力作用，对土地、水、阳光等自然力的依赖较大，农业生产往往表现为经济活动和自然活动相互混合、相互作用的过程，由于迄今为止人类仍难以自主地“控制”或“改变”自然，因此，农业往往面临着比其他产业更大的自然风险。此外，农业生产通常因对土地资源依赖性较强而具有经营的分散化特征，农业生产过程与劳动过程具有某种分离性，导致分工中断与不连续，这使得农业可能难以像其他产业那样获取较为显著的分工经济好处。第二，在消费方面，农业为人们提供生存的必需品，农产品的需求价格弹性小。“恩格尔定律”表明：收入水平提高使人们的食品支出比重不断下降。与工业和服务业相比，在其他条件不变的条件下，农业的市场需求（至少在提供农产品的基础功能层面）不会伴随着经济增长而快速扩张，导致农民的收入无法快速增加，形成农民贫困问题。第三，在交易方面，农业生产往往具有周期性和季节性，但人们对农产品的消费却通常具有日常性和常规性，由于农产品不耐储藏由此导致的结果是：与其他产业相比，农业生产者难以对农产品的市场价格变动作出快速有效的反应，导致农业生产对接市场不畅，农产品经常滞销。这使农业生产往往发生“丰产不丰收”的现象，影响农业生产者的收入稳定增长①。同时，由于农产品价格的上涨易引发整个社会的通货膨胀，给整个国民经济带来混乱与动荡，各国政府都愿意让农产品价格在市场中保持高价位运行。第四，由于人多地少和土地均分的基本事实长期存在，我国农业生产一直存在“过密化”倾向②，加之农业的弱势产业特性，小规模经营农户在面对大市场时困难重重，农业经营规模小，科技含量少、比较效益低下，导致我国农业劳动生产率低下。第二产业的劳动生产率是第一产业的六倍以上（2009 年为 6.1∶1），第三产业劳动生产率虽然低于第二产业，但也接近

---

① 郭正模、魏宇菲：《老龄产业和农业的弱质特征比较与产业扶持政策研究》，《中共四川省委省级机关党校学报》2014 年第 2 期。

② 黄宗智：《中国农村的过密化与现代化：规范认识危机及出路》，上海社会科学院出版社，1992。

第一产业的五倍（2009 年为 4.7∶1）①。

显而易见，基于产业缺陷来解释城乡二元经济结构的生成是一个重要视角，但这种解释是不完全的，因为现代农业生产技术、市场条件、外部政策等已经较为系统地对上述产业缺陷进行了回应。该视角似乎并未抓住不同部门劳动生产率差异的本质成因②。

（二）政策歧视

如果说“产业缺陷说”试图从农业的产业弱质性（甚至农民的群体劣势性）来说明二元经济结构成因的话，则另一线索却基于国家政策对农业和农民的“歧视”（或者说对非农产业和城镇居民的“倾斜”）来理解二元经济结构的形成。区别于将二元经济结构视为产业或农民这些“内生”因素作用的结果，政策歧视说更倾向于将二元经济结构看做政府发展战略等“外生”因素作用的产物。

就逻辑展开次序而言，西方学术界通常用两种理论来解释城乡经济发展中的政策歧视问题。一种理论尝试从发展中国家的政治结构中寻求答案，其理论逻辑是：由于发展中国家的农民数量多且分散，协调成本过高且容易产生“搭便车”现象，无法对国家公共政策制定产生有效影响，导致其在公共政策制定过程中话语权的丧失③，蔡昉（2003）的研究也发现这个城市居民运用其特有的“投票”和“呼声”机制，影响着“城市偏向”的城乡关系政策④。另一种理论则基于发展战略对工农和城乡经济关系的设定，政策制定者一般认为需要对农业征税来支持工业化的发展⑤，导致发展中国家的农业和农民处在被动弱势的地位。

针对改革开放之后中国城乡经济差距的演变格局，更多的文献从政府

---

① 李刚：《我国城乡一体化存在的问题、反思及解决对策》，《当代经济管理》2012 年第 9 期。

② 高帆：《中国城乡要素交换关系完善的理论研究与实证分析》，上海人民出版社，2016。

③ M. Lipton, "The New Economics of Growth: A Review," *World Development*, Vol. 5, No. 3, 1977, pp. 267 – 270.

④ 蔡昉：《城乡收入差距与制度变革的临界点》，《中国社会科学》2003 年第 5 期。

⑤ B. L. Gardner, "The Political Economy of Agricultural Pricing Policy," *World Economy*, Vol. 16, No. 5, 2010, pp. 611 – 619.

政策倾斜的角度进行了经验研究，这些文献大多强调政府的工业（以及城市）偏向政策是导致城乡经济差距拉大的重要原因①②。

显而易见，各种文献研究均表明在计划经济时期和改革开放初期，我国在农业和非农产业、农村和城市部门、农民和城市居民之间的确实施了“歧视性”的政策安排。

即使在今天，延续多年的城乡“二元”体制虽然在国家层面上有所放松，但在城市内部的不同户籍和阶层之间，社会保障、公共服务等方面存在显著差异。城乡二元结构体制严重束缚农业生产力的发展、农民收入的增加，遏制了中国城市化进程，导致城乡差距越来越大。由于户籍制度、土地制度、就业制度、教育制度、社会保障制度和小城镇管理制度等制度原因，当代中国的社会结构落后于经济结构 15 年左右③。

中国城市倾向的经济政策衍生出一系列不利于城乡统筹发展的政策，如非对称性的财政支出结构、城乡分割的户籍制度以及隐藏在户籍制度背后的权利福利差异等。从财政投入投向来看，中国工业固定资产投资、地方政府财政支出、科教文卫支出、公共服务支出等存在显著的城市偏向。从城市规划来看，中国的城市规划主要集中在城区，而对城市所管辖的农村则少有涉及。对城乡一体发展的理念、指导方针等问题缺乏深刻认知，对所辖城市和城镇发展定位、产业发展定位、发展模式缺乏系统规划。城市倾向的经济政策在促进城市发展的同时，不可避免地固化了城乡分割的城乡关系，隔阻了城乡一体发展。

高帆（2006）则从分工视角分析了城乡二元经济结构的产生根源，他利用新兴古典经济学框架构建了一个逐次放宽条件的模型，发现二元经济结构反差主要源于部门的个人专业化水平、迂回生产程度和产品种类数的不同，认为二元经济结构是两部门分工水平差异的客观产物④。这为我们理解城乡二元经济结构的产生根源提供了新的视角。

---

① 高帆：《新时代我国城乡差距的内涵转换及其政治经济学阐释》，《西北大学学报（哲学社会科学版）》2018 年第 4 期。

② 陆铭、陈钊：《城市化、城市倾向的经济政策与城乡收入差距》，《经济研究》2004 年第 6 期。

③ 陆学艺：《当代中国社会结构》，社会科学文献出版社，2010。

④ 高帆：《分工差异与二元经济结构的形成》，《数量经济技术经济研究》2007 年第 7 期。

三　城乡一体发展的动力来源与转换相关研究

1. 城乡一体发展的动力来源

近年来，部分学者基于不同研究视角对城乡一体发展的动力机制给予了一定的关注。因视角的差异，其关注的因素也有差异。一是基于系统视角的研究。学者们普遍认为内部动力因素、外部动力因素以及与上述动力因素密切相关的环境因素共同构成城乡一体发展的动力因素。如李同升和库向阳（2000）的研究认为中心城市的扩散效应、乡镇企业发展、农业产业化和小城镇建设是城乡一体化的主要推动力[①]。江莹和曾菊新（2004）的研究认为城镇的辐射效应、乡村城镇化的发展以及科技、行政等外部力量的共同作用是城乡一体化的动力[②]。王平等（2014）的研究认为经济级差、社会级差、生态级差是城乡一体发展的主要驱动力，并且这三者直接具有一定的内在联系和演变规律[③]。二是基于主体视角的研究。这类研究从城和乡两个主体视角出发，将城乡一体发展的动力归纳为自上而下型、自下而上型、自上而下与自下而上结合型。自上而下型：这类研究强调中心城市[④]、政府政策[⑤]的决定性作用。自下而上型：这类研究强调农业、农村、农民的自身发展，认为农村工业化、农村城镇化、农业产业化、基础设施、乡镇企业、农民自身素质提升、农民外出务工（Unwin，1997）、土地流转和规模经营、城乡贸易等是城乡一体发展的动力[⑥][⑦]。盛宗根和周小仁（2013）的研究指出对农民的宅基地、林权地、承包地的使用权财产量化

---

① 李同升、库向阳：《城乡一体化发展的动力机制及其演变分析——以宝鸡市为例》，《西北大学学报（自然科学版）》2000 年第 3 期。

② 江莹、曾菊新：《城乡关联发展的动力机制与实现途径》，《开发研究》2004 年第 2 期。

③ 王平等：《海口市城乡一体化发展的动力机制研究》，《商业时代》2014 年第 13 期。

④ 石忆邵：《都农融合城市：城乡一体化发展的新趋向》，《广东社会科学》2015 年第 6 期。

⑤ 陈锡文：《推动城乡发展一体化》，《求是》2012 年第 23 期。

⑥ 罗雅丽：《区域城乡互动机制与城乡一体化发展研究——以大西安为例》，西北大学硕士学位论文，2006。

⑦ 陈学华、赵洪江：《城乡一体化动因及结果：基于制度创新的视角》，《农村经济》2007 年第 8 期。

是推动城乡一体化的动力[①]。自上而下与自下而上结合型：张登国（2009）认为城乡利益差别是城乡一体化的内在动力，产业发展是经济动力[②]。George（1999）认为，交通发展对城乡一体化产生着巨大影响，有助于大城市区域的扩展和农村区域经济的内生增长[③]。程必定（2013）认为应该将大量“乡村型”小城镇建设为新市镇，进而承担城乡一体发展的空间载体功能[④]。郭振宗（2013）认为必须构建政府主导和自觉、民本主体和自发相结合的双重动力推进机制[⑤][⑥]。三是基于地域视角。这类研究结合特定区域案例的讨论。吕连生（2013）的研究认为承接产业转移是中部地区实现城乡经济一体发展的动力[⑦]；李长坡、李青雨（2010），李长坡、李青雨（2010）以许昌市为例，提出新型工业化、新型城市化和农业产业化是推进区域城乡一体发展的三大动力[⑧]。刘佳勇（2014）的研究基于延安市城乡统筹发展的实践，分析认为促进城乡统筹发展应该以农民的发展为本，选择自上而下与自下而上结合型的模式，同时应注重将政府功能与市场功能进行有机结合[⑨]。陆学艺（2011）认为城乡一体化率先从发达地区、中部地区、西部地区梯度推进，依次逐步实现[⑩]。四是基于发展阶段差异的分析。这类研究基于不同经济发展阶段的动力差异考察。段杰和李江（1999）的研究指出城乡一体发展的动力机制是随着生产力的发展水平而不断变化的，不同的时代有不同

---

① 盛宗根、周小仁：《对农民的宅基地、林权地、承包地的使用权财产量化是推动城乡一体化的动力》，《农业开发与装备》2013 年第 9 期。

② 张登国：《我国城乡一体化的动力体系研究》，《乡镇经济》2009 年第 11 期。

③ L. G. C. S.，“Transportation and Metropolitan Development in China's Pearl River Delta：The Experience of Panyu，” *Habitat International*，Vol. 23，No. 2，1999，pp. 249－270.

④ 程必定：《新市镇：城乡发展一体化的空间载体》，《城市发展研究》2013 年第 5 期。

⑤ 张登国：《我国城乡一体化的动力体系研究》，《乡镇经济》2009 年第 11 期。

⑥ 郭振宗：《中国城乡产业融合发展的阶段性特征、发展趋势及促进对策》，《理论学刊》2013 年第 8 期。

⑦ 吕连生：《中部地区城乡一体化特色和发展新对策》，《江淮论坛》2013 年第 6 期。

⑧ 李长坡、李青雨：《半城市化地区城乡一体化动力机制与发展模式研究——以许昌市城乡一体化推进区为例》，《安徽农业科学》2010 年第 17 期。

⑨ 刘佳勇：《城乡统筹发展的动力机制分析及路径选择——以延安为例》，《陕西教育（高教版）》2014 年第 Z1 期。

⑩ 陆学艺：《城乡一体化的社会结构分析与实现路径》，《南京农业大学学报（社会科学版）》2011 年第 2 期。

的动力结构①。

2. 城乡一体发展的动力转换研究

破除城乡二元体制以释放改革红利，提高城乡发展一体化程度以释放经济增长潜力，既是全面深化改革的重要任务，也是应对经济增长速度换挡的重要途径②。党的十八大以来，中国形成了城乡一体化战略下的新型城乡关系，农业农村取得了长足的发展。城乡关系进入了城乡融合的新阶段，即通过要素、区域及生活方式的融合促进城乡发展③。随着“产业、人口、土地、社会、农村”五位一体的城镇化理念的进一步落实，更多的机会和公共资源正投向农业、农民和农村，创新驱动也在加速推动人口、信息、技术、产品等要素的城乡流动④。中国农业领域出现了产业结构性变革发生、新型经营主体大量涌现、非农产业与农业劳动生产率的比值明显缩小等重要阶段性变化⑤。“互联网 +”是实施乡村振兴战略的重要驱动力，必将引领驱动农业全面升级、农村全面进步、农民全面发展⑥。随着发展型小农家庭的兴起，农民家庭得以突破长期以来“过密化”农业的低水平增长陷阱，深刻改变着乡村社会的发展图景⑦。就地城镇化是新型城镇化的主要途径，对于解决传统城镇化出现的“城市病”、推动城乡一体发展具有积极作用⑧。总体而言，新的发展阶段、发展环境以及政策框架，正促使中国的城乡发展发生更加深刻的变化，并进入一个“强联系”驱动下的新型城乡关系构建时期⑨。

---

① 段杰、李江：《中国城市化进程的特点、动力机制及发展前景》，《经济地理》1999 年第 6 期。

② 国务院发展研究中心农村部课题组，叶兴庆、徐小青：《从城乡二元到城乡一体——我国城乡二元体制的突出矛盾与未来走向》，《管理世界》2014 年第 9 期。

③ 孔祥智、张效榕：《从城乡一体化到乡村振兴——十八大以来中国城乡关系演变的路径及发展趋势》，《教学与研究》2018 年第 8 期。

④ 刘春芳、张志英：《从城乡一体化到城乡融合：新型城乡关系的思考》，《地理科学》2018 年第 10 期。

⑤ 杜鹰：《小农生产与农业现代化》，《中国农村经济》2018 年第 10 期。

⑥ 王小兵、康春鹏、董春岩：《对“互联网 +”现代农业的再认识》，《农业经济问题》2018 年第 10 期。

⑦ 张建雷：《发展型小农家庭的兴起：中国农村“半工半耕”结构再认识》，《中国农村观察》2018 年第 4 期。

⑧ 郝鹏：《农村区域经济发展视域下的就地城镇化建设路径研究》，《农业经济》2017 年第 6 期。

⑨ 刘春芳、张志英：《从城乡一体化到城乡融合：新型城乡关系的思考》，《地理科学》2018 年第 10 期。

四　城乡一体发展的对策相关研究

1. 城乡一体发展缓慢的原因

李长江（2004）指出，城乡差距主要体现在城乡社会保障、城乡居民就业、城乡公共品提供、城乡科教文卫事业、城乡居民收入等五个方面①。韩俊（2009）认为计划经济时代形成的阻隔城乡联系和交流的各种制度障碍受到了市场力量的强大冲击，城乡关系逐步得到改善，但是城乡分割的二元结构尚未破除②。张建桥（2011）认为由于城市子系统的素质和功能优于农村子系统，故而城市与乡村的互相转化呈现非均衡发展态势③。工业化过程中城乡经济社会"二元结构"的产生，既与农业产业的天然弱势地位有关，又与市场机制的"失灵"相关，更与一国的经济社会管理体制、制度相关；要尽快消除城乡"二元结构"现象，必须通过城乡一体发展的机制、制度创新来实现④。王德文、何宇鹏（2005）认为，城乡差距本质上是由资源配置扭曲、收入分配倾斜与部门间技术进步不平衡三者共同作用的结果⑤。李长江（2004）则指出，中国城乡差距最根本的原因在于长期的城乡不公平发展理念。李成贵（2009）指出城镇化滞后于工业化的经济结构，成为影响中国社会公平和经济持续增长的深层障碍⑥。高培勇（2006）指出以城市为中心的"城市财政"使70%的农民并未真正走入公共财政覆盖的范围，城乡协调发展也就进展缓慢。李志杰（2009）的研究表明城乡一体化水平与各地区的地理分布和地理状况呈现很大的关联性⑦。李强和胡宝荣（2013）的研究指出虽然城乡"二

---

① 李长江：《城乡差距的现状、根源及解决对策》，《理论探索》2004年第3期。

② 韩俊：《中国城乡关系演变60年：回顾与展望》，《改革》2009年第11期。

③ 张建桥：《城乡关系的再认识——系统思维辩证思维战略思维的视角》，《理论导刊》2011年第3期。

④ 毛隽、毛林根：《论工业化进程中城乡一体化制度创新》，《辽宁大学学报（哲学社会科学版）》2011年第1期。

⑤ 王德文、何宇鹏：《城乡差距的本质、多面性与政策含义》，《中国农村观察》2005年第3期。

⑥ 李成贵：《推进城镇化的核心是调整城乡结构》，《中国土地》2009年第9期。

⑦ 李志杰：《我国城乡一体化评价体系设计及实证分析——基于时间序列数据和截面数据的综合考察》，《经济与管理研究》2009年第12期。

元”的户籍制度开始有所松动，但城市之间的户口等级差异却有进一步加剧的趋势①。武力（2014）认为经过改革开放以来的高速发展，中国农业已经摆脱了“靠天吃饭”和几亿人搞饭吃的落后局面，但是农业的基础仍然很薄弱，可持续发展的条件和环境仍然很严峻②。刘美平（2009）则指出城乡差距是指在基本社会制度及其一系列衍生制度约束下由城乡主导产业生产方式决定的城乡发展水平的距离。张应禄和陈志钢（2011）认为经济社会发展的内在要求就是在已经弱化的城乡二元经济结构的基础上尽快实现城乡经济一体化发展③。陆铭和陈钊（2008）认为经济集聚本身并没有错，问题在于，长期以来中国缺乏欠发达地区和农村居民分享经济集聚的成果的合理机制。陈钊（2011）认为户籍制度是导致“二元社会”分割以及城乡差距不断扩的根源，反映出城乡政策制定中城市倾向的特征④。

2. 城乡一体发展的宏观策略研究

宋洪远（2004）的研究认为改变我国城乡二元经济结构的根本途径是通过工业化和城市化实现农业人口向非农产业转移，用适用技术对农业和农村经济进行根本的改造，将农村经济纳入全国统一的市场化和现代化轨道⑤。吴丰华和白永秀（2013）认为城乡发展一体化指中国城乡关系要打破分割、分离、分立的状态，从经济、社会、政治、文化、生态五方面缩小城乡差距、推进城乡融合、促进城乡共同发展⑥。孙自铎（1989）认为城乡分工的最佳方式是把农村工业纳入城市工业的有机整体中，使前者成为后者的一个车间或加工阶段，就能更好地利用城乡各自的优势⑦。朱善利（2011）强调，要使中国的农村取得像城市一样的发展，需要在农

---

① 高培勇：《“城市财政”难以协调城乡发展》，《小康》2006年第6期。

② 武力：《城乡一体化：中国农村和农民的复兴梦》，《红旗文稿》2014年第1期。

③ 张应禄、陈志钢：《城乡二元经济结构：测定、变动趋势及政策选择》，《农业经济问题》2011年第11期。

④ 陈钊：《中国城乡发展的政治经济学》，《南方经济》2011年第8期。

⑤ 宋洪远：《调整城乡关系：国际经验及其启示》，《经济社会体制比较》2004年第3期。

⑥ 吴丰华、白永秀：《城乡发展一体化：战略特征、战略内容、战略目标》，《学术月刊》2013年第4期。

⑦ 孙自铎：《城乡一体化新析》，《经济地理》1989年第1期。

村开展像城市一样的深化体制改革①。任保平（2009）通过运用发展经济学的基本理论，从制度、激励、组织和能力四方面建立分析框架，认为城乡发展一体化新格局实际上也要从制度、激励、组织和能力上解决先进或适用生产要素向农业或农村转移和灌输问题②。邓建华（2011）提出“三农”视阈下农业现代化、农村城镇化、农村工业化、社会文明化和生态和谐化是新时期我国构建城乡一体化新格局的路径选择③。黄祖辉（2012）认为在推进城乡发展一体化过程中要从当地发展实际出发，寻求适合当地实际的城乡发展一体化的路径，也就是说，要处理好城乡发展一体化过程中的城乡发展和城乡均衡的关系，要注重在发展中消除城乡发展的差距，而不是相反④。刘祖云和李震（2013）提出中国的城乡关系类似于心理学上的“母亲—婴儿”关系，城市在发展中只有充分发挥其“容纳功能”，才能建立健康的城乡关系模式⑤。刘祖云和武小龙（2012）指出“城市包容乡村发展”是城乡关系的未来走向。夏杰长和陈雷（2006）认为体制转轨下横向的城乡分治并没有得到根本改变，城乡分治的横向体制继续固化着国家的二元社会与经济结构，加剧着城乡之间的割裂状态，中断着社会资源与国民经济在城乡之间的循环⑥。党国英（2007）认为统筹城乡发展要有更积极的城市化政策⑦。许经勇（2018）应当把重心转移到发展县域经济和小城镇，优化城镇布局和功能，充分发挥其对周边的辐射带动作用，并以此推进城乡一体化⑧。赵晓军（2011）指出无论以城市为主体还是以农村为主体的城乡统筹发展思路都有所偏颇。应该发挥城市和乡村各自的比较优势，进行优势互补，分区域开展不同形式的城乡统筹

① 朱善利：《城乡一体化与农村体制改革》，《中国市场》2011 年第 3 期。

② 任保平：《城乡发展一体化的新格局：制度、激励、组织和能力视角的分析》，《西北大学学报（哲学社会科学版）》2009 年第 1 期。

③ 邓建华：《“三农”视阈下我国城乡一体化新格局的路径选择》，《财经问题研究》2011 年第 6 期。

④ 黄祖辉：《城乡发展一体化的实现途径》，《浙江经济》2012 年第 24 期。

⑤ 刘祖云、李震：《城市包容乡村：破解城乡二元的发展观》，《学海》2013 年第 1 期。

⑥ 夏杰长、陈雷：《“乡财县管”根本动因：“城乡分治，一国两策”的城乡二元管理体制》，《经济研究参考》2006 年第 36 期。

⑦ 党国英：《统筹城乡发展要有更积极的城市化政策》，《中国经贸导刊》2007 年第 23 期。

⑧ 许经勇：《城乡一体化视野下的小城镇发展战略研究》，《东南学术》2018 年第 2 期。

实践①。张强等（2014）的研究认为大城市地区不但探索出了城乡一体发展的有效路径，也为理论和规制提供了丰富的经验和案例基础；这些超前性探索归结起来主要集中在三大格局的调整：以增加农村公共服务为主题的分配格局调整，以重新组合规制要素为主题的制度格局调整，以促进城乡分区发展为主题的空间格局调整②。王茂林（2014）认为以新型城镇化统领城乡一体新发展，应成为各级政府下一步工作的着力点③。Rondinelli（1985）提出城乡相互作用包括物理连接，经济连接，人口运动连接，技术连接，社会连接，服务传递连接，政治、行政及组织连接等 7 种方式；认为应该建立一个完整、分散的城镇体系，从而获得社会和区域两方面的全面发展④。Bhishna Bajracharya（1995）提出建设小城镇的主张，认为应该在小城镇和乡村紧密联系的基础上，实现城乡一体发展⑤。George（1999）通过对珠三角番禺地区的调查，认为应该发展集中型的城乡关系⑥。李习凡和胡小武（2010）基于江苏省城乡一体化建设实践，提出城乡一体化的“圈层结构”和“梯度发展”模式与路径，并认为江苏省可以确立适度跳跃、跨越型的城乡一体发展战略⑦。

3. 通过生产要素的自由流动、平等交换促进城乡一体发展研究

城乡一体化和协调发展是以城乡之间的要素交换、合理流动和优化配置为前提条件的⑧，在城乡二元结构条件下，城乡之间的要素流动受到不同程度的严重制约，成为城乡一体发展的障碍⑨。钱陈和史晋川（2007）

---

① 赵晓军：《城乡一体抑或乡城一体——探索我国城乡平衡融合新模式》，《中国市场》2011 年第 7 期。

② 张强、曹朝晖、刘伟：《城乡发展一体化进程的阶段性》，《经济与管理评论》2014 年第 2 期。

③ 王茂林：《以新型城镇化统领城乡一体新发展》，《学习与实践》2014 年第 1 期。

④ D. A. Rondinelli, *Applied Methods of Regional Analysis: The Spatial Dimensions of Development Policy*, Boulder: Westview Press, 1985.

⑤ B. Bajracharya, "Promoting Small Towns for Rural Development: A View from Nepal," *Asia-Pacific population journal*, Vol. 10, No. 2, 1995, pp. 27 – 50.

⑥ L. G. C. S., "Transportation and Metropolitan Development in China's Pearl River Delta: The Experience of Panyu," *Habitat International*, Vol. 23, No. 2, 1999, pp. 249 – 270.

⑦ 李习凡、胡小武：《城乡一体化的“圈层结构”与“梯度发展”模式研究——以江苏省为例》，《南京社会科学》2010 年第 9 期。

⑧ 厉以宁：《如何缩小城乡制度差距》，《当代财经》2012 年第 2 期。

⑨ 洪银兴、陈雯：《城市化和城乡一体化》，《经济理论与经济管理》2003 年第 4 期。

的研究认为在经济发展过程中城市化水平是由城乡要素配置均衡条件和产品贸易平衡条件共同决定的，城市化水平不仅会影响均衡时的消费水平，而且对农业人均产量和农业产出比重也会产生影响①。安虎森和殷广卫（2008）的研究认为，农民的土地所有权流转及其利益实现问题、地方政府及其公务员的政绩评价和考核体系建设问题、制度的协同改革问题、农民的权利维护问题等都具有重要的战略性，前面的三个问题是根本性的、方向性的②。韩俊（2010）提出要积极探索建立健全包括财政、金融、投资、产业、就业、土地、户籍、行政管理等方面政策在内的配套完善的政策支撑体系，加快建立有利于城乡一体发展的制度体系③。白永秀（2012）的研究认为将农村分散的生产要素逐渐向市、县、镇集中，提高农民享受人类文明发展成果的水平，从而推进城乡经济社会一体化④。朱善利（2013）的研究认为城乡二元结构的体制性特征主要表现在土地制度、户籍制度、社会保障制度以及管理体制等方面。必须深化相关领域的体制改革，建立城乡统一的土地市场、劳动力市场，城乡统一的社会保障制度，城乡统一的管理体制，才能实现城乡一体发展的目标⑤。张远索（2013）的研究认为由于城市用地指标紧缺，农村用地效率低下，但受制度设计影响，城乡两个土地市场统筹发展的渠道迟迟未能打通⑥。俞思念（2013）的研究发现我国农业和农村发展长期滞后，根本原因在于城乡二元结构所派生的经济社会管理体制的束缚，以及由此导致的农村生产要素持续流失，对农业在资金、技术等方面支持不足⑦。白永秀和王颂吉（2013）认为城乡发展一体化的实质是城乡市场经济发展一体化，中国实

---

① 钱陈、史晋川：《城市化、结构变动与农业发展——基于城乡两部门的动态一般均衡分析》，《经济学（季刊）》2007 年第 1 期。

② 安虎森、殷广卫：《城乡联系及统筹城乡的战略性问题》，《城市发展研究》2008 年第 3 期。

③ 韩俊：《以制度创新促进城乡一体化发展》，《理论视野》2010 年第 3 期。

④ 白永秀：《城乡二元结构的中国视角：形成、拓展、路径》，《学术月刊》2012 年第 5 期。

⑤ 朱善利：《改变城乡二元体制，实现城乡一体化发展》，《经济科学》2013 年第 6 期。

⑥ 张远索：《新型城镇化背景下城乡土地市场统筹构建》，《中国土地科学》2013 年第 11 期。

⑦ 俞思念：《从城乡统筹发展到城乡一体化——兼论党的十八大对新时期城乡关系的总布局》，《学习论坛》2013 年第 4 期。

现城乡发展一体化的根本路径是大力发展市场经济，具体路径是集中农村生产要素、发展农村现代产业和推进农村城镇化①。

4. 通过资源的均衡配置或者向农村倾斜促进城乡一体发展

张晴等人（2009）的研究表明建立稳定财政支农支出增长机制，是支持农村经济社会加快发展的基础②。陆学艺和杨桂宏认为（2013）只有从户籍制度、土地所有制和财政体制上进行改革，实现城乡发展一体化，才能从根本上破除城乡二元社会结构体制③。

5. 通过社会管理制度变革促进城乡一体发展

城乡一体化最终体现在制度的一体化④，要实现统筹城乡经济社会发展的战略任务，必须在组织上落实⑤。王海峰（2010）的研究提出城乡一体化是中国经济社会发展使然，更是政府主导体制的政策供给。政府主导的城乡一体化加速了乡村社会的分化，引发了乡村治理模式的变化。单一的政府公共服务供给模式无法与变化中的农村社会结构相匹配，乡村治理要求更多主体的参与⑥。杜晓溪和俞思念（2011）则认为必须转变以往经济导向的社会治理范式，调整政府职能，合理界定政府主导界限，为城乡一体发展提供规范、有序、公平均衡的政治保障。城乡分割的社会管理体制导致经济社会发展遇到巨大困难，为此，要在总结各地实践经验的基础上，加快推进城乡社会和服务的一体化改革⑦。郁建兴（2013）提出当前我国正处于从“转型中国家”向“城市化国家”的过渡阶段，应以“内源发展”取代“行政推动”作为农业农村发展新战略。“内源发展”以

① 白永秀、王颂吉：《城乡发展一体化的实质及其实现路径》，《复旦学报（社会科学版）》2013 年第 4 期。

② 张晴、罗其友、刘李峰：《国外城乡统筹发展的做法与经验》，《中国农业资源与区划》2009 年第 2 期。

③ 陆学艺、杨桂宏：《破除城乡二元结构体制是解决“三农”问题的根本途径》，《中国农业大学学报（社会科学版）》2013 年第 3 期。

④ 冯俏彬：《我国城乡一体化战略的路径与任务》，《华中师范大学学报（人文社会科学版）》2016 年第 3 期。

⑤ 陆学艺：《破除城乡二元结构　实现城乡经济社会一体化》，《社会科学研究》2009 年第 4 期。

⑥ 王海峰：《基于城乡一体化视角的政府治理》，《辽宁行政学院学报》2010 年第 5 期。

⑦ 王春光：《加快城乡社会管理和服务体制的一体化改革》，《国家行政学院学报》2012 年第 2 期。

"放活"为核心，优先消除阻碍"三农"发展的体制机制瓶颈，注重提升农民参与市场竞争、社会管理的能力，突出农民在农业农村发展中的主体地位①。党国英（2013）认为应当建立城乡统一的社会治理体制，不再区分乡村治理与城市治理；并要大幅度增加直辖市，把省级行政区增加至50个左右②。

6. 通过区域发展带动城乡一体发展

吕连生（2013）认为城市群是经济高速增长的"引擎"，在现代城市群发展为主导的大背景下，城乡一体化的发展程度取决于城市群发展状况③。洪银兴和陈雯（2003）认为推进城乡一体化的核心在于强化都市圈内中心城市的市场功能，发挥中心城市对外围区域的支配、联系和溢出等效应④。张叶（1997）认为小城镇作为农村社会经济增长点和发展极在推进城乡经济协调发展和一体化进程中所起的作用，是大中城市所不能替代的⑤。傅崇兰（2010）认为要以几个中心城市为依托，辐射与联系众多小城市和小城镇的城市带、城市群与区域发展相结合；大中小城市协调发展⑥。利用新农村建设平台和契机，加快推进城镇化和城乡一体化进程，一方面要素向城市流动，城市人口加速增长，城市日益向郊区扩张；另一方面，城市的生产方式、生活方式、思想意识和消费心理影响着农村，最终实现城乡融合⑦。

---

① 郁建兴：《从行政推动到内源发展：当代中国农业农村发展的战略转型》，《经济社会体制比较》2013年第3期。

② 党国英：《在高度城镇化基础上实现城乡一体化》，《新视野》2013年第1期。

③ 吕连生：《中部地区城乡一体化特色和发展新对策》，《江淮论坛》2013年第6期。

④ 洪银兴、陈雯：《城市化和城乡一体化》，《经济理论与经济管理》2003年第4期。

⑤ 张叶：《论小城镇发展对城乡一体化的作用》，《浙江学刊》1997年第6期。

⑥ 傅崇兰：《城乡一体化是我国城镇化发展的新阶段》，《中国房地信息》2010年第9期。

⑦ 陈学云、史贤华：《我国城镇化进程中的城乡一体化路径研究——基于新农村建设平台》，《经济学家》2011年第3期。

第三章
城乡一体发展的阶段定位

一　城乡一体发展的阶段划分

国内部分学者从历史演进次序的角度提出了城乡关系阶段划分并论述各阶段的特征。胡必亮和马昂主（1993）将新中国成立以来的城乡关系分为三个阶段：非均衡的城乡联系制度的形成阶段（1949～1957），非均衡的城乡联系制度的形成与发展——城乡“隔绝”阶段（1958～1978）以及改革引起的城乡联系发展的新变化阶段（1979～1993）①。岳利萍和白永秀（2006）的研究认为城乡一体化应是在明确城乡分工、相互促进基础上的双向发展过程，它不是空间的均衡化，而是一个有效聚集、有机疏散、高度协作的最优空间网络系统②。郑国和叶裕民（2009）的研究认为中国城乡关系演化过程经历了乡育城市、城乡分离和城乡融合三个阶段，在不同阶段，相应的治理模式有较大的差异③。白志礼和欧阳敏（2010）的研究将城乡关系的发展分为五个阶段：城乡合一阶段、城乡分离阶段、城乡对立阶段、城乡交融阶段、城乡一体化阶段，基于实证研究的结果表明中国城乡关系开始逐渐优化，已经踏进了城乡交融阶段的门槛④。

---

① 胡必亮、马昂主：《城乡联系理论与中国的城乡联系》，《经济学家》1993年第4期。

② 岳利萍、白永秀：《陕西城乡一体化水平判断与城乡协调发展对策研究》，《西北工业大学学报（社会科学版）》2006年第2期。

③ 郑国、叶裕民：《中国城乡关系的阶段性与统筹发展模式研究》，《中国人民大学学报》2009年第6期。

④ 白志礼、欧阳敏：《我国城乡一体化的阶段性及其量化分析》，《西北农林科技大学学报（社会科学版）》2010年第6期。

杨榕和谢志强（2011）的研究定性地将城乡统筹发展划分为四个阶段：发展初期、发展中期、发展后期、全面发展阶段①。叶超和陈明星（2013）的研究认为城乡关系理论演变经历了一个合—分—合的过程②。

部分文献研究了中国的城乡关系。安虎森和吴浩波（2013）通过构建城乡结构和谐度指数，发现我国城乡结构不和谐的实质表现在两个方面：一是城镇化滞后于就业结构的非农化，二是就业结构的非农化滞后于产业结构的非农化③。刘影和池泽新（2013）认为城乡关系是一种利益分配关系和社会规范体系④。常亮和贾金荣（2013）认为城乡发展在矛盾“融合”的过程中呈螺旋式向前的状态，农村不会一直是无成本“城市养料”的供应地和“泛城市化”的无序之基⑤。

更多的文献从客观发展实践的视角研究了全国或者区域的城乡一体化状况。周汉麒（2010）的研究发现，在“十二五”时期，武汉工业化发展水平大约相当于发达国家工业化后期的水平，城市化水平快速上升，但仍处于全面小康社会建设阶段之中⑥。焦必方等（2011）的研究发现，虽然长三角地区城乡一体化水平处于领先地位，但从1999年到2008年长三角地区城乡一体化水平整体呈下降趋势⑦。王蔚等（2011）通过对湖南省的研究发现，各市州城乡一体化指数的差异主要表现在城乡发展指数和城乡协调指数方面⑧。张新亚等（2012）通过建立评估指标体系对苏州城乡一体化水平进行了测评，发现苏州城乡一体化发展处于“提升优

---

① 杨榕、谢志强：《中国城乡统筹发展的阶段性特征及对策研究——以无锡市城乡一体化实践为例》，《中国发展》2011年第2期。

② 叶超、陈明星：《国外城乡关系理论演变及其启示》，《中国人口·资源与环境》2008年第1期。

③ 安虎森、吴浩波：《我国城乡结构调整和城镇化关系研究——一种新经济地理学的视角》，《中国地质大学学报（社会科学版）》2013年第4期。

④ 刘影、池泽新：《新型工农城乡关系：研究进展与述评》，《江西农业大学学报（社会科学版）》2013年第2期。

⑤ 常亮、贾金荣：《乡村运动：城市功能的延续》，《北京理工大学学报》2011年第1期。

⑥ 周汉麒：《“十二五”时期我国城市发展阶段实证研究及政策建议——以武汉市为例》，《湖北行政学院学报》2010年第5期。

⑦ 焦必方、林娣、彭婧妮：《城乡一体化评价体系的全新构建及其应用——长三角地区城乡一体化评价》，《复旦学报（社会科学版）》2011年第4期。

⑧ 王蔚等：《湖南省城乡一体化评价指标体系及量化分析》，《湖南大学学报（自然科学版）》2011年第4期。

化阶段"①。

以上文献对本研究均具有重要的参考价值，虽然当前学界对城乡一体发展阶段的划分不尽相同，阶段名称的表述也有所差异，但不同的研究结果充分说明，城乡一体发展客观存在阶段性。本研究基于相关研究，进一步深化对这一问题的理论研究，并基于城市层面的数据开展实证研究，弥补了相关研究基本基于省级数据进而忽视了省域不同城市间差距过大的缺陷。本研究对正确把握城乡一体发展的实质和规律，有重点地制定相关政策措施，切实提高城乡一体协调发展的推进效率，无疑具有重要的意义。

（一）城乡一体发展的阶段划分

由于城市和乡村区域的差异性和互补性，随着工业化的不断推进和城镇化的逐步发展，城乡关系呈现不断演变和重构的特征。在工业化和城镇化初期，由于城乡区域在产业构成、生产方式、生活方式、社会组织形式等方面的巨大差异，城乡关系呈现分离状态。随着生产力的发展，城镇体系不断扩展，非农产业规模不断扩张，农村对城市、农业对非农产业的依赖开始与日俱增，农村越来越依赖于城镇的市场、基础设施和公共服务，逐渐形成农村对城镇的依赖。伴随着城市区域和非农产业的进一步发展，对农业、农村区域的发展提出了更高要求，农业、农村区域发展空间的拓展和发展环境开始改善，城乡良性循环的基础开始形成，城乡关系因双方相互依赖而变得更加复杂，要求在城乡互动形成的基础上把城乡作为一个整体来统筹发展。随着城乡之间在经济、社会、文化、生态协调发展方面的不断演进，城乡资源和生产要素的自由流动和合理配置，农村区域在生产力水平、经营方式、收入水平与收入结构、生活方式、社会管理等方面与城市文明逐渐接近、趋向同一，城乡之间成为一体发展的有机整体。

不同学者对城乡一体发展的阶段划分不尽相同，但均表明城乡一体发展客观存在阶段性。如完世伟（2008）的研究把新中国成立以来的城乡关系分为五个阶段：新中国成立初期（1949～1957）的从旧中国城乡关

① 张新亚、杨忠伟、袁中金：《苏州市城乡一体化测评指标体系研究》，《城市发展研究》2012 年第 5 期。

系向新型城乡关系过渡阶段；计划经济时期（1958～1978）的城乡关系形成和曲折发展阶段；改革开放初期（1979～1985）的城乡关系调整阶段；改革深化阶段（1986～2003）和2004年以来城乡关系的历史性转折阶段①。郑国等（2009）通过对城市层面的研究将其分为城乡融合阶段、城乡分离后期、城乡分离前期、乡育城市后期②。杨榕等（2011）的研究将城乡关系分为统筹发展初期、统筹发展中期、统筹发展后期和全面统筹发展阶段③。本研究在借鉴国内外相关研究成果以及中国城乡一体化发展实践的基础上，将改革开放后中国城乡一体发展细分为四个阶段。

1. 城乡分离发展阶段

在这一阶段，城乡在经济、社会等方面基本处于相互隔离状态，虽然在某些方面部分呈现低水平的相互联系。区域城镇化率较低，城镇产业体系不健全，缺乏内在活力和带动农村区域发展的能力，区域农业现代化水平较低，农业生产率严重滞后于非农产业生产率，生产要素呈现从农村向城市的单向流动，城乡收入差距不断扩大，农村在公共产品供给、基础设施等方面与城市的差距不断拉大。城市和农村区域主体在部分领域开始有一定联系，但仍然处于较低的水平。

2. 城乡互动发展阶段

在这一阶段，城乡的经济社会都实现了一定程度的发展，城市自身集聚和扩散能力不断提升，初步具备了对农村区域发展的带动能力；同时农村，城乡各类主体开始有一定的互动发展，突出表现在城镇化率逐步提高，城乡收入差距开始有慢慢缩小的趋势；农村基础设施投入逐渐加大，但仍然满足不了农村经济社会发展的需要；公共养老、医疗服务开始向农村地区延伸，但仍然处于较低水平。但由于城乡劳动生产率的差异、制度的惯性和农村主体能力的限制，生产要素流动仍然呈现农村向城市的单向流动为主，部分生产要素开始向农村流动。

---

① 完世伟：《城乡一体化评价指标体系的构建及应用——以河南省为例》，《经济经纬》2008年第4期。

② 郑国、叶裕民：《中国城乡关系的阶段性与统筹发展模式研究》，《中国人民大学学报》2009年第6期。

③ 杨榕、谢志强：《中国城乡统筹发展的阶段性特征及对策研究——以无锡市城乡一体化实践为例》，《中国发展》2011年第2期。

3. 城乡统筹发展阶段

在这一阶段，城市的二、三产业有了长足发展，开始具备工业反哺农业、城市带动农村发展的经济实力。农村地区的经济社会也有了较好的发展，城镇化率已经达到较高的水平，城乡资源流动呈现出动态网络的特征，城乡之间的人才、信息、资金和技术等要素交流进一步加大，并拓展了城乡各自的发展机会。在城乡政策的顶层设计中，开始把农业、农村和农民问题放在优先位置，农村区域的规划得到重视，农村区域的基础设施、公共服务也有较大改善。

4. 城乡一体发展阶段

在这一阶段，城乡产业高度发展，城乡间要素全面交互流动，形成城乡一体的经济协作网络，城乡开始均质发展，城乡产业均高度发展，协调的城镇和乡村体系形成并构成合理分工，农村区域的文明、产业、生活环境等向城市转型。城乡区域高度实现资源互补、区域协作、联动发展。城乡居民收入差距基本消失，城乡生活方式的趋同，城乡区域在规划、基础设施、公共服务方面实现一体化，城乡社会实现高度融合，实现了以城市为蓝本的城乡一体化。

各阶段的具体特点见表 3 - 1。城镇化和城乡产业发展是城乡一体发展的内在动力和根本原因，城乡收入差距、城乡规划、城乡基础设施、城乡公共服务和城乡社会管理是城乡一体发展的现实表象和外在表征。

（二）城乡一体发展各阶段的量化指标

城乡一体发展包含空间、经济、社会、生态、文化等多个维度，显然很难建立一个全面完整地刻画城乡关系的完善体系，不同学者通过构建不同的评价指标体系来定量刻画城乡一体发展状况。如完世伟（2008）通过选取 20 个指标从空间、人口、经济、社会、生态环境等五个方面反映区域城乡一体化发展状况①；张国平等（2014）构建了一套包含 14 个指

---

① 完世伟：《城乡一体化评价指标体系的构建及应用——以河南省为例》，《经济经纬》2008 年第 4 期。

标的评价指标体系，并运用层次分析法确定指标权重，静态评价城乡一体化水平①。与以上学者构建一套完整的评价指标不同，也有部分学者采用少数指标来研究刻画城乡一体发展状况，如郑国和叶裕民（2009）的研究选取的具体指标包括人均第二产业 GDP、非农业人口占总人口的比重、乡城人均 GDP 比值、乡城人均拥有病床数比值②；白志礼等（2010）的研究选取的指标包括人均 GDP、城乡收入比、城市化率、产业结构和就业结构③。

表 3-1 城乡一体发展各阶段的特点

	城乡分离发展阶段	城乡互动发展阶段	城乡统筹发展阶段	城乡一体发展阶段
城镇化率	城镇化率较低，大中小城市与小城镇发展严重失衡	城镇化速度加速，但区域城镇体系不健全，小城镇与中心城区存在较大差距	较高，大中小城市与小城镇协调开始发展	很高，协调的城镇和乡村体系基本建立
城乡产业发展	城镇产业体系尚不健全，农业现代化、产业化发展水平较低	城镇产业体系逐步健全，农村资源要素流失问题突出，农业现代化、产业化发展缓慢	开始在区域层面考虑产业合理布局，工业强力反哺农业，城乡产业的动态网络开始出现	城乡产业发展充分，农村和城市基于各自的禀赋形成产业合理分工、联动发展
城乡收入差距	很大	较大	较小	基本消除
城乡规划	农村基本没有规划，城市区域规划基本不考虑农村地区	开始用城市的规划方式规划农村（尤其是城市郊区），但仍没有覆盖全部农村	逐步实现城市和农村区域规划全覆盖，城乡规划开始相互衔接	用规划城市的理念规划农村，城乡规划完全一体化
城乡基础设施	基础设施建设偏向城市区域，农村基础设施建设严重滞后	农村基础设施投入开始加大，但仍然满足不了经济社会发展的需要	农村基础设施开始向城市看齐，农村经济设施基本能够满足经济社会发展需要	城乡基础设施一体化，随着经济社会发展农村经济设施不断跟进

① 张国平、籍艳丽：《区域城乡一体化水平的评价与分析——基于江苏的实证研究》，《南京社会科学》2014 年第 11 期。

② 郑国、叶裕民：《中国城乡关系的阶段性与统筹发展模式研究》，《中国人民大学学报》2009 年第 6 期。

③ 白志礼、欧阳敏：《我国城乡一体化的阶段性及其量化分析》，《西北农林科技大学学报（社会科学版）》2010 年第 6 期。

续表

	城乡分离发展阶段	城乡互动发展阶段	城乡统筹发展阶段	城乡一体发展阶段
城乡公共服务	公共品严重偏向城市;农村公共服务供给严重滞后	养老、医疗、就业等社会保障逐步向农村延伸	农村区域养老、医疗、就业等社会保障基本全面覆盖	城乡公共服务完全一体化
城乡社会管理	城市和农村采用不同的社会管理体制和管理制度	农村区域传统的管理体制和管理制度开始松动,但仍相互隔离	开始探索城乡一体的社会管理制度,尤其是在城市郊区	基本形成了以城市为蓝本的城乡社会管理体系

本研究选取指标的具体涵义如下。

（1）城镇化率。城市化率是反映城乡一体发展的基本指标。城镇化率是各个地区在工业化、现代化过程中经济社会结构变迁的反映，是城乡关系的最直接的外在表现形式。一般来说，城镇化率的高低与经济社会发展水平呈正相关关系，城镇不断发展扩张、城镇化率不断提升的过程也是城乡关系不断发展改善的过程。

（2）城乡收入差距。城乡人均收入差距是城乡关系最直接、最重要的体现。城乡居民收入差距既是城乡分离的结果，也通过对居民消费能力的影响进一步加深了城乡的分离。城乡人均收入差距是内生要素和外生要素共同作用的结果。作为内生的城乡人均收入差距，是生产要素差异的外在表现，具有一定的不可避免性。作为外生的城乡人均收入差距，与经济政策有很大关联。毫无疑问，衡量城乡收入差距的最重要指标是城乡人均收入比。

（3）人均 GDP 指标。人均在经济学上是衡量经济社会发展的一个重要指标，是判断一个国家或地区经济发展程度的重要依据，是一个地区经济实力的重要体现。人均 GDP 的高低对城乡空间结构、产业结构、产业布局、经济增长方式、消费结构等均具有主导影响，进而影响城乡关系。

（4）产业结构。合理的产业结构是城乡一体发展的内在要求和外在表现。从世界各国的发展历史来看，随着产业结构的变动，城乡关系也随之发生变化；在城乡关系的不同阶段，农业、工业和服务业的重要性和比重会随之发生变化，一般经历了从农业为主到工业为主再到服务业为主的发展顺序。

基于相关文献，各阶段的具体划分标准见表 3－2。各指标标准值的具体涵义如下。

（1）城镇化率指标标准值的划分。根据美国地理学家诺瑟姆（1979）的研究①，各国城市化进程的轨迹可以概括成一条稍被拉平的"S"形曲线，当城镇化率达到 30% 后，城乡关系开始发生剧烈变化，因此，本研究将 30% 的城镇化率作为城乡分离发展阶段和城乡互动发展阶段的分界点；李璐颖（2013）的研究表明，当城市化率超过 50% 时，整个国家在政治、经济、社会等方面都面临结构性转变，其隐性关键词从前期的"牺牲"逐渐转向后期的"反哺"②。因此，本研究将 50% 的城镇化率作为城乡互动发展阶段和城乡统筹发展阶段的分界点；根据诺瑟姆的研究，当城镇化率超过 70% 后，城镇化开始进入高级阶段，城市和乡村的差别逐渐消除并开始一体发展。因此，本研究将 70% 的城镇化率作为城乡统筹发展阶段和城乡一体发展阶段的分界点。

（2）城乡收入比指标标准值的划分。本研究考察城乡收入比指标在城乡一体发展不同发展阶段上的标准值，主要基于白志礼等（2010）的研究③，以及对中国城乡收入差距变化的历史观察。在城乡分离发展阶段，城市区域第二、第三产业发展相对迅速，劳动生产率逐渐提升，而农村区域小规模农户的相对劳动生产率不断下降，农业比较效益相对下降，导致城乡差距出现并不断扩大，处于这一阶段的城乡收入比在 1.5～2.5∶1；在城乡互动发展阶段，城市的规模效应和集聚效应不断放大，农村区域的资金、土地、劳动力等生产要素流动集聚到生产效率更高的城市，城乡差距进一步扩大，城乡收入比在 2.5～4∶1；在城乡统筹发展阶段，在城乡发展不平衡带来的一系列问题凸显背景下，农村地区的重要性开始得到重视，城乡偏向的发展战略得到部分纠正，城乡差距开始缩小，城乡收入比

① N. R. M. , *Urban Geography*, New York: John Wiley & Sons, 1979.

② 李璐颖：《城市化率 50% 的拐点迷局——典型国家快速城市化阶段发展特征的比较研究》，《城市规划学刊》2013 年第 3 期。

③ 白志礼、欧阳敏：《我国城乡一体化的阶段性及其量化分析》，《西北农林科技大学学报（社会科学版）》2010 年第 6 期。

在1.5～2.5∶1；在城乡一体发展阶段，城市和乡村均得到了均衡发展，除了景观上的差异和基于资源禀赋的分工，城市与农村差别基本消除，这一阶段城乡收入比在1.1～1.5∶1。

（3）人均GDP指标标准值的划分。根据钱纳里等人（1988）提出的理论①，在城市化率达到10%时，人均GDP约为100美元；在城市化率达到30%时，人均GDP约为200美元；在城市化率达到50%时，人均GDP约为500美元；在城市化率达到70%时，人均GDP约为1500美元。本研究将以上各值作为城乡一体发展各阶段的分界点，由于钱纳里的研究中以1964年美元来衡量人均国民收入水平及其反映的经济社会发展阶段，数据缺乏可比性。因此，我们借助GDP平减指数将物价波动因素予以消除（具体结果见表3－2）。

（4）产业结构。根据钱纳里等人（1988）提出的理论②，在城镇化率达到30%时，第一产业比重为40%左右，当城镇化率达到50%时，第一产业比重为22%左右；在城市化率达到70%时，第一产业比重为10%左右。因此，本研究将第一产业占比40%、22%、10%作为城乡一体发展各阶段的分界点。

表3－2 城乡一体发展各阶段的基本指数

	城乡分离发展阶段	城乡互动发展阶段	城乡统筹发展阶段	城乡一体发展阶段	中国
城镇化率(%)	30以下	30～50	50～70	70以上	52.57
城乡收入比	1.5～2.5	2.5～4	1.5～2.5	1.1～1.5	3.10
人均GDP(美元)	1400以下	1400～3500	3500～10500	10500以上	6164
产业结构(%)	40以上	22～40	10～22	10以下	10.1

注：1. 2012年美元；中国人均GDP按照2012年12月31日人民币汇率换算。2. 中国数据来源于《中国统计年鉴2013》。

参照上述提出的城乡一体发展各阶段特点和划分标准，结合表3－2中国的相关数据，基本可以判断，当前中国城乡一体发展总体上处于从城

① 钱纳里：《发展的型式1950—1970》，经济科学出版社，1988。

② 钱纳里：《发展的型式1950—1970》，经济科学出版社，1988。

乡互动发展阶段向城乡统筹发展阶段转换阶段。分指标来看，城镇化率、人均 GDP 和产业结构已经迈过城乡互动发展阶段的门槛，进入城乡统筹发展阶段；而城乡收入比指标相对落后，仍然处于城乡互动发展阶段。

二　城乡一体发展的聚类分析

（一）指标的选取和度量

在具体评价不同区域城乡一体发展程度时，不同学者构建的评价指标体系多有不同。如完世伟（2008）从空间、人口、经济、社会、生态环境等五个方面选取 20 个指标衡量区域城乡一体发展状况①；张国平等（2014）构建的城乡一体发展静态评价指标体系包含了 14 个指标②。与以上学者构建一套完整的评价指标不同，也有部分学者采用少数指标来研究刻画城乡一体发展状况，如郑国等（2009）的研究选取的具体指标包括人均第二产业 GDP、非农业人口占总人口的比重、乡城人均 GDP 比值、乡城人均拥有病床数比值③；白志礼等（2010）的研究选取的指标包括人均 GDP、城乡收入比、城市化率、产业结构和就业结构④。

本研究在指标选取时主要基于以下三点：选择独立性较强的指标，所选指标能够比较典型地反映城乡一体发展的某一基本特征；数据的可获得性，所选指标必须能够获得权威数据；指标的可操作性，所选指标均是可度量的。最终选取了 7 个一级指标和 12 个二级指标，分别从不同维度对各城市的城乡一体发展水平进行度量和界定（见表 3－3）。

同时，考虑到中国目前有 287 个地级及以上城市，若选取所有城市作

---

① 完世伟：《城乡一体化评价指标体系的构建及应用——以河南省为例》，《经济经纬》2008 年第 4 期。

② 张国平、籍艳丽：《区域城乡一体化水平的评价与分析——基于江苏的实证研究》，《南京社会科学》2014 年第 11 期。

③ 郑国、叶裕民：《中国城乡关系的阶段性与统筹发展模式研究》，《中国人民大学学报》2009 年第 6 期。

④ 白志礼、欧阳敏：《我国城乡一体化的阶段性及其量化分析》，《西北农林科技大学学报（社会科学版）》2010 年第 6 期。

为样本则工作非常烦琐且研究结果也更易受偶然性因素干扰。为简化研究工作，在不影响研究结论的前提下，本研究选择长三角地区的上海市、江苏省、浙江省和安徽省所包含的41座地级及以上城市作为研究样本。长三角地区经济基础雄厚、城市体系完整，是具备较强国际竞争力的世界级超级经济区；同时，区域之间发展差异较大（例如，江苏省的苏南与苏北、安徽省的皖南和皖北），足以代表中国各城市城乡发展的梯度差异和不同发展水平的城乡关系。因此，以长三角41座城市为例，足以代表中国城市的城乡一体发展全貌。同时，虽然所选取的样本城市存在等级差别，然而，城乡一体发展的阶段演化是任何城市在其发展过程中均要依次经历的，已有的研究也没有表明城市等级对城乡一体发展的阶段演化具有显著影响①，因此，本研究将样本城市视为独立的经济单元，没有考察城市等级的影响。本研究的数据全部来源于中国社会科学院城市与竞争力数据库，相关数据均为2013年数据。

表3-3　城乡一体化指标体系

维度	指标	指标度量方法
经济发展水平	人均GDP	城市GDP总量/城市年平均人口
城市发展水平	城镇化率	市辖区年平均人口/全市年平均人口
居民收入	城乡人均收入比	城镇居民人均可支配收入/农村居民人均纯收入
公共服务	城乡人均教育支出比	全市人均教育支出/市辖区人均教育支出
	城乡公共图书馆藏书量比	全市人均公共图书馆藏书量/市辖区人均公共图书馆藏书量
	城乡医生数比	全市人均医生数/市辖区人均医生数
	城乡教师数比	全市义务教育阶段人均教师数/市辖区人均教师数
	城乡固定资产投资比	全市人均固定资产投资额/市辖区人均固定资产投资额
要素投入	城乡贷款余额比	全市人均贷款余额/市辖区人均贷款余额
	城乡实际利用外资比	全市人均实际利用外资额/市辖区人均实际利用外资额
产业结构	第一产业占比	第一产业产值/GDP

① 焦必方、林娣、彭婧妮：《城乡一体化评价体系的全新构建及其应用——长三角地区城乡一体化评价》，《复旦学报（社会科学版）》2011年第4期。

（二）聚类分析及结果

系统聚类分析方法的优点在于能够在没有先验知识的情况下，将一批样本数据（或变量）按照它们在性质上的差异程度自动进行分类，也就是说不需要事先设定分类标准，聚类分析能够基于样本数据特征，客观决定分类标准。而 K-means 算法虽然具有动态迭代更新的优点，但必须在计算之前指定分类数目，即 k 值。因此，本研究首先通过系统聚类的方法来确定 k 值，然后再采用 K-means 算法进行 k－均值聚类。41 个城市的系统聚类结果如图 3－1 所示。

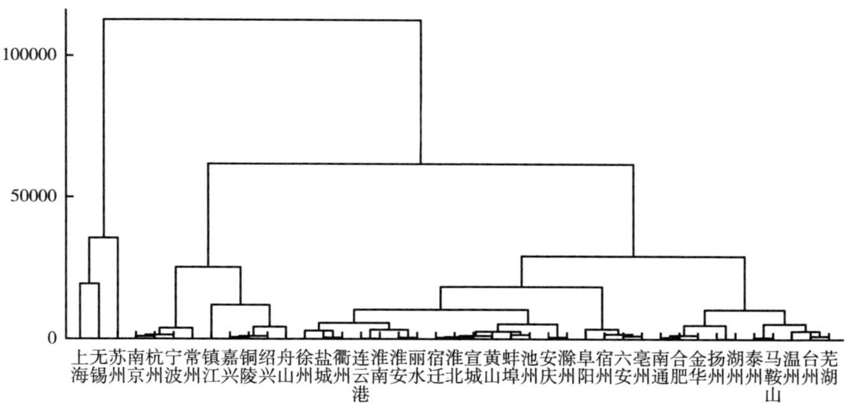

图 3－1　长三角地区 41 座城市的系统聚类结果

从图 3－1 可以判定，就所选指标而言将 41 个城市分成 3 类比较合适。于是进一步采用 K－均值聚类法（K-Mean's Cluster）进行聚类分析。通过八次迭代过程，类别聚合点形成收敛。K－均值聚类结果见表 3－4。从主要指标的组内均值来看，长三角区域所有城市均跨过了城乡分离发展阶段，三类城市分布处于上文所划分的城乡互动发展阶段、城乡统筹发展阶段和城乡一体发展阶段。

具体来看，三组城市的城乡一体发展呈现出以下特征：

处于城乡互动发展阶段的城市有 22 个，主要包括在安徽省的非中心城市、苏北和浙江省的部分城市。这类城市的基本特征是：①区域经济发展水平滞后。工业化水平较低，人均 GDP 不到 6000 美元，尚未进入中等收入阶段。②城乡居民收入差异较明显，农民人均纯收入为 10224 元/年，城乡收入比均值为 2.47，部分城市的城乡收入比超过 3，接近社会容忍线。③以农村社会为主体。城镇化率不到 50%，部分发达的城市与占主体的落后农村并存，第一产业占 GDP 的比重平均在 10% 以上。

表 3－4　长三角地区 41 个城市 K－均值聚类结果

类别	城市	指标	基本指标			
			人均 GDP（美元）	城镇化率（%）	城乡人均收入比	第一产业占比（%）
城乡互动发展阶段	徐州、连云港、淮安、盐城、宿迁、温州、衢州、台州、丽水、芜湖、蚌埠、淮南、淮北、安庆、黄山、滁州、阜阳、宿州、六安、亳州、池州、宣城	组内均值	5327	49.75	2.47	13.57
		最大值	9009	67.00	3.09	25.65
		最小值	1667	34.40	1.76	2.88
城乡统筹发展阶段	南通、扬州、镇江、泰州、嘉兴、湖州、绍兴、金华、舟山、合肥、马鞍山、铜陵	组内均值	12742	62.87	2.19	5.83
		最大值	17779	77.60	2.76	10.28
		最小值	9167	56.00	1.83	1.76
城乡一体发展阶段	上海、南京、无锡、常州、苏州、杭州、宁波	组内均值	23730	75.57	2.08	2.41
		最大值	32877	90.00	2.33	3.88
		最小值	19496	67.50	1.89	0.60

处于城乡统筹发展阶段的城市有 12 个，主要包括浙江省和江苏省非中心城市以及安徽省的部分中心城市。这类城市的基本特征是：①区域经济较发达，人均 GDP 超过 10000 美元，进入中等收入阶段。②城乡居民收入差异较明显，城乡收入比均值为 2.19，城乡收入呈现在较高水平上的差异并不断缩小，农民人均纯收入达 15639 元/年。③发达的城市和不占主体的较为发达的农村并存。城镇化率超过 60%，第一产业占 GDP 比重在 5% 左右，发达的城市与初步城镇化的农村并存。

处于城乡一体发展阶段的城市包括 7 个城市。主要包括浙江和江苏的中心城市和上海市。这类城市具有以下特点：①区域经济非常发达，工业化程度很高。人均 GDP 均超过 20000 美元，第一产业占 GDP 比重在 5% 以下，发达的工业和城市经济为农民就业、农业转型、农村发展提供了坚实基础。②城乡居民收入在高位上显现低度差异。城乡收入比均值为2.08，但农民人均纯收入接近20000元/年，在教育、文化、医疗、社保等基本公共服务方面基本实现城乡均等。③以城市社会为主体。城镇化率超过75%，第一产业占GDP比重在5%以下，农村的经济结构和就业结构均以非农产业为绝对主体，传统意义上的农村和农业在这些城市已经难觅踪迹。

从表3-4也可以看出，尽管长三角地区的城乡一体化水平在全国处于领先水平①，但处于城乡一体发展阶段的城市数量最少，处于城乡互动阶段的城市比重最高，也从一个侧面说明我国城乡一体发展的任务依然任重而道远。

方差分析的结果表明（见表3-5），除公共服务指标外，各指标的P值（Sig.）均接近于0，通过F检验，说明分组后各类别之间的各个指标具有显著的差异，各类别之间差异较大，进一步说明将41个城市分为三组是合理的。

表3-5　分组后各指标的方差

指标	人均GDP（万元）	城镇化率（%）	城乡收入比	城乡公共服务得分比	城乡要素投入比	第一产业占比（%）
最大值	19.90	90	3.10	1.00	1.66	25.65
最小值	1.01	34.40	1.76	0.48	0.29	0.60
均值	6.44	58.53	2.32	0.79	0.70	9.40
方差	4.50	12.38	0.37	0.13	0.27	6.66
F值	106.65	33.40	7.35	1.13	2.00	4.90
P值Sig.	0.00	0.00	0.00	0.27	0.08	0.01

三　城乡一体发展的分类推进策略

本研究的理论分析和实证研究表明中国不同区域之间城乡一体发展阶

① 焦必方、林娣、彭婧妮：《城乡一体化评价体系的全新构建及其应用——长三角地区城乡一体化评价》，《复旦学报（社会科学版）》2011年第4期。

段存在巨大的差异，发展阶段差异的存在决定了各区域在推进城乡一体发展过程中的主要任务和政策着力点的差别。因此，必须改变一刀切的城乡一体化，基于各区域城乡一体发展所处阶段，从区域分异视角出发实施分类推进策略。

（一）城乡分离发展阶段的区域

这类区域城乡一体发展的主要矛盾是缺乏城乡互动、一体发展的经济基础和内生动力。城市产业基础薄弱，带动能力不足，对农村的辐射作用有限；农村经济规模偏小，生产经营方式单一，缺乏内生增长的动力和活力。因此，对处于城乡分离发展阶段的区域，城乡一体发展的重点是培育城市产业体系，提高集聚能力，提升城市对农村的带动能力，增强对区域人口的吸引能力。努力扩大招商引资，拓展项目和投资来源；发展基于资源禀赋的特色产业，建立健全产业体系；完善城市基础设施建设，在城市自身发展的基础上，发挥城市对农村地区的辐射带动效应，为农业现代化、农村工业化创造条件。

（二）城乡互动发展阶段的区域

对处于城乡统筹状态的区域，城市的自身能力有所增强，但尚不具备全面辐射、带动乡村发展的能力；同时，乡村发展条件显著弱于城市，乡村发展水平落后于城市，农业增效难、农民就业难、农民增收难问题突出。因此，对处于城乡互动发展阶段的区域，城乡一体发展的重点是在进一步发展城市工业、服务业的基础上，采用行政手段和市场手段相结合的方式，加强对农村产业的财税、金融支持，使农村发展速度赶上并超过城市；通过土地流转、连片整理等方式，提高农业机械化、经营产业化、服务社会化水平，提高农民承包经营土地的集中度、流动性和财富性，实现传统农业的产业化、商品化和集约化；重点实施近郊农村城市化、农民就地城市化，实现近郊农村自然对接城市公共服务和基础设施。

（三）城乡统筹发展阶段的区域

此类区域的工业、服务业已经有了长足发展，具备城市反哺农村、工业反哺农业的经济基础，农业现代化也已初具规模。此类区域城乡一体发展的主要矛盾是城市偏向的城乡分治制度导致城乡生产要素无法自由流动。因此，这类城市城乡一体发展的重点是充分发挥市场在资源配置中的基础作用，加强集体建设用地、农民承包地、资本、技术等生产要素市场建设；实现城乡规划、产业发展、基础设施、公共服务等一体化，促进城乡要素的自由流动，把城市发展的成果更好地惠及农村居民。推动产业结构优化转型，构建健全的现代村镇体系，实现产业区域化、一体化、差异化发展。

（四）城乡一体发展阶段的区域

这类区域城乡居民在收入方面的差别基本消失，城乡一体发展过程中的主要矛盾是城乡社会管理分治，即在高度工业化和城镇化的乡村中仍沿用了传统的乡村治理方式，区域社会治理方式难以满足农业经济社会发展的需求。因此，对于此类区域，城乡一体发展的重点是全面破解城乡二元社会管理体制，纠正区域社会治理方式与社会现实之间的错位，以城市社会的治理方式来治理整个区域，形成以城市为蓝本的社会管理体系。加快镇改街道和村改社区步伐，以城市型建制取代地域型政区，实现社会经济管理与运行机制的一体化；实行城乡统一的社会福利与社会保障制度，从福利保障、社区治理、城乡文化融合的角度进一步推动城乡一体融合发展。

第四章

城乡一体发展的区域差异

城乡一体化是在特定时间维度和特定地域空间内实现人口、产业、生活环境向城市转型，城乡均质发展，城乡二元结构消失，传统“三农”逐步淡出，城乡实现高度融合的状态①。从城乡分割到城乡融合、由工业偏向到工农并重、由“被动城市化”到“主动城市化”是加快转变经济发展方式的重要依托②。未来的理想城市应该是以城市为蓝本的城乡一体化，是城市和农村主体发展一致、相互联系、相互衔接的城乡一体城市，是由城乡隔离的二元城市发展为城乡融合的一元城市。城乡一体化是城乡融合发展、双向演进、协调共生的必然选择和科学路径。但从现实来看，城乡一体化仍然面临众多挑战，实现可持续的理想城市仍然任重而道远。在理论分析的基础上，本研究基于中国社会科学院城市与竞争力研究中心数据分析评估城乡一体发展现状、基本特征和存在的问题，总结凝练城乡一体发展路径和政策措施。

一　指标选取

（一）指标选取

城乡一体化是城乡关系的外在表现和终极目标，是城乡全面融合、协

① 李宪坡、高宏良、董印：《全域城市化：理论与实践》，《魅力中国》2011 年第 3 期。

② 白永秀：《转变经济发展方式：城乡经济社会协调发展的视角》，《当代财经》2011 年第 11 期。

调发展、共同繁荣的新型城市化，其包含空间、经济、社会、生态等多个维度。虽然很难建立一个全面完整地反映城乡一体化特征的完善体系，但城乡一体化至少包括以下四个基本特征。

1. 城乡收入差距合理化

理想的城乡一体化应该是城乡收入差距合理。城乡人均收入差距是城乡隔离的最直接、最重要的体现。城乡居民收入既是城乡隔离的结果，也通过对居民消费能力的影响进一步加深了城乡的分离。城乡人均收入差距既是内生的，也是外生的。作为内生的城乡人均收入差距，是生产要素差异的外在表现，具有一定的不可避免性。作为外生的城乡人均收入差距，与经济政策有很大关联。毫无疑问，衡量城乡收入差距的最重要指标是城乡人均收入比。

2. 城乡公共服务均等化

农村公共服务的严重短缺已经成为城乡差距议题中的焦点问题，城市和乡村差异的一个重要表现是在公共服务方面的差距。近年来，随着农业劳动力的自由流动，城乡居民享受到的公共服务数量、质量均呈现出“剪刀差”的状态，其差距甚至超过纯收入的差距。一方面，随着农村经济社会的发展，农村居民对公共产品需求的全面快速增长与公共服务不到位、基本公共服务短缺的矛盾日益突出；另一方面，越来越多的研究表明，近年来城乡非主要收入差距对于城乡收入差距扩大的影响越来越明显。城乡非主要收入差距大部分来自城乡居民转移性收入的差距，其涉及户籍制度、教育制度、医疗制度、社会保障制度等多个公共服务供给的层面。

3. 城乡基础设施一体化

基础设施是城乡一体的硬件基础，对改善居民的生活水平有重要意义，是引导城市资源要素向农村流动并最终实现城乡一体化的基础，城乡基础设施的差异也是城乡隔离的重要表现之一。改革开放以来，我国城市基础设施的建设日趋完善，但农村在基础设施方面仍然严重滞后于城市。

4. 城乡结构转化合理化

结构转化合理是城乡一体化的内在要求，城乡一体和谐的城市必然要求城市的社会结构与产业结构相互适应。由于户籍制度、土地制度等的限制，我国的人口城镇化远远落后于土地的城镇化，落后于产业发展和经济发展速度。城乡这一城市的社会结构与非农产业和农业这一城市的产业结构不相对应。

在指标的城市级数据可得的前提下，根据指标最小化原则，选取的中国城市城乡一体发展评价指标体系包括：城乡人均收入比、人均教育支出比（全市/市辖区）、每百人公共图书馆藏书量比（全市/市辖区）、每万人拥有医生数比（全市/市辖区）、每千人国际互联网用户数比（全市/市辖区）、城市化与工业化适应性（见表4－1）。

表4－1　指标体系

	二级指标	三级指标
城乡一体化	居民收入	城乡人均收入比
	公共服务	人均教育支出比（全市/市辖区）
		每百人公共图书馆藏书量比（全市/市辖区）
		每万人拥有医生数比（全市/市辖区）
	基础设施	每千人国际互联网用户数比（全市/市辖区）
	结构转换	城市化与工业化适应性

（二）数据处理方法

数据来源于中国社会科学院城市与竞争力数据库。由于城乡一体各项指标数据的衡量单位存在差异，因此需要对所有指标数据进行无量纲化处理，再进行综合集成。本指标体系包括单一客观指标和综合客观指标。对于单一客观指标原始数据的无量纲化处理，采取标准化、指数化和阈值法等方法，将基础指标转化为标准值后，消除量纲差异，使不同量纲的指标具有可加性，同时也减小了不同指标间的方差差异。对综合客观指标原始数据，首先对构成中的各单个指标进行无量纲化处理，然后再用等权法加权求得综合的指标值。标准化计算公式为：$X_i = \frac{(x_i - \bar{x})}{Q^2}$；$x_i$ 为原始数据，$\bar{x}$ 为平均值，Q^2 为方差，X_i 为标准化后数据。指数法的计算公式为：$X_i =$

$\frac{x_i}{x_{0i}}$，x_i 为原始值，x_{0i} 为最大值，X_i 为指数。阈值法的计算公式为：$X_i = \frac{(x_i - x_{min})}{(x_{max} - x_{min})}$；$X_i$ 为转换后的值，x_i 为原始值，x_{min} 为样本最小值，x_{max} 为样本最大值。

城乡一体发展状况评估的指标分为三级，在三级指标合成二级指标和二级指标合成一级指标时，采用先标准化再等权相加的方法，其公式为：$z_{il} = \sum_j z_{ilj}$，其中，z_{il} 为各二级指标，z_{ilj} 为各三级指标。$Z_i = \sum_l z_{il}$，其中 Z_i 为一级指标，z_{il} 为各二级指标。

二　城乡一体发展现状

从现有的文献来看，对城乡一体发展实证方面的研究主要注重于分省数据的研究。本节基于中国社会科学院城市与竞争力研究中心的数据，分析了 2013 年中国 287 个地级及以上城市的城乡一体发展情况，从另一个视角来透视中国的城乡一体化问题。这对正确理解和解读中国城乡发展的区域差异，对总结凝练城乡一体发展路径和政策措施，对促进城乡经济社会发展一体化新格局的形成，促进城乡发展的协调性，具有显著的实践意义和理论价值。

中国城市城乡一体发展的得分不高，287 个城市得分均值为 0.237，高于中位数。城乡一体发展得分的核密度分析（图 4－1）表明，与正态分布相比，城乡一体发展得分分布偏左，且波峰更高。由于排在前面城市的优异表现，拉高了整体均值，城市之间差距较大。所以从总体看，中国城乡间分离严重。

城市间的城乡一体发展极度不平衡。

从总得分来看，城乡一体发展综合得分排名前 10 位的城市为：深圳、东莞、北京、上海、广州、乌鲁木齐、珠海、苏州、克拉玛依、厦门。排名前 10 位城市城乡一体发展指数均值为 3.3221；排名后 10 位城市城乡一体发展指数均值为 0.2064，相差 16 倍多。如果将排名前 50 位的城市视为最具竞争力，排名 51～100 位的视为较具竞争力，排名 101～150 位的视为中等

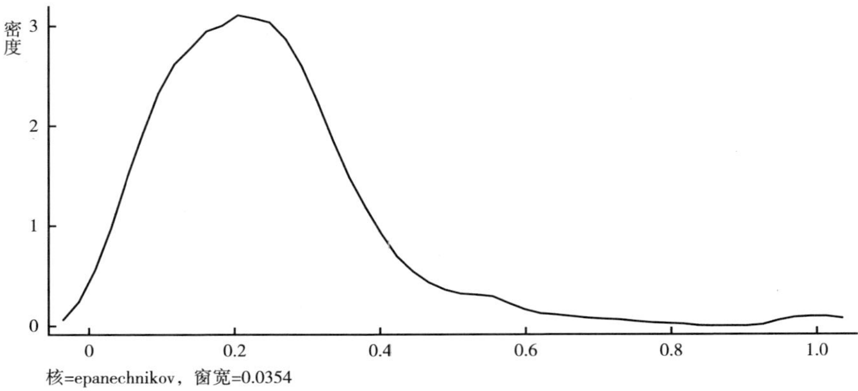

图 4－1　城乡一体发展得分分布

偏上，排名 151～200 位的视为中等偏下，排名 201～250 位的视为较差，250 位以后的视为最差，城乡一体发展得分最好的城市均值为 0.47，城乡一体发展得分最差的城市均值为 0.06（见表 4－2），相差约 8 倍，说明城市之间在城乡一体发展方面存在很大差异，城市之间发展极度不平衡。

表 4－2　城乡一体发展指数整体情况

类别	样本数	平均值	标准差	最小值	最大值
最具竞争力	50	0.472	0.164	0.344	1.000
较具竞争力	50	0.292	0.020	0.271	0.344
中等偏上	50	0.223	0.016	0.218	0.269
中等偏下	50	0.176	0.017	0.160	0.217
较差	50	0.110	0.019	0.099	0.159
最差	37	0.062	0.022	0.000	0.099
总体	287	0.237	0.150	0.000	1.000

资料来源：中国社会科学院城市与竞争力数据库。

重点城市显著强于非重点城市。表 4－3 所示为各个级别城乡一体化指数平均得分。可以发现，在大陆城市中，35 个大中城市（不含拉萨）均值要高于全国和大陆均值，副省级城市要好于 35 个大中城市，行政级别最高的四个直辖市最高，均值为 0.52。

表 4-3　城乡一体发展重点城市比较

城市或区域	全国城市	35 个大中城市(不含拉萨)	副省级城市	4 个直辖市
城乡一体发展得分均值	0.237	0.422	0.470	0.517

资料来源：中国社会科学院城市与竞争力数据库。

从分项指标城乡人均收入比来看，城乡收入差距较大且城市间悬殊。城乡人均收入比得分最高的大陆城市分别为东莞、深圳、苏州、宁波、舟山、无锡、绍兴、嘉兴、上海、湖州。排名前 10 位城市的城市人均年收入为 33211 元，农村人均年收入为 18823 元。从城乡人均收入比得分来看，排名前 50 位的城市的得分均值为 0.42，而排名 250 位后的城市的得分均值为 0.04，城市之间得分悬殊。这个指标集中反映出中国既存在城乡发展隔离又存在地区经济失衡。

从分项指标的每百人公共图书馆藏书量比来看，城乡公共服务严重失衡且城市间差异较大。从每百人公共图书馆藏书量来看，全市平均每百人公共图书馆藏书量为 51.01 册，而市辖区每百人公共图书馆藏书量为 84.92 册，城乡间存在显著差异。从各个城市来看，得分最高的大陆城市分别为深圳、东莞、上海、北京、克拉玛依、厦门、南京、杭州、广州、大连。分组来看（见表 4-4），排名前 50 位的城市的得分均值为 0.16，而排名 250 位后的城市的得分均值为 0.01，城市之间得分差异很大。

从分项指标的人均教育支出比来看，287 个大陆城市的人均教育支出为 994.9238 元，而市辖区的人均教育支出为 1520.77 元，市辖区的人均教育支出大大高于全市的人均教育支出，说明城乡在教育支出方面存在不公平。从各个城市来看，人均教育支出比得分最高的大陆城市分别为深圳、东莞、北京、克拉玛依、上海、中山、厦门、鄂尔多斯、珠海和天津。显然，人均教育支出比得分和城市之间的经济发展水平密切相关，得分较高的均为大城市或者财政宽裕的资源型城市。分组来看（见表 4-4），人均教育支出得分在不同的城市组之间存在较大差异，得分最高的城市均值为 0.20，得分最低的城市均值为 0.03，二者相差约 7 倍，说明城市之间在人均教育支出方面差异较大，城乡内部之间教育发展不均衡。

从分项指标的每万人拥有医生数比来看，城市平均每万人拥有医生数为 18.72 人，市辖区为 26.53 人，说明城乡之间的医疗服务差距明显。分城市来看，得分最高的大陆城市分别为西宁、莱芜、黑河、乌鲁木齐、太原、北京、鄂州、嘉峪关、运城、乌兰察布。从分组来看，排名前 50 位的城市平均得分为 0.25，而排名 250 位后的城市平均得分为 0.06。

城乡基础设施分配不均。城市每千人国际互联网用户数 106.39 人，而市辖区为 176.42 人。分城市来看，每千人国际互联网用户数比得分最高的大陆城市分别为乌鲁木齐、南宁、重庆、广州、珠海、南京、厦门、深圳、克拉玛依、北京。从分组情况来看，排名前 50 位的城市平均得分为 0.23，而排名 250 位后的城市平均得分为 0.03，说明城市之间基础设施存在显著差异，城乡之间基础设施供给严重不均衡。城乡公共基础设施投入不均会产生城乡生产效率的差距效应和城乡居民的消费差距效应。城市基础设施齐全，性能优越，降低了生产成本和消费成本，提高了城市居民收入水平和边际消费倾向。

城市化与工业化不适应。从产业结构来看，二、三产业的比重为 93.16%，而非农业人口占总人口的比重为 66.87%，人口结构和产业结构脱节，城市化与工业化发展不相适应。人口并没有随着二、三产业的发展而向城市转移，带来了双重的二元经济结构。城市化与工业化适应性得分最高的大陆城市分别为深圳、石家庄、青岛、苏州、保定、许昌、潮州、扬州、广州、揭阳。分组来看，排名前 50 位的城市平均得分为 0.81，而排名 250 位后的城市平均得分为 0.16。

表 4-4 城乡一体发展指数分项得分均值

类别	最具竞争力	较具竞争力	中等偏上	中等偏下	较差	最差
城乡人均收入比	0.419	0.190	0.140	0.134	0.080	0.040
每百人公共图书馆藏书量比	0.164	0.046	0.029	0.025	0.023	0.013
人均教育支出比	0.204	0.072	0.048	0.042	0.041	0.034
每万人拥有医生数比	0.249	0.181	0.119	0.121	0.101	0.060
每千人国际互联网用户数比	0.230	0.129	0.090	0.065	0.054	0.029
城市化与工业化适应性	0.810	0.761	0.691	0.487	0.316	0.155

资料来源：中国社会科学院城市与竞争力数据库。

三　城乡一体发展的区域比较

从城市区域分布上来看，城乡一体发展得分排名前 15 位的城市，除北京、乌鲁木齐和克拉玛依外全部来自东南地区；排名前 50 位的城市中，东南地区也占了 21 席。在 287 个城市中，排名 200 位以后的城市东南只有 3 个城市，东南地方排名最差的城市莆田也居第 223 位。排名后 10 位的城市西北地区占了 7 席。从城乡一体发展得分的均值来看，东南地区城市的城乡一体发展得分均值最高，为 1.60，西南地区最低，均值为 0.63。东西部城市在城乡一体发展方面差距明显。

从城乡一体发展得分的均值来看（表 4－5），东南地区城市的城乡一体发展得分均值最高，为 0.365，西北地区最低，均值为 0.139。空间计量分析的结果也表明，东西部城市在城乡一体发展得分方面差距明显；但南北城市在城乡一体发展得分方面差距不显著（见图 4－2）。

表 4－5　2013 年我国城市城乡一体发展区域比较

地　区	1～50 名	51～100 名	101～150 名	151～200 名	201～250 名	250 名以后	城市总数（个）	城乡一体竞争力指数均值
东　北	6	17	5	5	0	1	34	0.279
环渤海	8	7	7	7	1	0	30	0.287
西　北	9	5	3	5	10	7	39	0.139
中　部	5	6	14	23	22	10	80	0.187
西　南	1	6	5	4	14	19	49	0.142
东　南	21	9	16	6	3	0	55	0.365
全　国	50	50	50	50	50	37	287	0.237

资料来源：中国社会科学院城市与竞争力数据库。

四　城乡一体发展：基于城市群的比较

2011 年公布的《全国主体功能区规划》提出了构建“两横三纵”为主体的城市化战略格局。2013 年 12 月 13 日中央城镇化工作会议进一步

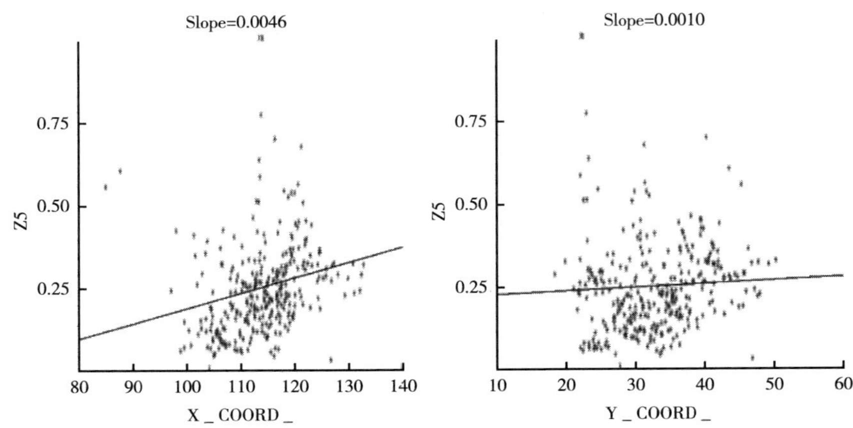

图 4-2　287 个城市城乡一体发展得分的空间分布

注：东西向图、南北向图：X_ COORD_ 为各城市的经度，Y_ COORD_ 为各城市的纬度，纵坐标为各分项竞争力的得分值。

提出要优化全国城镇化布局和形态。本节按照“两横三纵”的城市化战略格局做进一步的分析，观察基于战略格局的城乡一体发展得分分布特征。从各通道的基本情况看，包含样本城市数最多的是沿海通道，其次是长江通道，最少的是陆桥通道（见图 4-3）。

1. 轴线内外城市比较

对比轴线城市和非轴线城市的情况可以发现，位于“两横三纵”城市群上的城市的城乡一体发展得分均值为 0.281，“两横三纵”城市群以外的 114 个城市的城乡一体发展得分均值为 0.181（见表 4-6）。说明“两横三纵”城市群里的城市城乡一体发展得分显著高于非轴线上的城市。从各城市的均值来看，各城市群的城乡一体发展得分均高于非轴线上的城市得分（见图 4-3）。

表 4-6　轴线城市与非轴线城市的比较

	均值	方差	最小值	最大值	变异系数
轴线城市	0.281	0.167	0.020	1.000	0.595
非轴线城市	0.181	0.089	0.000	0.416	0.495

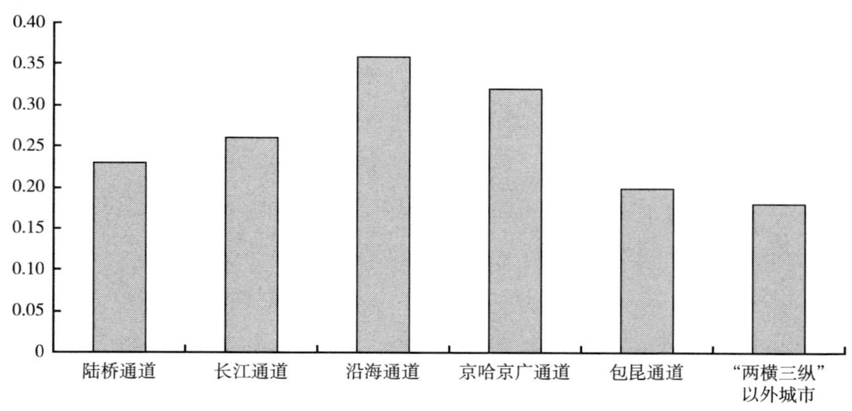

图 4－3　“两横三纵”城市群得分均值

2. 不同轴线之间横向比较：沿海通道水平最高

“两横三纵”的城镇化战略格局包括陆桥通道、长江通道、沿海通道、京哈京广通道和包昆通道等五条轴线。①从“两横”的比较看，长江通道城市的城乡一体发展得分平均水平较高，而且内部城市之间的不均衡比陆桥通道也低；②从“三纵”的比较看，城市城乡一体发展平均得分整体呈现出按沿海通道、京哈京广通道、包昆通道依次递减的特点；③从“两横三纵”的比较看，沿海通道城市城乡一体发展得分平均水平最高，包昆通道平均水平最低；京哈京广通道内部城市的城乡一体发展得分差异最大，沿海通道内部差异最小。(见表 4－7)

表 4－7　五大通道轴线横向比较

	轴线	均值	方差	最小值	最大值	变异系数
两横	陆桥通道	0. 231	0. 125	0. 054	0. 594	0. 542
	长江通道	0. 259	0. 138	0. 058	0. 668	0. 535
三纵	沿海通道	0. 374	0. 197	0. 054	1. 000	0. 526
	京哈京广通道	0. 332	0. 211	0. 020	1. 000	0. 635
	包昆通道	0. 199	0. 108	0. 056	0. 394	0. 542

资料来源：中国社会科学院城市与竞争力数据库。

3. 陆桥通道：整体城乡一体发展水平不高，通道东向递减特征明显

陆桥通道主要包括天山北坡城市群、兰州—西宁城市群、关中城市群、中原城市群和徐州城市群等五大组团29个城市。①从陆桥通道整体来看，城市城乡一体发展得分不高，均值为0.231，而且城市之间差异大，变异系数为0.542；②从轴线内五大城市群的比较看，天山北坡城市群城乡一体发展得分水平最高，徐州城市群城乡一体发展得分水平最低；兰州—西宁城市群的城市之间差异最大，天山北坡城市群城市之间的差异最小（见表4-8）。

表4-8　陆桥通道内部城市群比较

	均值	方差	最小值	最大值	变异系数
陆桥通道	0.231	0.125	0.054	0.594	0.542
天山北坡城市群	0.571	0.034	0.547	0.594	0.059
兰州—西宁城市群	0.206	0.122	0.056	0.399	0.594
关中城市群	0.197	0.073	0.108	0.303	0.371
中原城市群	0.236	0.068	0.133	0.345	0.288
徐州城市群	0.176	0.065	0.054	0.225	0.372

资料来源：中国社会科学院城市与竞争力数据库。

4. 长江通道：长三角相对优势突出，成渝城乡一体化水平最低

长江通道主要包括长三角城市群、皖江城市群、昌九城市群、武汉城市群、长株潭城市群和成渝城市群等六大组团62个城市。①从长江通道整体来看，整体城乡一体发展得分指数一般，达到0.259；城市之间差异较大，变异系数为0.535；②从轴线内六大城市群的比较看，长三角城市群城乡一体发展得分水平最高，均值为0.350，具有明显的比较优势；成渝城市群城乡一体发展得分水平最低；成渝城市群城市之间差异最大，变异系数达0.616，昌九城市群城市之间的差异最小，变异系数为0.239（见表4-9）。

表4-9　长江通道内部城市群比较

	均值	方差	最小值	最大值	变异系数
长江通道	0.259	0.138	0.058	0.668	0.535
长三角城市群	0.350	0.142	0.153	0.668	0.406
皖江城市群	0.210	0.099	0.058	0.340	0.473

续表

	均值	方差	最小值	最大值	变异系数
昌九城市群	0. 251	0. 060	0. 209	0. 293	0. 239
武汉城市群	0. 213	0. 088	0. 110	0. 401	0. 416
长株潭城市群	0. 217	0. 114	0. 088	0. 410	0. 525
成渝城市群	0. 154	0. 095	0. 071	0. 382	0. 616

资料来源：中国社会科学院城市与竞争力数据库。

5. 沿海通道：海峡西岸城乡一体发展得分水平最低，北部湾城乡一体发展得分水平差距突出

沿海通道主要包括环渤海城市群、长三角城市群、海峡西岸城市群、珠三角城市群和北部湾城市群等 5 大组团 68 个城市。①从沿海通道整体来看，整体城市城乡一体发展得分水平相对最高，达到 0. 374；城市之间差异较大，变异系数为 0. 526；②从轴线内五大城市群的比较看，珠三角城市群城乡一体发展得分水平最高，但城市之间的差异也最大；北部湾城市群城乡一体发展得分水平相对最低。环渤海城市群的城乡一体发展得分水平不高但城市之间差异较小（见表 4－10）。

表 4－10 沿海通道内部城市群比较

	均值	方差	最小值	最大值	变异系数
沿海通道	0. 374	0. 197	0. 054	1. 000	0. 526
环渤海城市群	0. 354	0. 119	0. 187	0. 690	0. 336
长三角城市群	0. 350	0. 142	0. 153	0. 668	0. 406
海峡西岸城市群	0. 276	0. 118	0. 133	0. 535	0. 427
珠三角城市群	0. 632	0. 272	0. 284	1. 000	0. 430
北部湾城市群	0. 224	0. 089	0. 054	0. 316	0. 398

资料来源：中国社会科学院城市与竞争力数据库。

6. 京哈京广通道：“北端和中部”塌陷，“珠三角、长株潭、环渤海”节点崛起

京哈京广通道主要包括哈长城市群、辽中南城市群、京津冀城市群、

太原城市群、中原城市群、武汉城市群、长株潭城市群和珠三角城市群等8大组团59个城市。①从京哈京广通道整体来看，整体城市城乡一体发展得分水平相对较高，达到0.332，仅次于沿海通道；城市之间差异最大，变异系数达到0.635；②从轴线内8大城市群的比较看，珠三角城市群城乡一体化水平最高且绝对优势十分突出，城乡一体发展得分水平高达0.620；但城市之间的差异也较大，在该通道内仅次于哈长城市群。中原城市群的城乡一体发展得分水平最低，均值为0.199，辽中南城市群城市之间的差异最小，变异系数为0.225（见表4-11）。

表4-11　京哈京广通道内部城市群比较

	均值	方差	最小值	最大值	变异系数
京哈京广通道	0.332	0.211	0.020	1.000	0.635
哈长城市群	0.238	0.127	0.020	0.354	0.534
辽中南城市群	0.315	0.071	0.187	0.430	0.225
京津冀城市群	0.339	0.146	0.232	0.690	0.430
太原城市群	0.318	0.138	0.178	0.454	0.434
中原城市群	0.199	0.082	0.088	0.3453	0.412
武汉城市群	0.223	0.101	0.110	0.401	0.453
长株潭城市群	0.230	0.103	0.108	0.410	0.447
珠三角城市群	0.620	0.287	0.247	1.000	0.462

资料来源：中国社会科学院城市与竞争力数据库。

7. 包昆通道："南端"塌陷和"成渝、关中"中端崛起的布局明显

包昆通道主要包括呼包鄂榆城市群、宁夏沿黄河城市群、关中城市群、成渝城市群、黔中城市群和滇中城市群等6大组团31个城市。①从包昆通道整体来看，整体城市城乡一体发展得分水平在五个城市群中最低，达到0.199；城市之间差异也较大，变异系数达到0.542；②从轴线内6大城市群的比较看，呼包鄂榆城市群城乡一体发展得分水平最高但优势并不十分突出；滇中城市群和黔中城市群的城乡一体发展得分水平都很低，而且城市之间的差异很大（见表4-12）。

表 4－12　包昆通道内部城市群比较

	均值	方差	最小值	最大值	变异系数
包昆通道	0.199	0.108	0.056	0.394	0.542
呼包鄂榆城市群	0.279	0.115	0.147	0.394	0.413
宁夏沿黄河城市群	0.259	0.136	0.104	0.360	0.527
关中城市群	0.184	0.073	0.108	0.303	0.394
成渝城市群	0.179	0.104	0.082	0.382	0.581
黔中城市群	0.161	0.134	0.056	0.312	0.828
滇中城市群	0.148	0.119	0.061	0.283	0.802

数据来源：中国社会科学院城市与竞争力数据库。

第五章

新常态下城乡一体发展的新动力

经过多年的高速发展后中国经济步入新常态，经济发展从高速增长向高质量发展转型，越来越多的政策和公共资源源源不断地投向农业、农民和农村，创新驱动战略的实施也加速了人才、技术、信息、产品等要素的城乡流动，城乡关系进入一个“强联系”驱动时期①，城乡经济社会与空间联系不断密切和增强。这既是全面深化改革的重要任务，也是有效应对经济增长速度换挡的重要途径。工业化阶段结构性加速向城市化阶段结构性减速阶段的转换②，也使得城乡一体发展的背景发生深刻变化，驱动城乡一体发展的部分传统动力在逐渐减少或者衰竭，而新的动力不断萌芽和涌现。例如，经济增速下滑必然对农民工就业及其收入产生负面影响；同时，新型城镇化的重点转向人口城镇化必然拉动城乡一体发展；人口结构变化和服务业的发展将推动劳动者尤其是农民工的工资提高；农村土地制度改革将进一步激活农村土地要素市场；食品消费结构加快转型升级拓展了优质生态农产品市场，互联网和现代物流的发展赋予农业更多当代商业色彩，农业生产“转方式、调结构、增效益”面临重大机遇。这些都意味着新常态下城乡一体发展面临新的动力。

---

① 刘春芳、张志英：《从城乡一体化到城乡融合：新型城乡关系的思考》，《地理科学》2018 年第 10 期。

② 中国经济增长前沿课题组等：《中国经济转型的结构性特征、风险与效率提升路径》，《经济研究》2013 年第 10 期。

一　重中之重：新常态下城乡一体发展被提高到新的政治高度

自党的十六大提出“统筹城乡经济社会发展”以来，党的十七大进一步指出，解决好“三农”问题，事关全面建设小康社会和社会主义现代化建设的全局。党的十八大提出要“加快完善城乡发展一体化体制机制”，党的十九大提出要实施乡村振兴战略。意味着中国从“农业支持工业、农村服务城市”的城市偏向到“工业反哺农业、城市支持农村”的农村偏向转变①。从2004年开始，中央连续发布16个“一号文件”聚焦“三农”问题，凸显了“三农”问题在中国社会主义现代化时期“重中之重”的地位。

早在2012年，习近平总书记在广东视察时就提出要“推动城乡发展一体化，逐步缩小城乡区域发展差距，促进城乡区域共同繁荣”②。十八大报告提出，“坚持工业反哺农业、城市支持农村和多予少取放活方针，加大强农惠农富农政策力度，让广大农民平等参与现代化进程、共同分享现代化成果”，“加快完善城乡发展一体化体制机制，着力在城乡规划、基础设施、公共服务等方面推进一体化，促进城乡要素平等交换和公共资源均衡配置，形成以工促农、以城带乡、工农互惠、城乡一体的新型工农、城乡关系”。党的十八届三中全会提出“必须健全体制机制，形成以工促农、以城带乡、工农互惠、城乡一体的新型工农城乡关系”。2014年，开始建立全国统一的城乡基本养老保险制度，这标志着中国的城乡基本公共服务一体化工作开始启动，但在实现城乡基本公共服务均等化、提升农村基本公共服务水平等方面，仍然任重而道远③。党的十九大做出实施乡村振兴战略重大战略部署，并写进了中国共产党章程。十九大报告指

---

① 魏后凯：《新常态下中国城乡一体化格局及推进战略》，《中国农村经济》2016年第1期。

② 《习近平关于“三农”工作论述摘编》，中央文献出版社，2019。

③ 林万龙：《从城乡分割到城乡一体：中国农村基本公共服务政策变迁40年》，《中国农业大学学报（社会科学版）》2018年第6期。

出："要坚持农业农村优先发展，按照产业兴旺、生态宜居、乡风文明、治理有效、生活富裕的总要求，建立健全城乡融合发展体制机制和政策体系，加快推进农业农村现代化。"乡村振兴战略成为新农村建设的加强版、升级版。

二 新常态下农业现代化快速破局为城乡一体发展提供了内部原动力

1. 规模经营为农业现代化提供了新的原动力

中国的农村改革，从土地的经营方式开始，中国的城镇发展，从土地的价值开发着手。土地问题的探讨和实践，始终是中国改革、中国经济增长的重要途径。土地规模流转是农业现代化的基础和前提①。细碎化、分散化的小规模经营必然存在着效率损失，土地流转和规模经营有利于土地资源优化配置和农业劳动生产率持续提升。近年来，国家土地承包经营权流转和土地规模经营的政策不断完善，既强调了大部分地区农地经营承包权的稳定和保护，也顾及了部分地区农村劳动力流转和转移以及推进土地适度规模经营的现实需求，为农业结构变革创造了条件。近年来，以土地流转为核心的农村产权制度改革实践取得了较大成果，一批专业大户、家庭农场、农民专业合作社等不断涌现，为农业现代化提供了多形态的新型主体，并开展了多种形式的适度规模经营。中国土地流转的速度和程度在发展中国家几乎是最高的。一些城市正在探索保证耕地总量不减少的前提下多种形式的土地增减，如天津的"宅基地换房"、嘉兴的"两分两换"、四川的"金土地工程"和重庆的"地票市场"。另外一些城市，如安徽宿州、镇江句容、山东青州，则积极开展土地信托试点，实现了农地的资本化流转和土地财产权利的可交换性，将农民的土地转化为可携带的资产。显然，地方政府创新实践的进一步推进和土地流转的不断累积，为土地规模经营创造了条件。为纠正中国农业生产一直存在的"过密化"

---

① 北京天则经济研究所《中国土地问题》课题组，张曙光：《土地流转与农业现代化》，《管理世界》2010年第7期。

倾向、解决小农户与大市场的矛盾创造了条件，有助于解决中国农业劳动生产率低、比较效益低下的问题。同时，近年来农村涌现出大量的以服务为主的合作社，为农户提供“耕、种、管、收、储”等方面的全程化服务，小规模农户通过接受服务组织提供的各种专业化、规模化服务，解决了一家一户办不了、办不好、办起来成本高的事，将更多小农户带入现代农业发展轨道，促进小农户和现代农业发展的有机衔接，实现了农业规模经营。

2. “互联网＋”为城乡一体发展提供了驱动力

“互联网＋”思维有助于推动传统产业加快升级，“互联网＋”在农业中的应用为农业现代化发展提供了原动力。“互联网＋”把物理性的空间距离转变为时间距离，缩短了市场要素的空间距离，拓展了农产品销售半径，实现了农业生产要素买全国、农业产品卖全国乃至全球。一方面有助于获得低价高质生产要素，降低农业生产成本；另一方面有助于延长农业生产的产业链条，通过互联网实现了从农业生产到终端消费的跨区域协调互动，实现农业生产从简单的初级产品生产到加工、设计、包装、储藏、运输、销售各个环节，促进农业服务业的发展，实现农产品的高附加值。“互联网＋”有助于农业延伸产业链，在发展农业生产的同时，导入第二、第三产业的各类要素，促进一二三产业联动，形成产、供、销、加互促的完整产业体系。据阿里研究院的统计，2012 年全国淘宝村仅有 14 个，2013 年增加到 20 个，2014 年飙升至 211 个。商务部于 2014 年组织开展了电子商务进农村综合示范活动，到 2017 年底已经有 756 个县开展了该活动。2016 年中央“一号文件”提出建设完善跨区域农产品冷链物流体系，实施“快递下乡”工程，极大地促进了农村电商发展，阿里巴巴提出“千县万村”计划，京东提出到 2017 年年底实现全国所有行政村的物流网络覆盖；中国邮政在 2015 年年底设立了 11 万个农村线下网点、275 个运营中心和 100 个仓储配送中心①。“互联网＋”在农业中的应用，衍生发展出了中国农业工业化现代化的两条新路径：一是通过商贸流通的

---

① 郭美荣、李瑾、冯献：《基于“互联网＋”的城乡一体化发展模式探究》，《中国软科学》2017 年第 9 期。

信息网络组织渗透推动农业走向现代化。“互联网 +”这种线上线下的流通模式，实际已经彻底打破了传统农业商贸流通组织体系。在信息化进入的农业商品流通领域，开始将上游生产端（例如个体农户）组合成为企业商贸网络的成员。在北京，“京华亿家”作为为城市家庭提供无公害蔬菜、精品粮油、应季水果、地方特产的网络运营商，拥有 96008 订购热线、京华亿家网、全程冷链配送体系、60 家门店和 1200 名专业配送人员组成的专业配送团队——“京华小蓝帽”，是北京除邮局系统外密集度最高的配送网络。其产品主要购自延庆绿富隆种植基地、北京北菜园蔬菜专业合作社等地，目前已成为北京家喻户晓的“定制蔬菜”公司。这些大型农贸企业的成功不在于得益于运用“OTO 模式”所获得的巨大经济效益，而在于闯出了一条通过信息网络商贸流通的产业组织渗透，“反哺农业”推动个体农业走向集约化、规模化、企业化、工业化的新路径。在农业商贸流通组织体系再造中，这种通过信息网络将农业生产单位纳入现代市场流通网络中，实现对农业的现代化改造，可以称之为“农业网络商贸革命”的一个重大的突破，有可能成为中国未来农业的一个发展路径与方向。2017 年中国农村网络零售额突破 1 万亿元大关，达到 1.25 万亿元，农产品电子商务蓬勃发展，2018 年有望迈进 3000 亿元大关，农村电子商务的迅速发展也带动了大量相关就业，相关就业人员超过 2800 万人①，大量农户从中受益。二是将从生产经营环节入手对传统农业进行工业化改造。2016 年，农业部会同国家发改委等 8 部门印发了《“互联网 +”现代农业三年行动实施方案》，构筑了有力有序有效推进“互联网 +”现代农业的“四梁八柱”。全国大部分省份在此基础上制定了“互联网 +”行动具体实施方案，有效地推动了信息技术在农业领域的运用和融合，提升了农业的信息化水平。农业物联网、数字农业等在农业领域得到广泛应用，休闲农业和乡村旅游借助互联网技术的推广获得迅速发展。“互联网 + 农技推广”信息化体系也初步建立，全国农业科技云平台为众多农民用户提供在线技术学习和服务，以 12316“三农”服务热线为依托的农村基

① 王小兵、康春鹏、董春岩：《对“互联网 +”现代农业的再认识》，《农业经济问题》2018 年第 10 期。

层信息服务平台也为农民提供生产生活服务信息。同时，一些大型企业通过技术网络，将分散的个体农户及其土地、设施、山林牧业资源集中到现代工业企业的网络组织中，使个体农户成为“网络农业工人”，使传统分散的个体小农经济成为“网络农村工业”，使落后的农村成为“网络农业社区”，最终组合形成新型“农业工业网络产业链”和新型“农工网络联盟企业”①。

3. 新兴技术为城乡一体发展提供了推动力

技术进步是农业现代化的根本推动力，21 世纪以来，以生物技术、信息技术、大数据、物联网技术为代表的新兴技术迅猛发展，以及其在农业生产和农村生活中的渗透和普及，不仅改变了农业原有生产的技术路线，还丰富了农业产业经营的内容和形式，从而改变了中国农业的生产模式。尽管目前对转基因技术的使用存在较多争论，但以转基因技术为代表的新一代生物育种技术、分子生物技术在农业领域的应用，明显加快了农作物新品种的繁育速度，改变和丰富了农作物的性状和功能，一些具有优质蛋白、低值酸、生物能源、优质纤维的转基因作物不断涌现，大大推动了农业与食品加工、医药、生物燃料、纺织等工业行业的融合互动。生物农药和生物肥料具有高效化、长效化、复合化的优点，在农业生产中不断应用和普及，有助于农业生产获得更高的经济效益和生态效益，克服了传统化学肥料和化学农药对生态环境的负面影响，减少农产品中化肥和农药的残留，增强了农业可持续发展能力。物联网技术通过分布在农作物生长环境中的红外传感器，获取农作物生长环境中的土壤成分和水分、空气湿度和温度、光照度以及作物本身养分等参数，并通过网络进行通信和传输，然后进行综合分析，做出更适合农作物生长的管理决策。物联网技术在动植物与农业生产管理者之间架起一座信息交换的桥梁，使农业生产管理者及时获得动植物生长信息，避免已往农业生产观察滞后、决策滞后和控制滞后带来的损失②。物联网技术为农业实现精准化投入、标准化生产、拟人化培育和智能化监管提供了可能，开始改变中国农业的生产方

① 单元庄、白云帆：《中国农业现代化的外部新机遇新动力》，《行政管理改革》2014 年第 7 期。

② 张军：《农业发展的第三次浪潮》，《中国农村经济》2015 年第 5 期。

式。大数据在农业中的逐步应用使得智慧农业成为可能，推动了农业现代化建设，如原农业部科教司基于大数据和云计算打造的国家农业科技服务云平台，通过推广试用“智慧农民云平台”，为农民、技术指导员和管理人员提供移动的办公学习平台，借助手机、PAD 等移动终端，有效解决了农机科技推广服务“最后一公里”的难题。

4. 农业多功能性需求快速崛起为城乡一体发展创造了市场带动力

市场消费通过产品（服务）、价格、渠道和促销等维度推动农业产业转型。随着经济社会发展和人民生活水平提高，人们的食物消费结构发生了很大变化，绿色消费逐渐兴起，人们开始追求高品质、健康、营养的农产品，驱动农业产品供给结构的变化；农业在承担基本的食品供给、健康营养任务的同时，其观光休闲功能、文化传承功能进一步彰显，农业的多功能性日益突出，促使农业向广度和深度进军，倒逼中国农业走上现代化道路。近年来富裕的城市中产阶级的崛起，以及人们对食品上存在过量农药和化学残留物对人体危害的关注，使人们对有机食品的需求急速增加。相关调查数据表明，当前，中国有机食品的消费额正以每年 30% ~50% 的速度增长，常年缺货达 30%。食物消费需求结构和偏好的转化，通过需求端倒逼农业结构的转化。这就要求农业生产要通过供给侧变化满足市场需求，促进农业品种结构进一步优化，促进农业朝着高产、优质、高效方向发展，同时也要求农业生产经营者不断提高农业标准化、信息化水平，建立标准化生产与质量控制体系、农产品质量可追溯体系，进而促进中国农业的现代化发展。

大众旅游消费时代的到来使得乡村旅游越来越受到城镇居民青睐，农业与旅游业的融合互动，拓展了农业的多元功能，延伸了农业的产业边界。据农业部统计，2012 年底，全国有 9 万个村开展了休闲农业与乡村旅游活动，休闲农业与乡村旅游经营单位达 180 万家，年接待游客接近 8 亿人次，年营业收入超过 2400 亿元。2013 年底，全国休闲农业年接待游客升至 9 亿人次，营业收入 2700 亿元。而 2014 年仅上半年，休闲农业就接待游客达 5 亿人次，营业收入 1500 亿元。休闲农业与乡村旅游成为城市和乡村的连接纽带，促进了社会资源和文明成果在城乡之间的共享以及财富的重新分配。

5. 城市工商资本大量进入农业农村为农业现代化提供了要素和组织支撑

经济新常态下，为获得新的利润增长点，我国高污染高耗能产业、产能过剩产业和房地产业中的许多企业开始谋求转型发展，其中现代农业成为新的投资热点之一。例如，以地产为核心业务的恒大集团，计划投入1000亿元打造恒大粮油、恒大乳业和恒大畜牧。而且，基于对农业市场前景的乐观判断，一些高技术企业也开始涌入农业领域。例如，高科技企业联想集团，成立了佳沃集团进军现代农业，借助全产业链运营、全程可追溯、全球化布局的“三全战略”，目前已经发展成为我国最大的水果全产业链企业。工商资本进入农业为一二三产业融合互动提供了稀缺的资金、技术和人才资源，其在企业规模、管理经验、品牌营销等方面的优势，为一二三产业融合互动提供了重要的组织保障。

三　多种形式的城镇化稳步积极推进为城乡一体发展提供了外部牵引力

新型城镇化对农业现代化的牵引力表现在：一是新型城镇化带来的农业人口转移，进一步加深了农民群体的分化，增加了土地流转的客观需求，为土地大规模流转创造了空间，有助于中国农业适度规模经营，为推动农业生产规模化、专业化、标准化、集约化创造条件，为中国小农经济的转型升级创造条件。二是城镇化进程的加快推进有助于改善农业生产条件和农业基础设施，提升农业综合生产能力，有利于农业信息化、规模化、社会化和市场化水平的提升。三是城镇化的推进也带动了农业品的消费需求。城镇化建设中发展涉农产业如第二产业中的农用机械设备生产，以及第三产业中的农业技术研发推广、农业信息服务、人才培养等提升和完善，将促进农业生产力水平的提高。发达国家的城镇化发展历史轨迹显示，城镇化进程遵循“S”形增长曲线。由于新发明、新技术产生和应用的周期越来越短，后发国家工业化进程加速，使城镇化后发加速。2018年，我国城镇化率为59.58%，进入30%～70%的加速期。在户籍制度、土地管理制度以及公共服务均等化等体制机制完善的情况下，中国城镇化提速到年均1.4%的增长率是完全可能的。

2014年《政府工作报告》提出了“三个1亿人”的构想，提出要促进约1亿农业转移人口落户城镇、引导约1亿人在中西部地区就近城镇化；党的十八届五中全会进一步强调指出要“推进以人为核心的新型城镇化”，推动转移人口的市民化。可以预见，在未来一个时期内，我国农民工市民化和就近城镇化的步伐还将继续推进。这将进一步推动农业技术进步、促进农村土地流转与规模经营，为高效农业、集约农业和现代农业发展创造客观条件。

新生代农民工适应现代城市就业和生活能力更强。据国家统计局公布的数据，2009年，全国农民工总量为2.3亿，外出农民工数量为1.5亿，其中，16~30岁的占61.6%。据此推算，2009年外出新生代农民工数量在8900万左右，如果将县内转移的农民工中的新生代群体考虑进来，我国现阶段新生代农民工总数在1亿左右。这表明，新生代农民工在我国2.3亿职工中，已经占将近一半。他们不仅是城市现代产业工人的主力军，也是未来在打工所在地落户的主力军。新生代农民工相比较传统的农民工，接受的教育层次更高，对新生事物的接受能力更强，对城市生活方式更适应、更熟悉。

新常态下，中国的城镇化呈现出以下两种趋势：一方面，人口和产业向中心城市和城市群集聚的特征更加明显。成都、郑州、重庆、武汉、石家庄、哈尔滨等城市的市域总人口均已经超过了千万大关，杭州、西安等城市正在向超大城市迈进。京津冀城市群、长三角城市群、珠三角城市群等世界级城市群逐步形成，长江中游城市群、山东半岛城市群、海峡西岸城市群、中原地区城市群、成渝地区城市群等正在不断发展壮大。另一方面，以农民集中居住、农村新社区建设为主要形式的就地城镇化也如火如荼地展开。在城市房价高企、中央明确赋予农民更多的财产权利、农村公共服务水平提高的背景下，中国农民进城、市民化的意愿出现了下降趋势①。就地城镇化是在农民原居住地以中心村或小城镇为依托，通过不断健全完善公共设施、公共服务和社会公共事业，促进人口集聚居住，逐步

① 魏后凯：《新常态下中国城乡一体化格局及推进战略》，《中国农村经济》2016年第1期。

实现城镇化，进而实现农民就地非农就业和就地市民化的一种城镇化模式[①]。比较典型有江苏省的“三集中”“三置换”模式，天津市的“宅基地换房”模式，山东省的“合村并居”模式，等等。仅在浙江省，现有近3万个行政村中，已经建成1.2万个以上农村社区，预计将很快达到1.5万个[②]。近年来，中西部地区的就地城镇化推进也呈现井喷态势。

---

① 焦晓云：《新型城镇化进程中农村就地城镇化的困境、重点与对策探析——“城市病”治理的另一种思路》，《城市发展研究》2015年第1期。

② 毛丹：《村庄前景系乎国家愿景》，《人文杂志》2012年第1期。

第六章

城乡一体化的内生动力：农业现代化

新中国成立以来，中国基于战略需要，采取了重工轻农的发展路径，农业长期被忽视。但是，农业为中国工业发展优先的强国之路做出过重大贡献。从某种意义上讲，中国工业的巨大进步是在牺牲农业的基础上取得的。中国已步入工业化中后期，正经历经济转型、工业化和城镇化快速发展的关键时期，农业必须适时变革，尽快实现转型升级，以实现农业现代化，这不仅是工业化、城镇化、信息化发展的需要，也是缩小城乡差距、消除二元结构的需要，更是中国推进城乡一体化的必然选择。

1. 农业现代化有利于缩小城乡收入差距

消除城乡二元结构面临的最直接问题就是城乡居民收入的巨大差距，从城乡收入差距来看，城乡收入比在 2002 年达到 3.11∶1，2007 年和 2009 年达到最大值 3.33∶1，2010 年之后农民收入增长速度超过城镇居民，2010 年城乡收入比为 3.23∶1，2011 年为 3.13∶1。农业现代化是提高农业综合生产能力、增加农民收入、改善农村环境、缩小城乡收入差距的关键。农业现代化可以从三个方面提高从业者收入：一是农民利用土地承包经营权获得收益。《土地承包法》明确规定，农民依法享有承包地使用、收益和土地承包经营权流转的权利，如承包地被依法征用、占用，则有权依法获得相应的补偿。随着确权颁证、规模经营逐步实施，农民的土地承包权越来越受到重视，农民完全可以利用所承包的土地，通过转包、出租、互换、转让或者其他流转方式获得稳定的流转收益。二是农民作为产业农民、职业农民获得工资收益。现代农业改变了传统农业从业者的身份，农业不再只是农民维持温饱的产业，现代农业拥有更高的附加值和更高的产出率，农民经过学习、培训，从事技术含量高、操作难度大的现代农业，可以获得远远高于传统农业的收益。三是从农业中分离出来的农民可以进入非农产业，获得额外收入。

2. 农业现代化有利于调整经济结构

城乡一体化追求城乡经济均衡布局，共同发展。但是，中国在取得了令世界惊叹的成就的同时，面临着对外、对投资过分依赖的难题。现代农业是产业化、市场化、规模化、集约化、科技化的产业，大力发展现代农业有助于改变这一困境。一方面，现代农业可以大大提高农民收入，增强农民的消费信心和消费能力。如果将近 7 亿农民的消费能力调动起来，那么中国经济结构中消费比重将大大增加，经济发展的自主性将得到根本性改善。另一方面，现代农业的关联产业大多属于轻工产业、劳动密集型产业，大力发展现代农业非常有利于优化工业产业结构。另外，现代农业是高技术产业，产前、产中、产后都会大量使用农业机械、生物技术，这些将促进与农业相关产业的发展，尤其将促进农业经营管理、高新技术研究，农产品包装、运输、储藏等产业的发展，对改变当前产业结构中工业独大、第三产业比重较小的局面非常有帮助。

3. 农业现代化有助于优化城乡资源配置

长期以来，重城市轻农村、重工业轻农业的战略拉大了城市与农村的差距，也造成生产要素趋向于城市、忽视农村的问题，城市拥有的资金、技术、人才远远多于农村。现代农业是种养加、产供销、贸工农一体化的产业，现代农业的形成将改变生产要素的流向，其优化城乡资源配置主要体现在三个方面：一是为城市资金提供新的投资渠道。随着工业化和城镇化的快速发展，城市积累的富余资金越来越多，这些资金在资本逐利性的驱动下大量投向城市中的虚拟经济、投资品市场，既不利于城乡民生事业的改善，也不利于实体经济的发展。当前中国经济出现的巨大泡沫与之有密切关系。现代农业效率高、产出高、收益高，更是政府当前重点支持的产业，这些优势将成为吸引城市富余资金投向农村、农业的重要筹码。当然，新投向既为这些资金找到了新的投资渠道，同时解决了现代农业的资金难题。二是为工业新技术提供新的使用场所。现代农业是大量使用高新技术的产业，现代农业产前、产中、产后都离不开现代高新技术、先进的管理技术，这为工业部门的新技术、新产品提供了新的需求市场。三是为城市高级人才提供新的用武之地。传统农业主要靠农民的经验进行生产，现代农业不仅需要有经验的农民，更需要有专业特长的农业生产技术人才和经营管理人才，这为大量在城市面临工作难题的高学历人才提供了新的就业渠道，也为农业专门人才提供了极佳的实验基地。

4. 农业现代化有助于城镇化的实现

传统理论对城镇化过程中现代农业的作用有所忽视。事实上，农业现代化为城镇化提供了强大的动力，是区域城镇化实现的重要产业基础。农业现代化以多种途径支持、拉动、促进城镇化的发展：第一，现代农业促进社会分工，带来城镇繁荣。现代农业吸引农民从产前、产中、产后的服务，产生新的生产分工，这些新的产业、企业易于向靠近农村的城镇集中，由此促进城镇的繁荣。第二，现代农业促进了城镇服务设施的完善。现代农业是产业化、市场化的产业，生产资料、产品都来自市场。一般来讲，城镇交通便利，服务设施较为完善，拥有较大的交易市场，便于现代农业生产资料的采购、设备的维修、产品的销售，所以，现代农业的需求促进了城镇的成长。第三，农民收入的提高增强了其消费能力，促进了城镇商业的繁荣，同时推动了教育、卫生等社会事业的发展。第四，现代农业获得的收益成为改善农村生活、生产环境的坚实基础。

5. 农业现代化有利于食品安全

民以食为天，食以安为先，食品安全是社会发展的头等大事。而在经济社会的发展中出现了越来越严重的食品安全问题。发展现代农业有利于食品安全。一是安全食品是现代农业发展的目标。如果说传统农业的问题是粮食问题，那么现代农业的问题是食品问题；如果说传统农业仅解决了温饱问题，那么现代农业提供了品质优良的食品；传统农业只是农业生产中的一个环节，现代农业包括原料生产、农产品加工、销售，涉及从田野到餐桌的整个过程，现代农业不仅要使城乡居民吃得饱，还要保证人们吃得好。二是现代农业是规模化、企业化、品牌化经营的产业，经营主体始终在激烈的市场竞争压力下生产经营，为市场提供安全、健康的食品是其得以立足、生产、发展，甚至扩大影响的前提。三是现代农业是标准化农业，其生产、销售全过程均受到监控，而且，相关监督部门也会定期检查，这些监管措施对其产品的质量保证起到重要作用。

一 土地信托流转

（一）引言

土地流转被喻为“中国农村的第二次革命”，土地流转是现有的家庭联产承包责任制的有益补充，是传统农业经营面临危机时的必然选择。传统的土地承包经营模式由于难以解决小农户和大市场之间的矛盾，限制了农业现代化和产业化发展；土地整体流转和大规模经营是农业现代化的基础和前提，是城乡一体发展的重要动力①。近年来，国家出台了一系列政策推动土地流转向规模化、市场化迈进，涌现了土地转包、土地互换、反租倒包、土地入股等多种土地流转形式；然而，主流的土地流转形式由于存在弱市场化倾向适用范围较窄、无法充分发挥土地资产的融资功能，导致农户和企业融资困难，难以实现农地流转的物权化和资本化，阻碍了农户规模化、集约化、产业化发展。与农业劳动力大量转移相比，中国农地流转的发生率严重滞后。1999 年，全国只有 2.53% 的耕地发生了流转，2006 年为 4.57%，2008 年为 8%，2010 年依然只有 12%②；农业部的调查也发现，截至 2013 年 11 月底，我国农民承包土地的经营权流转面积达到 26% 左右，全国农村承包 50 亩以上土地的大户达到 287 万家，家庭农场的平均面积达到 200 亩左右，整体上以各种形式流动使用权的耕地占承包耕地总面积的比重较低，而且多数发生在沿海发达省市③。

同时，农地资本化流转是实现农业现代化、推动新型城镇化的必然途径。随着农村的劳动力非农化和人口城市化，如何在坚持土地保障性的基

① 北京天则经济研究所《中国土地问题》课题组，张曙光：《土地流转与农业现代化》，《管理世界》2010 年第 7 期。

② 罗必良等：《土地承包经营权：农户退出意愿及其影响因素分析——基于广东省的农户问卷》，《中国农村经济》2012 年第 6 期。

③ Turner, S. Rozelle and L. Brandt, “Property Rights Formation and the Organization of Exchange and Production in Rural China” (1998).

础上建立一个优质高效的农村土地流转市场，从而实现土地财产权利的可交换性是一个重要命题。在农村劳动力非农化的背景下，如何将土地转化为可携带的资产，解放农民对土地的依附，从而有利于农民的自由迁移；使农民在向二、三产业转化的过程中摆脱小块土地的牵制，安心离开土地去创业、打工，并拓展农业和农民融资渠道；在农业人口老龄化的背景下，如何保证农村老年人在退出农业生产领域后，仍可享受土地承包经营权的社会保障功能，分享现代农业的发展成果，赋予农民更多财产权利，是一个迫切需要解答的时代命题。

（二）理论分析与文献综述

1. 为什么是土地信托：不同土地流转形式的比较

目前适用比较广泛的土地流转方式分别有土地转包、土地互换、反租倒包、土地入股以及土地出租五种。从表 6－1 中我们可以发现，土地信托相比较传统的土地流转方式，虽然既有优势又有劣势，但是其优势仍然是占首位的。

首先，相比于农村土地承包经营权抵押贷款等融资方式，土地流转信托在坚持农村土地所有权和承包权不变的前提下，发挥了农村土地承包经营权的融资功能，找到了一种既让农民流出土地后获得稳定收益，又帮助各类主体流入土地后获得足够金融支持实现土地高效利用的模式。农民、农业经营者以及信托公司三方以土地流转信托项目为平台，产融结合，实现了在更大范围内寻找土地边际产出率高的交易对象和土地的专业化规模经营，有利于农地集约化、专业化、规模化经营，推动了农地增值、农业增效、农民增收。

其次，土地信托降低了土地流转交易成本。农村土地信托流转的实质是农村土地承包权的一种交易方式，通过市场机制实现农用地利用效率提高。市场机制有成本，农村土地信托流转相比较于传统的农村土地流转方式，其最大的优势是降低了土地流转过程中的交易成本，主要体现在流转大户信息搜集成本、纠纷调处成本和谈判成本降低，农户土地流转谈判成本、监管成本降低。降低交易成本，使得农村土地流转能够较为顺利、快捷地推进，这是推行任何农村土地流转模式时需要考虑的关键问题之一。

表 6－1　不同土地流转模式的比较

项目	土地转包	土地互换	反租倒包	土地入股	土地出租	土地信托
定义	承包人将其全部或部分土地转包给发包人	两户及两户以上为提高土地利用效益互换土地耕种模式	集体组织以租赁形式集中土地，再通过市场方式承包出去	将农村土地承包经营权折算股权，入股组成股份有限公司或者农业生产合作社	农户签订租赁合同，将其所承包的全部或部分农村土地租赁给承租人耕种	委托人将土地信托给受托人，由受托人为受益人利益进行经营管理模式
涉及当事人	承包人、发包人双方	两户或两户以上农户	集体组织成员、集体组织、租赁方三方	集体组织成员、股份公司或合作社双方	出租人、承租人双方	委托人、受托人、受益人三方
比较优势	手续简单、可操作性强	易于满足多方土地需求	易于规模化土地利用	有利于土地专业化开发，改善农业结构	限制条件少，易于操作，适用范围广	收益较高，交易成本低，有利于发挥土地效益，可携带
比较劣势	流转层次低，交易成本高，收益较低	流转范围窄，收益较低	排斥农民劳动权利，收益较低	交易成本较高，易受政策与市场干预	法律约束较低，风险较高，收益较低	缺少典型事例，实施历史较短，易受政策影响
风险来源	自然风险	自然风险	自然风险	自然风险、市场风险、政策风险	自然风险	自然风险、市场风险、政策风险
收益模式	土地转包收益	耕种收益	出租收益	股权收益	出租租金收入	基本地租 + 基本收益 + 浮动收益

最后，土地信托打通了实体市场与资本市场的通路。农民可以拿着土地信托用于抵押，实现了金融对农村的服务和两者的融合发展。目前制度下的中国农村社会，最缺乏的东西一是企业家要素，二是资金要素①。土地流转信托由于融合了信托制度所具有的财产隔离、金融撮合和现代化金融服务管理功能②，在坚持农村土地所有权和承包权不变的前提下，发挥了农村土地承包经营权的融资功能，找到了一种既让农民流出土地后获得稳定收益，又帮助各类主体流入土地后获得足够的金融支持从而实现土地高效利用的模式③，实现了金融服务对农业的综合性、跟踪性服务，创新了金融支持土地流转的服务方式。

实践中，自 2013 年 10 月 10 日中信信托正式推出“中信·农村土地承包经营权集合信托计划 1301 期”开始，中粮信托、华宝信托、中航信托、国元信托和上海信托等各家信托公司均在密集谋划土地流转信托布局④（见表 6 –2）。

表 6 –2　农村土地信托项目一览

公司	项目(时间)
中信信托	安徽宿州(2013. 10);安徽马鞍山(2014. 02);山东青州(2014. 02);河南济源(2014. 04);贵州开阳(2014. 06);湖北黄冈(2014. 03)
北京信托	安徽铜陵(2013. 12);北京密云(2014. 02);江苏无锡(2013. 11)
中建投信托	江苏镇江(2014. 07)
兴业信托	河南新乡(2014. 09)

2. 文献综述

土地信托源于英国，后来被美法以及日本等国家移植和借鉴，并在美国逐渐发展成熟。不少学者对土地信托流转的有效性开展了系统研究，认

① 北京天则经济研究所《中国土地问题》课题组，张曙光：《土地流转与农业现代化》，《管理世界》2010 年第 7 期。

② 杨凯育、李蔚青、王文博：《现代土地信托流转可行性模式研究》，《世界农业》2013 年第 4 期。

③ 中国人民银行镇江市中心支行课题组：《土地流转信托：农村土地承包经营权融资方式的新探索》，《吉林金融研究》2015 年第 2 期。

④ 黄震、吴罡：《土地流转信托的现状与分析》，《南方金融》2014 年第 6 期。

为土地信托流转是一种比较成功的机制。Brabec 和 Smith（2002）认为，农村土地信托流转可以实现土地的规模经营，从而提高土地的经营效率①。Albers 和 Ando（2001）通过研究市场主体对农村土地信托的需求程度，发现政府和民间土地信托参与者都在参与土地信托市场的过程中发挥着作用②。Ian 和 William（2012）研究表明，要有针对性地对不同地区的土地信托组织进行差别化管理，有效提高土地信托组织的运作效率③。近年来，土地信托引起了中国学者的广泛关注。理论分析方面，宋华、周培（2015）和藏波等（2012）从参与主体、运行机制及方式和法律规范等方面总结了国外经验及对中国开展土地信托的启示④⑤；杨明国（2015）剖析了“宿州模式”和“益阳模式”的内在运行机理，认为土地流转信托借助政策激励和“典型带动”，鼓励农村土地流向重点区域和优势产业，在提高农业整体规模效益的同时，也为城乡一体发展增加了内在动力⑥。吴本健等（2015）的研究认为政府信用背书的土地流转信托模式可以实现土地权能的合理配置，在解决农民土地流失问题、增强农民参与土地流转的积极性的同时，激发企业的专有性初始投资以缓解初始资金约束问题⑦。臧公庆、龚鹏程（2015）从市场建构和制度完善两方面提出完善土地信托运作的创新建议⑧。邱峰（2014）认为土地信托有

① E. Brabec and C. Smith, "Agricultural Land Fragmentation: The Spatial Effects of Three Land Protection Strategies in the Eastern United States," *Landscape and Urban Planning*, Vol. 58, No. 2 - 4, 2002, pp. 255 - 268.

② I. D. Hodge and W. M. Adams, "Neoliberalisation, Rural Land Trusts and Institutional Blending," *Geoforum*, Vol. 43, No. 3, 2012, pp. 472 - 482.

③ 宋华、周培：《发达国家土地信托经验分析及借鉴》，《世界农业》2015 年第 3 期。

④ 宋华、周培：《发达国家土地信托经验分析及借鉴》，《世界农业》2015 年第 3 期。

⑤ 藏波、杨庆媛、周滔：《国外农村土地证券化研究现状、前景及启示》，《中国土地科学》2012 年第 10 期。

⑥ 杨明国：《中国农村土地流转信托研究——基于“宿州模式”和“益阳模式”的比较分析》，《财政研究》2015 年第 2 期。

⑦ 吴本健、申正茂、马九杰：《政府背书下的土地信托、权能配置与农业产业结构调整——来自福建 S 县的证据》，《华南师范大学学报（社会科学版）》2015 年第 1 期。

⑧ 臧公庆、龚鹏程：《农村耕地流转信托模式及机制构建研究》，《现代经济探讨》2015 年第 3 期。

利于开创农户、农业企业、信托投资者、信托公司和当地政府的共赢格局[①]。徐卫（2015）认为未来土地承包经营权集合信托制度的构建应遵循受托人激励原则和保障农民利益原则，围绕集合信托的主体结构、设立和运行、受益人利益的保障等进行科学的制度设计[②]。另外一部分研究结合中国土地信托实践，分析了不同模式的利弊。如瞿理铜（2014）分析了湖南益阳的土地信托流转资源配置效应[③]；张健涛（2014）研究了绍兴土地信托流转的运行机制和实施困境[④]。王凤娟（2014）在研究桃江县农村土地信托流转的现状以及优缺点的基础上，进一步分析了桃江县农村土地信托流转中存在的问题，并针对出现的问题提出了相应的对策[⑤]。任宇和毛春梅（2015）分析了安徽宿州的土地信托流转实践运行情况[⑥]。

从现有的研究来看，围绕土地信托制度创新、土地信托模式选择、相关法律法规完善等宏观视角研究较多，对于土地信托的主体——农民的真实意愿明显关注不足。农户是土地信托流转的参与主体，农户的积极参与被普遍认同是土地信托流转得以有效实施的前提，农户对土地信托流转所持态度直接影响土地信托开展的效率，农户的行为意向也是相关制度设计的微观基础、重要依据和基本前提。那么，在农民看来，他们是否愿意参与土地信托，不同意愿农民又具有怎样的主体特征？这些问题都有待进一步解答。同时，已有研究多以理论分析为主，尚未发现有关土地信托的实证研究。因此，本研究在调查农户对土地信托流转参与意愿的基础上，实证分析农户土地信托参与的影响因素；由于农户的土地信托参与意愿受到多重因素的影响，因此辨析各个因素之间的层次性显得更具意义。本研究

① 邱峰：《农村土地流转创新模式探析——土地流转信托》，《农村金融研究》2014 年第 10 期。

② 徐卫：《土地承包经营权集合信托模式的构建逻辑与制度设计——契合土地流转目标的一种路径》，《暨南学报（哲学社会科学版）》2015 年第 2 期。

③ 瞿理铜：《湖南省益阳市农村土地信托流转资源配置效应分析》，《国土资源情报》2014 年第 11 期。

④ 张健涛：《绍兴土地信托流转的运行机制、实施困境与发展策略》，《上海国土资源》2014 年第 1 期。

⑤ 王凤娟：《农村土地信托流转现状及其对策研究——以湖南省桃江县为例》，《经济研究导刊》2014 年第 15 期。

⑥ 任宇、毛春梅：《基于 SWOT 分析的土地信托流转试点研究——以安徽省宿州市为例》，《江西农业学报》2015 年第 1 期。

在 Probit 模型的基础上运用解释结构模型法（ISM），探究农户信托参与的各种影响因素之间的关联关系与层次结构，进而提出中国发展土地信托流转的对策建议。

（三）研究设计

1. 研究方法

本研究假定被解释变量——农民土地信托参与意愿的选项只有“愿意参与”和“不愿意参与”两种情况，将“愿意参与”赋值为 1，将“不愿意参与”赋值为 0。由于因变量属于二元离散变量，其被解释变量为非线性，所以需要将其转化为效用模型进行评估，此时采用概率模型是理想的估计方法（林毅夫，1994；Greece，1997）。Probit 模型的具体形式如下：

$P = P(y = 1 \mid X) = \varphi(\beta X)$ 。其中，P 表示概率，$y = 1$ 表示农民愿意参与土地信托，φ 是标准正态分布函数，$\beta(\beta_0, \beta_1 \cdots \beta_n)$ 为待估参数，$X(X_0, X_1, \cdots X_n)$ 是解释变量，βX 为 Probit 指数。Probit 模型是通过极大似然法来估计模型参数的。

显然，影响农户土地信托参与意愿的因素较多，各影响因素相互之间既独立发挥作用，又相互关联、相互作用。因此，本研究将运用 ISM 分析方法，进一步解析各影响因素之间的关联关系及其多级阶梯结构。ISM 分析方法是研究复杂社会经济系统的结构和影响因素的有效方法，近年来在企业核心竞争力、绿色供应链实施效果、产业集群风险和工程质量事故形成等领域的主要（关键）影响因素分析与识别方面得到了广泛应用（例如楼迎军、荣先恒，2007；刘玫，2011；贾晓霞等，2011；潘魏，2012）。

用 s_0 表示农户土地信托参与意愿，假设影响农户土地信托参与意愿的影响因素有 k 个，则用 $s_i(i = 1,2,3\cdots k)$ 表示农户土地信托参与意愿的各个影响因素。根据 ISM 分析方法的具体步骤，画出如图 6－1 所示的农户土地信托参与意愿及其影响因素的 ISM 分析流程图。

其中，因素包括 s_0 和 $s_i(i = 1,2,3\cdots k)$ ，因素间的逻辑关系是指两个因素间是否存在直接的“相互影响”或“互为前提”等关系。

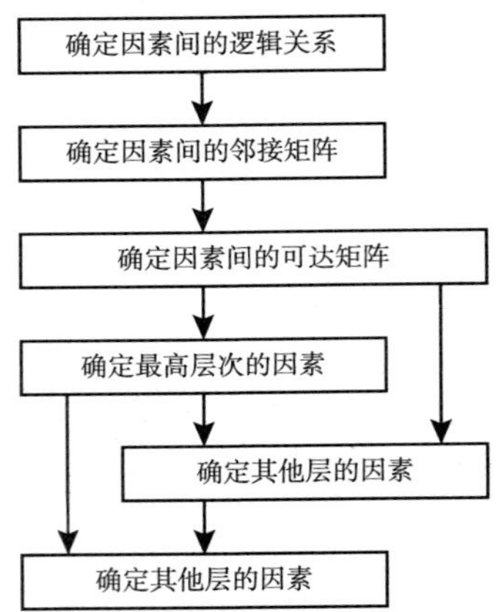

图 6 - 1　系统影响因素的 ISM 分析流程

因素间的邻接矩阵 R 的构成元素由（1）式定义：

$$r_{ij} = \begin{cases} 1 & S_i \text{ 与 } S_j \text{ 有关} \\ 0 & S_i \text{ 与 } S_j \text{ 无关} \end{cases} \quad i = 0,1,2,\cdots k;\ j = o,1,2,\cdots k \tag{1}$$

因素间的可达矩阵 M 由（2）式计算得到：

$$M = (R+I)^{\lambda+1} = (R+I)^{\lambda} \neq (R+I)^{\lambda-1} \neq \cdots \neq (R+I)^2 \neq (R+I) \tag{2}$$

上式中：I 为单位矩阵，$2 \leqslant \lambda \leqslant k$，矩阵中的幂运算采用布尔运算法则。

最高层的因素根据下式确定：

$$L_1 = \{S_i \mid P(S_i) \cap Q(S_i) = P(S_i);\ i = 0,1,2\cdots k\} \tag{3}$$

$P(S_i)$ 表示可达矩阵中从因素 S_i 出发可以到达的全部因素的集合，$Q(S_i)$ 表示可达矩阵中可以到达因素 S_i 的全部因素的集合，即：

$$P(S_i) = \{S_i \mid m_{ij} = 1\},\ Q(S_i) = \{S_i \mid m_{ji} = 1\} \tag{4}$$

m_{ij} 和 m_{ji} 均是可达矩阵 M 的因素。

其他层因素的确定方法是：首先，从原可达矩阵 M 中删去 L_1 中因素对应的行与列，得到矩阵 M；其次，对 M 进行（3）式和（4）式操作，得到位于第二层 L_2 的因素；再次，从 M 中去掉中 L_2 要素对应的行与列，得到矩阵 M，对 M 进行同样的操作，得到位于第三层 L_3 的因素；依此类推，得到位于所有层次的因素。最后，用有向边连接相邻层次间及同一层次的因素，得到农户土地信托参与意愿各影响因素的层次结构。

2. 变量选择

西奥多·舒尔茨认为农户的决策行为与资本主义企业的决策行为没有多少差别，农户的行为是完全理性的；Ellis 则认为农户的理性是有限的，农民不是“具有理性最大化行为的经济人”，而是“有条件的最大化”；罗伯特·西蒙则进一步指出，人类行为中理性和非理性同时存在，信息的局限性导致人类决策和行为的非理性；由于中国农户生产规模较小、抵御风险能力较弱，中国农业观察者一般认为农户是风险规避者，风险规避倾向比一般的经济主体更强。农户对土地信托的参与意愿是在基于自身资源禀赋权衡各种风险基础上，做出的以效用最大化为目的的选择。

关于农户土地信托参与意愿，国内的研究成果较为缺乏，但针对农村土地流转意愿、农村土地经营权入股意愿和农村土地使用权抵押融资意愿的研究较多，可以借此推断农户土地信托参与意愿的影响因素。基于预调研，并综合考虑数据的可测性、可得性，本研究将影响农户土地信托参与意愿的因素分为户主个体特征、农户家庭禀赋、非农就业特征、土地特征、外部环境特征等 5 类。

（1）户主个体特征。户主个体特征包括户主年龄、性别和文化程度。户主在家庭的决策中起着至关重要的作用，其性别、年龄大小以及受教育程度的高低影响着其思想观念、行为决策等，进而影响土地信托的参与意愿。由于其自身生理特征和某些社会因素的影响，与男性相比，女性外出就业能力较弱，思想较为保守，可以认为女性户主对土地信托的参与意愿要低于男性。相比较于年轻农民，年长农民在农村生活的时间较长，其土地情结较重，因而越不愿意将土地转出；同时，年龄越大的农户，因为其农业劳动能力的下降已无力亲自耕种，就越有可能倾向于采用土地信托获取固定收益，将土地的使用权通过信托的方式交由他人来管理使用，指定自己为受益人，就可以达到保障自己的基本生活支出和医疗费用支出的目的。因此，年龄对土地信托的参与意愿影响不确定。而受教育程度越高的户主，其获取相关信息的能力和认知能力越强，更易接受新事物，因此，可以假设农民的文化程度等对其土地转出意愿有正向影响。

（2）农户家庭禀赋。家庭禀赋变量包括家庭农业劳力数量、农户家庭特征种植业收入占总收入的比重。一方面，家庭农业劳力数量越多，农户从事农业生产的能力越强，同时对口粮的需求也越高，可能也不愿意放弃对土地的使用权；另一方面，家庭农业劳力数量越多，其家庭收入来源可能更多，也可能更愿意参与土地信托，因此其影响方向难以预测。农户家庭特征种植业收入占总收入的比重越高，说明农业生产在家庭中的地位越高，对土地的依赖度也就越高，农户越不可能参与土地信托。

（3）非农就业特征。农户的非农就业特征变量包括家庭主要劳动力是否非农就业、非农就业稳定性和非农就业月收入。伴随着中国沿海地区工业化、城市化的快速发展，城乡之间的人口流动日益频繁，大量农民进入城市从事非农行业，成为城市劳动力市场的主体。农业与非农产业之间劳动生产率的差距也正在日益增大，一般地，找到一份稳定的非农就业岗位，远比从事农业生产的收益要高。已有的研究大都发现农户非农就业对农户参与土地流转具有显著的影响。如 Kung 等（2002）研究发现，农户家庭成员的非农就业对农户转出土地产生正效应①；农业劳动力转移有利于农业劳动力与农业土地要素配置效率的改善，进而推动农村土地流转（谭丹，2007）。张丞等（2010）发现在劳动力务农比例越高的村庄，其劳动力向外流动的意愿越弱，而对耕地的生产性需求则越为强烈，并使当地农村土地流转程度越低。农民的兼业化极大地改变了农户的财产禀赋（张忠明等，2014）。陈美球等（2011）的研究也发现外出打工者从事行业越稳定、打工经济收入越高，则其承包耕地流转的意愿越强②。农民就业状态的变化，改变了农地对农民的经济的重要性，也改变了他们同土地的关系③。因此本研究假设家庭主要劳动力参与非农就业、非农就业稳定性强和非农就业月收入越高的农户，其土地信托参与意愿越强。

（4）土地特征。土地特征包括土地的面积、平整度、零碎度和土地

① J. K. Kung, "Off-Farm Labor Markets and the Emergence of Land Rental Markets in Rural China," *Journal of Comparative Economics*, Vol. 30, No. 2, 2002, pp. 395 -414.

② 陈美球等：《外出打工对耕地流转影响的实证分析》，《江西农业大学学报（社会科学版）》2011 年第 1 期。

③ 北京天则经济研究所《中国土地问题》课题组，张曙光：《土地流转与农业现代化》，《管理世界》2010 年第 7 期。

离县城的距离。理论上，农户拥有的土地面积越大，在农户生活和生产成本不变的情况下，其参与土地信托的收益相对较高，但土地面积越大的农户，在耕作过程中会产生规模效应，放弃自己耕作后的沉没成本会更高，如耕作知识的沉淀、专用性耕作机械的沉淀等，因此，土地面积对土地信托的参与影响不确定。而土地越不平整、越零碎的农户，自己耕作土地的烦琐度越高，不容易采用机械化作业，越有可能选择参与土地信托。根据区位地租理论，土地的区位因素对农地的流转交易有显著影响。

（5）外部环境特征。外部环境变量包括农户对村集体的信任程度和当地经济发展水平变量（用样本所在地人均 GDP 表示）。卢卡斯等人认为，人们都有某种对未来的预期，这种预期会影响人们的行为。从与其他当事人的比较来看，在土地信托流转中农户即受益人处在相对弱势地位其并不掌握信托财产，不享有对信托财产的管理权，如果没有政府的强力介入，土地信托不仅无法实施，农户也缺乏对其经济利益的安全感。首先，当地政府对农村土地流转进行统筹规划、协调监督，以期引导农村土地流转市场的高效、有序发展，并及时发布农村土地流转的相关信息，为有土地流转意愿的农户和农村集体经济组织与需要土地的投资者牵线搭桥。其次，通过大量培育、发展家庭农场、农业龙头企业和农业专业合作社等组织来促进现代化农业的规模发展。最后，通过实施农业现代化发展规划，以政策引导农业产业结构的转型升级调整，走生态、高效、现代化农业的发展道路。因此，对当地政府越信任的农户，越有可能认为自己的经济利益会得到政府的保护，因而越愿意参与土地信托。

发达地区经济发展水平高，农户愿意将土地转让。因为土地使用权转让后，农户不必再为几亩田的经营牵挂，可以安心从事二、三产业。调查发现，在经济较发达农村、近城郊区和工业园区附近的农户有相对稳定的非农收入，不必再依赖土地维持生计。因此，这些农户也愿意将土地使用权转让给承包商。而欠发达地区，农户以自己耕种和外出务工居多①。

---

① 赵丙奇等：《发达地区与欠发达地区土地流转方式比较及其影响因素分析——基于对浙江省绍兴市和安徽省淮北市的调查》，《农业经济问题》2011 年第 11 期。

值得说明的是，已有的研究表明土地产权制度的稳定性对土地流转有较大影响，本研究并未将其纳入研究范畴。主要原因在于相关调查和实证研究发现我国农村现有的土地承包经营制度并不构成土地市场发展的障碍①②；同时，作者在预调研中也发现，农户对土地有较强的产权预期——30 年不变。同时，为了最小化多重共线性的影响，也没有考虑农户是否已经参与土地流转变量的影响，因为已经通过其他形式参与土地流转的影响变量与土地信托参与意愿的变量多有重合。

3. 数据来源和样本特征

本研究所使用的样本数据是由安徽工程大学部分安徽籍学生利用 2015 年 1 ~2 月寒假回家的机会对自己所在地的农户进行随机调查所获得。在正式调查之前，作者通过查阅文献资料、征询专家意见和遵循有关问卷设计的基本要求，初步确定调查内容、设计调查问卷，并于 2014 年 11 月在安徽省芜湖市南陵县弋江镇进行了预调查，通过焦点小组访谈的方法，获取相关农户实地信息，然后对问卷进行了修改。由于土地信托是一个新生事物，对土地信托概念的理解程度将显著影响调查结果；因此，在正式调查之前，对拟参与调查的学生进行了半天的专门培训，使其熟悉问卷内容和相关专业术语，并明确了相关调查要求和调查技巧。正式调查共发放问卷 600 份，实际回收 556 份，回收率为 92.67%，其中，有效问卷 523 份，有效率为 90.06%。变量样本的具体分布见表 6 –3，农户全部分布在安徽省的粮食主产区。

表 6 –3　样本分布

所在市	合肥市	芜湖市	安庆市	淮北市	宣城市	阜阳市	蚌埠市
户数	48	59	98	54	89	97	78
百分比(%)	9.18	11.28	18.74	10.33	17.02	18.55	14.90

① 张照新：《中国农村土地流转市场发展及其方式》，《中国农村经济》2002 年第 2 期。

② 罗必良等：《土地承包经营权：农户退出意愿及其影响因素分析——基于广东省的农户问卷》，《中国农村经济》2012 年第 6 期。

从调查结果来看，90%以上的受访者为户主，其中男性占87.19%，年龄在35~55岁的占62.91%，受教育程度为小学及以下的占12.62%，初中、高中、大专及以上学历的分别占44.74%、33.27%和9.37%。样本农户拥有的家庭农业劳动力绝大多数在2个以上。样本农户中至少有1人在外务工的占90.25%。样本农户种植规模介于1.7~380.0亩，其中在5.0~10.0亩的占60.61%，10亩以上的占12.81%。样本农户稻田块数介于2~15块，平均为4.8块。

方差分析的结果表明（见表6-4），在对土地信托有参与意愿和无参与意愿的样本中，除户主性别、土地面积和土地细碎度外的其他变量都通过了差异性检验。说明户主年龄、户主的受教育程度、家庭农业劳动力人数、收入结构、土地离城区距离、是否非农就业、非农就业稳定性、非农就业收入、对村集体的信任程度和当地经济发展水平指标在组间有显著的差异。但这些因素对农户的土地信托参与意愿有无显著影响，需要作进一步的计量模型检验。

表6-4　相关变量定义及基本统计数据

变量	变量定义	有参与意愿样本		无参与意愿样本		F检验（P值）
		均值	标准差	均值	标准差	
户主性别	1=男性;0=女性	0.8819	0.3235	0.8636	0.3438	0.38(0.54)
户主年龄	户主年龄	47.23	7.43	49.82	7.81	1.96(0.06)
户主的受教育程度	户主受教育年限	9.89	2.34	9.14	2.11	2.62(0.00)
家庭农业劳动力人数	家庭农业劳动力人数	2.53	1.22	2.81	1.05	2.63(0.00)
收入结构	种植业收入占家庭收入的比重(%)	0.37	0.15	0.56	0.17	8.89(0.00)
土地面积	承包地面积(亩)	5.96	2.16	6.75	2.23	0.67(0.43)
土地细碎度	承包地块均面积	1.21	0.56	1.67	0.62	1.32(0.24)
土地离城区距离	土地离城区的距离(公里)	21.56	6.59	25.48	7.26	5.51(0.00)
是否非农就业	家庭主要劳动力是否非农就业(1=是,0=否)	0.84	0.37	0.65	0.48	24.96(0.00)
非农就业稳定性	1=不稳定,2=较稳定,3=很稳定	2.24	0.85	2.03	0.85	7.61(0.00)

续表

变量	变量定义	有参与意愿样本		无参与意愿样本		F 检验（P 值）
		均值	标准差	均值	标准差	
非农就业收入	非农就业的月收入(元)	3426.58	907.23	2815.64	662.16	25.81(0.00)
对村集体的信任程度	1 = 不信任,2 = 一般,3 = 很信任	2.25	0.77	2.00	0.82	12.91(0.00)
当地经济发展水平	所在市 2014 年人均 GDP(元)	40268.17	18159.58	32493.56	13822.23	30.86(0.00)

（四）农户土地信托参与的计量分析

1. 共线性分析

考虑到各解释变量之间可能存在共线性问题，本研究采用容忍度这一指标对变量间的多重共线性进行检验。采用 Stata11.0 统计分析软件对变量之间的共线性问题进行检验，检验结果见表 6 – 5。结果显示，所有变量的容忍度均大于 20%，因此，可以认为模型中各个解释变量之间不存在多重共线性问题。

表 6 – 5　共线性分析结果

变量代码	VIF	容忍度	变量代码	VIF	容忍度
X1	1.79	0.56	X8	1.61	0.62
X2	1.61	0.62	X9	1.82	0.48
X3	1.05	0.96	X10	1.47	0.68
X4	1.12	0.90	X11	1.16	0.87
X5	1.40	0.71	X12	1.18	0.84
X6	1.25	0.80	X13	1.22	0.82
X7	1.40	0.71			

2. 基于二元 Probit 模型的影响因素分析

首先，考虑对所有变量进行估计，得到模型一，从残差来看，其符合正态分布，说明采用 Probit 模型是适合的。然后根据 P 值，采用反向筛选法逐步剔除不显著的变量，直到所有的变量都在 10% 的水平显著为止，具体估计结果见表 6 – 6。模型的卡方检验结果表明，模型通过了方程的显著性检验。用于检验模型拟合情况的 Hosmer-Lemeshow 检验结果显示，其显著性水平分别为 0.56 和 0.86，不能拒绝模型拟合较好的原假设，说明模型拟合良好。从回归结果来看，模型一和模型二的系数方向和显著性程度无系统性变化，区别主要表现在回归系数和显著性的大小，因此后面的对模型拟合结果的解释采用模型二的数据。回归分析结果表明，在本研究选取的变量中，户主年龄的平方、收入结构、是否非农就业、非农就业稳定性、非农就业收入、对当地政府信任程度和当地经济发展水平等变量对农户是否参与土地信托流转有显著影响。

表 6－6　Probit 模型拟合结果

变量	模型一			模型二		
		P 值	边际效应		P 值	边际效应
户主年龄	0.1373	0.128	0.0527			
户主年龄的平方	0.0261	0.051*	0.0038	0.0304**	0.004	0.0084
户主性别	0.0020	0.994	0.0005			
户主的受教育程度	0.0296	0.768	0.0081			
是否非农就业	0.3519	0.087*	0.0482	0.6650*	0.059	0.1251
非农就业稳定性	0.5318	0.062*	0.0584	0.3485***	0.002	0.0958
非农就业收入	0.1342	0.081*	0.038	0.0256***	0.003	0.0302
家庭农业劳动力人数	0.1701	0.725	0.0468			
收入结构	－0.1782	0.032**	0.0372	－0.2341***	0.004	－0.0643
土地面积	0.0066	0.545	0.4018			
土地细碎度	0.1234	0.118	0.0339			
土地离城区的距离	0.0027	0.727	0.3507			
对村集体的信任程度	0.2183	0.031**	0.0427	0.2531***	0.000	0.0696
当地经济发展水平	0.0635	0.052*	0.0376	0.0991**	0.024	0.0273
	LR chi2(13) = 211.56			LR chi2(7) = 321.35		
	Prob > chi2 = 0.0000；Pseudo R2 = 0.0822			Prob > chi2 = 0.0000；Pseudo R2 = 0.0753		
	Log likelihood = －259.3275			Log likelihood = －267.8314		

3. 基于 ISM 模型的影响因素分析

以上只是对影响农户土地信托参与意愿的影响因素进行了分析，但无法判断通过显著性检验的各个因素的影响层次性。下面借助 ISM 分析方法对各影响因素之间的逻辑层次结构和相互作用关系进行研究。

首先作出以下假定：s_0 代表被解释变量土地信托参与，s_1、s_2、s_3、s_4、s_5、s_6、s_7 分别代表户主年龄、是否非农就业、非农就业稳定性、非农就业月收入、种植业收入占家庭收入的比重、对当地政府的信任程度、当地经济发展水平。在咨询相关专家和政府部门行业管理者的基础上，基于 Delphi 方法，得到以上 7 个影响因素间的逻辑关系图（见图 6－2）。其中，“A” 代表行因素受到列因素的影响，“V” 代表列因素受到行因素的影响，如果行、列因素相互之间无相互影响，则用 0 代表。

A	A	A	A	A	A	A	s_0
0	0	0	0	0	V	s_1	
A	0	V	V	V	s_2		
A	0	0	V	s_3			
A	0	V	s_4				
A	0	s_5					
A	s_6						
s_7							

图 6－2　影响因素间的逻辑关系

根据图 6－2，可以得到户主年龄、是否非农就业、非农就业稳定性、非农就业月收入、种植业收入占家庭收入的比重、对当地政府的信任程度、当地经济发展水平之间的一个邻近矩阵（见图 6－3）。

$$
M = \begin{array}{c} S_0 \\ S_1 \\ S_2 \\ S_3 \\ S_4 \\ S_5 \\ S_6 \\ S_7 \end{array}
\begin{array}{cccccccc}
1 & 0 & 0 & 0 & 0 & 0 & 0 & 0 \\
1 & 1 & 0 & 0 & 0 & 0 & 0 & 0 \\
1 & 0 & 1 & 1 & 1 & 0 & 0 & 1 \\
1 & 0 & 1 & 1 & 1 & 0 & 0 & 0 \\
1 & 0 & 1 & 1 & 1 & 1 & 0 & 1 \\
1 & 0 & 0 & 0 & 0 & 1 & 0 & 1 \\
1 & 0 & 0 & 0 & 0 & 0 & 1 & 1 \\
1 & 0 & 1 & 1 & 1 & 1 & 1 & 1
\end{array}
$$

图 6－3　邻近矩阵

首先，根据（3）式和（4）式得到 $L_1 = \{S_0\}$。然后，根据前面提到的方法依次确定其他层次因素，得到 $L_1 = \{S_0\}$，$L_1 = \{S_0\}$，$L_1 = \{S_0\}$。根据因素间的层次结构，按照 L_1、L_2、L_3、L_4 的顺序对可达矩阵 M 重新排序得到新的可达矩阵 N（见图 6－4）。

$$
N = \begin{array}{c} S_0 \\ S_5 \\ S_6 \\ S_4 \\ S_7 \\ S_1 \\ S_2 \\ S_3 \end{array}
\begin{array}{cccccccc}
1 & 0 & 0 & 0 & 0 & 0 & 0 & 0 \\
1 & 1 & 0 & 0 & 0 & 0 & 0 & 0 \\
1 & 0 & 1 & 0 & 0 & 0 & 0 & 0 \\
1 & 0 & 1 & 1 & 0 & 0 & 0 & 0 \\
1 & 0 & 0 & 0 & 1 & 0 & 0 & 0 \\
1 & 0 & 0 & 0 & 1 & 1 & 0 & 0 \\
1 & 0 & 0 & 0 & 0 & 0 & 1 & 0 \\
1 & 0 & 0 & 0 & 0 & 0 & 1 & 1
\end{array}
$$

图 6－4　可达矩阵

根据各因素间的层次结构以及可达矩阵，得到如图 6－5 所示的农户土地信托参与意愿影响因素间的解释结构图。

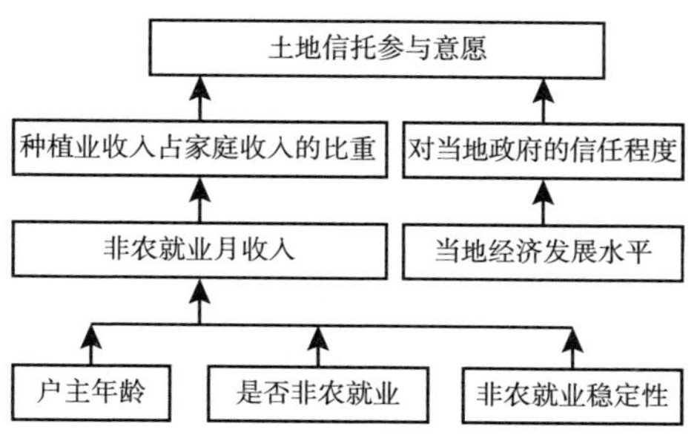

图 6－5　影响因素间的关联及层次结构

4. 研究结果分析

从图 6－5 中可以看出，在影响农户土地信托参与的 7 个影响因素中，可以分为三个层次，种植业收入占家庭收入的比重和对当地政府的信任程度是表层直接因素，非农就业月收入和当地经济发展水平是中间间接原因，户主年龄、是否非农就业、非农就业稳定性是影响土地信托参与意愿的深层根源因素，中间间接因素受到它们的影响。

（1）表层直接因素。表层直接因素中，收入结构和对当地政府的信任程度是关键因素。收入结构对农户土地信托参与意愿有显著负向影响，说明种植业收入在家庭收入中的比重越高，农户越不愿意参与土地信托流转。对种植业收入占总收入的比重高的农户来说，土地依然发挥重要收入功能和保障功能，其家庭生计越依赖于土地的农业生产功能，参加土地信托使其丧失土地使用权，带来收益损失的风险较高；同时，种植业收入在家庭收入中的比重越高的农户，农业生产经验、农业机械等投入越高，参加土地信托流转的沉没成本更高，所以种植业占总收入的比重越高的农户参与土地信托的意愿越低。边际效应结果说明，种植业收入占总收入的比重在平均水平处每增加一个单位，农户土地信托参与意愿下降6.43%。

农户对当地政府的信任程度越高，其土地信托的参与意愿越强，表现在我们的模型估计结果中，农户对当地政府的信任程度在1%的水平上正向影响农户的土地信托参与意愿。边际效应结果说明，农户对当地政府的信任程度在均值处变化增加一个单位，农户土地信托参与意愿上升6.96%。在土地信托过程中，由于农户的行为受到信息不完全、有限理性、知识有限、时间有限等限制，农户无法有效和各类外部机构交易和博弈，地方政府发挥了重要的居中服务功能。在中国农村社会中，地方政府及其官员是最有信誉的机构和群体①，政府的介入和行政力量的推动是近年来土地流转进程迅速加快的主要原因之一。对当地政府越信任的农户对土地信托参与的风险感知可能会越小，因此会增加其土地信托参与的意愿。吴云青等（2016）的研究也发现农民对政府土地流转服务越满意，越愿意转出农地。

（2）中间间接原因。非农就业收入和当地经济发展水平是影响土地信托参与的中间间接原因。非农就业收入越高的农户土地信托的参与意愿越高。实证结果表明，非农就业收入在1%的水平上显著正向影响农户土

① 北京天则经济研究所《中国土地问题》课题组，张曙光：《土地流转与农业现代化》，《管理世界》2010年第7期。

地信托参与意愿。农户非农就业收入越高，说明农户的非农就业的竞争性就会越高，且其拥有的非农就业技能也越高，农户对土地的依赖度会降低，其土地信托参与意愿相应加强。在调查中发现，农户非农就业多为兼业形式，即农忙时回家务农，农闲时外出打工；如果农民非农就业的月收入较高，意味着农户农忙时回家务农的机会成本较高，农户因而更倾向于参与土地信托流转获得稳定的收益。边际效应结果说明，非农就业收入在平均水平处每增加一个百分点，农户土地信托参与意愿提高 3.02% 。这与已有的文献研究结论基本一致，如何京蓉和李炯光（2010）的研究表明家庭非农收入比重与农户土地转出率之间为高度正相关①，闫小欢和霍学喜（2013）的研究发现非农收入的增加，使得农地的社会保障功能弱化，农户逐渐转出农业部门，从而促进土地转出②。

地区经济发展水平也在 5% 的水平上显著正向影响土地信托参与意愿。这与已有的相关研究结论基本一致，如周春芳（2012）的研究表明区域经济发展水平与农户土地流出及流出面积比率呈正相关③。在调查中发现，在经济较发达的地区，农村、近城郊区和工业园区提供了较多的非农就业机会，形成相对稳定和多样的非农收入，当地农民不必再依赖土地维持生计。因此，这些农户也更愿意将土地使用权转让给信托公司。而且，地区经济发展水平越高，当地的城镇化水平也就会越高，农民更容易进入城镇化生活，更倾向于通过土地信托这种土地流转方式，将土地承包经营权这种非流通的资产转化为可交易、可携带的资产。同时，一个地区的经济越发达，地方政府提供的公共服务和养老保障水平也越高，形成了对土地保障功能的有效替代，因此，农户对土地的依赖程度也就越低，土地的保障功能被较大弱化，从而使农户土地信托参与意愿增加。另外，一个地区经济发展水平越高，地方政府的管理能力相对更规范，服务质量相对会较高，政府从农业土地流转中的谋利冲动就越低，有助于更好地发挥

① 何京蓉、李炯光：《欠发达地区农户土地流转行为与影响因素》，《华南农业大学学报（社会科学版）》2010 年第 3 期。

② 闫小欢、霍学喜：《农民就业、农村社会保障和土地流转——基于河南省 479 个农户调查的分析》，《农业技术经济》2013 年第 7 期。

③ 周春芳：《经济发达地区农户土地流转影响因素的实证研究》，《西北农林科技大学学报（社会科学版）》2012 年第 6 期。

政府的作用。

（3）深层根源因素。在前面的分析中，户主年龄变量不显著，但其平方在5%的水平上显著影响农户的土地信托参与意愿，且系数为正，说明户主年龄对土地信托的参与意愿呈“U”形关系。年龄较大的户主慢慢地丧失了农业生产能力，而年轻的户主由于对农业生产的技能不熟练，较少有土地情结，因此年龄较大和年龄较小的户主对土地信托的参与意愿更高。而处于中间年龄段的户主，一般具有较强的农业生产能力，较丰富的农业生产技能和农业生产技术积累，同时，从家庭结构来说，上有老下有小，风险防范意识较强，使其土地信托的参与意愿不高。这与已有学者对土地流转的研究结论存在差异①②③，可能是由土地信托与农村一般的土地流转的差异所带来的，从期限来说，土地信托流转期限一般更长更稳定，土地流转出去后在短期内收回的可能性较小；从收益来说，土地流转收益一般较高，转让方在获得固定的土地收益同时还可以获得土地增值的收益；从风险来说，土地信托具有多层产权结构的特点，一般有大型信托机构的参与，交易成本较低，流转后的纠纷更少。因此，年轻的、年老的农户可能更愿意接受一次性长期土地流转，获得长期、稳定、可携带的土地转让收益。

户主是否非农就业在10%的水平显著正向影响农户的土地信托参与意愿。边际分析的结果表明，非农就业户主的土地信托参与意愿比没有非农就业户主高12.51%。农户土地信托参与必然涉及预期收益与机会成本的权衡问题。如果户主从事非农就业，一般来说，其接受新鲜事物（如土地信托流转）的可能性越大，同时对土地信托流转过程中遇到的各种可能问题的预期处理能力也将越强，进而更倾向于将承包地进行信托流转。同时，不考虑规模化生产如种粮大户、家庭农场，非农就业的收益要高于农业生产的收益，这意味着非农就业农户从事农业生产的机

① 徐美银、陆彩兰、陈国波：《发达地区农民土地流转意愿及其影响因素分析——来自江苏的566户样本》，《经济与管理研究》2012年第7期。

② 许恒周、郭忠兴：《农村土地流转影响因素的理论与实证研究——基于农民阶层分化与产权偏好的视角》，《中国人口·资源与环境》2011年第3期。

③ 吴云青等：《农民农地转出意愿及影响因素的性别差异——基于天津市578份调查问卷的实证分析》，《中国人口·资源与环境》2016年第6期。

会成本较高，而且非农就业的生产风险要低于农业生产活动。因此，从事非农就业的农户更愿意参与土地信托，在获得稳定土地信托收益的基础上，将土地变为可以携带的资产，安心从事非农就业。需要注意的是，这一结论与部分已有研究的结论一致①，但也有研究得出相反的结论，如黄枫和孙世龙（2015）的研究认为非农就业降低了农地流转需求但未增加农地流转供给②，许恒周和郭忠兴（2011）的研究认为非农收入比重等因素对土地流转决策没有显著影响。说明学术界对这一问题的研究依然存在争议③。

非农就业还存在稳定性的问题。计量模型的研究结果表明，户主的非农就业越稳定，农户更愿意参与土地信托。边际分析的结果表明，户主的非农就业稳定性从较稳定变化到很稳定时，其土地信托的参与意愿提高9.58%。在当今中国农村缺乏正规避险机制背景下，农户风险意识是影响其土地流转决策行为的关键因素④。显然，非农就业越稳定，一方面，农户对非农就业的收入预期越明确，越不需要保有农村土地以发挥保障功能规避失业风险，就越有可能参与土地信托；另一方面，非农就业越稳定的农户，更可能选择在城市长期生活，成为城镇居民。相关研究也得出类似的结论，如胡霞和丁浩（2015）的研究认为，在长期的城乡二元结构制度影响下，如果不能确保在城市稳定地扎下来，即使当期获得的非农收入再高，进城农民也不会轻易地放弃作为生存保障底线的土地⑤。钟晓兰等（2013）的研究表明当城里有稳定工作和收入来源时农户更愿意流转土地⑥。

---

① 昝剑森、原栋：《对农村土地流转问题的若干思考——基于对晋中市农村土地流转问题的调查》，《福建论坛（人文社会科学版）》2013年第5期。

② 黄枫、孙世龙：《让市场配置农地资源：劳动力转移与农地使用权市场发育》，《管理世界》2015年第7期。

③ 李景刚等：《风险意识、用途变更预期与土地流转意愿》，《生态经济》2016年第7期。

④ 李景刚等：《风险意识、用途变更预期与土地流转意愿》，《生态经济》2016年第7期。

⑤ 胡霞、丁浩：《农地流转影响因素的实证分析——基于CHIPS 8000农户数据》，《经济理论与经济管理》2015年第5期。

⑥ 钟晓兰等：《农户认知视角下广东省农村土地流转意愿与流转行为研究》，《资源科学》2013年第10期。

（五）进一步的分析

根据我们的实证研究，影响农户土地信托参与意愿的深层次根源因素包括户主年龄、户主是否非农就业和非农就业稳定性。下面结合中国农村客观发展实际做进一步的分析。

1. 农村老龄化

根据中国第五次人口普查数据和第六次人口普查数据的数据分析，农村社会的老龄化趋势越来越明显。60 岁以上农村人口的比重从 2008 年的 11% 上升到 2010 年的 15%，说明中国农村地区的老龄化水平快速提升（见表 6－7）。《2013 年中国人口和就业统计年鉴》的数据也显示，2012 年 8.31% 抽样的 65 岁及以上老人有 10.57 万人，其中 5.59 万人生活在农村，占比为 53%。

表 6－7　乡村人口的年龄分布

	乡村人口	60～64 岁	65～69 岁	70～74 岁	75～79 岁	80～84 岁
2008 年	783841243	26759296	22605990	17094662	10928196	5517142
2010 年	662805323	32630365	23202953	18195137	13320630	7610370

	85～89 岁	90～94 岁	95～99 岁	100 岁以上	合计
2008 年	2036619	507008	107501	11682	85568096
2010 年	3239738	890544	193437	20123	99303297

2. 非农就业

根据国家统计局抽样调查结果，2014 年全国农民工总量为 27395 万人，比上年增加 501 万人，增长 1.9%。其中，外出农民工 16821 万人，比上年增加 211 万人，增长 1.3%；本地农民工 10574 万人，比上年增加 290 万人，增长 2.8%（见表 6－8）。

随着工业化、城市化的不断推进，农村人力资本的溢出效应，使得高素质的农村劳动力大量转移到二、三产业（见图 6－6），并且非农就业的收入在不断增加。根据 2015 年 5 月发布的人力资源和社会保障事业发展统计公报，2014 年末，外出农民工人均月收入水平为 2864 元，比上年提高 255 元，增长 9.8%。

表 6 -8　全国农民非农就业增速

单位：%

	2010 年	2011 年	2012 年	2013 年	2014 年
农民工总量增速	5.4	4.4	3.9	2.4	1.9
外出农民工增速	5.5	3.4	3.0	1.7	1.3
本地农民工增速	5.2	5.9	5.4	3.6	2.8

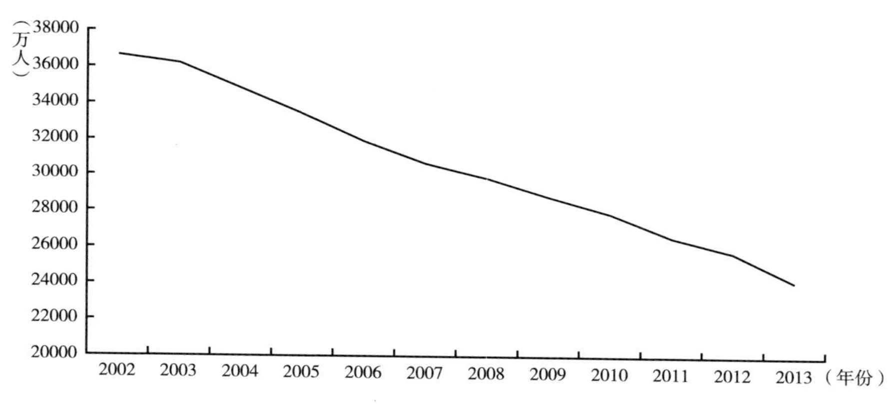

图 6 -6　乡村就业人员中从事第一产业的人数

3. 非农就业稳定性

中国人事科学研究院发布的人力资源蓝皮书《中国人力资源发展报告（2013）》认为，当前中国农民工就业呈现出“短工化”趋势，表现为工作持续时间短、工作流动性高。此前有调查显示，65.9% 的农民工更换过工作，25% 的人在近 7 个月内更换了工作，50% 的人在近 1.75 年内更换了工作。农民工平均每份工作的持续时间都不长，在两年左右，而两份工作的时间间隔长达 8 个月。

从以上的分析可以看出，随着农村人口的老龄化和农业人口非农就业的增加，有利于土地信托工作的开展，然而，新常态下，农民工就业的稳定性是一个比较令人担忧的问题。

以上研究结论也意味着随着中国经济的发展，农民非农就业机会的增加和非农收入的提高，相关扶持政策的出台和有效实施，土地信托必将被更多的农民所熟悉和采用，成为农村土地流转的重要形式。

（六）推进土地信托流转的政策建议

本章基于523份农户调研数据，将Probit模型和ISM解释结构模型有机结合起来，探索性地分析了农户土地信托流转参与意愿的影响因素以及各影响因素间的关联和层次结构。研究表明：在影响农户土地信托参与的因素中，收入结构和对当地政府的信任程度是影响农户土地信托参与的表层直接因素，非农就业收入和当地经济发展水平是影响农户土地信托参与的中间间接原因，户主年龄、户主是否非农就业、非农就业稳定性是影响农户土地信托参与的深层根源因素。中国宏观经济的分析表明，随着中国农村经济社会的变迁，农村人口老龄化和非农化进一步加剧，通过促进农民工技能提升和强化农民工融入城市培训，进而提高农民工就业的稳定性是促进农村土地信托发展的重点。本章的研究结论也意味着，随着工业化和新型城镇化的推进，农民非农就业机会的增加和非农收入的提高，相关扶持政策的出台和有效实施，土地信托必将被更多的农民所熟悉和采用，成为农村土地流转的重要形式。

经过40多年的改革开放，统分结合的双层经营模式对中国生产力的解放已经走到了尽头。“分”在激发农户的生产积极性的同时，也面临诸多挑战，碎片化的土地耕作与经营，难以与现代大规模的农业机械加工以及资本结合起来，随着中国农业面临全球化的竞争，农业生产必须尽快从传统的一家一户的经营模式实现转型。同时，城镇化的推进，也使得大量土地需要集中经营，从而推动农村土地集约化、规模化经营，这是现代农业集约化经营、规模化生产、机械化作业、产业化发展的必由之路。下一个时期，需要从倾向“分”到强调“统”，将分散的农户与瞬息万变的市场结合起来，走现代农业道路。因此，必须采用土地信托流转等多种形式，扩大土地流转范围和规模。为保障农村土地流转信托的健康有序发展，就必须建立与目前中国土地管理制度、农村土地利用和流转状况相适应的，以农村土地利用效率最高与保护效果最优为目标的土地信托流转机制。结合以上实证研究和对中国已有土地信托流转的“宿州模式”“和县模式”的实地调研，以及贵州湄潭、宁夏平罗、四川彭州等地实践的经验教训，在推进土地信托的过程中，必须在以下几个方面做出努力。

1. 健全相关政策法规

农村土地信托是一个新生的事物，中国现有的法律对其涉及较少。2001 年颁布的《信托法》对农村土地信托的具体规定很少，像土地信托流转双方权利义务的确定、信托收益的分配等基本问题都欠缺法律的明文规定，实践更多地处于摸索、自由处置的阶段。一旦出现风险，必然带来较多的法律问题。因此，在农村土地信托发展不断提速的背景下，与土地信托相关的《土地管理法》《担保法》《物权法》等相关法律需要作出相应的调整，一方面解决土地信托所需巨额资金问题，另一方面在总结已有的土地信托实践的基础上对土地信托流转制度加以规范引导。尤其是要对土地信托的操作流程、操作准则、土地信托受益分配原则、土地信托的税收制度等进行明确界定，规范农村土地信托流转。因此，应借鉴美国、日本等国家关于土地信托的立法经验，先行出台有关条例或者部门规章，等到条件成熟后，再制定专门的《土地信托法》。

2. 成立专业的农村土地信托机构

土地信托不仅是委托人和受托人之间形成的法律关系，而且都需要有特定的机构发挥媒介作用。为了促进中国土地信托的顺利实施和扩大运用范围，应该设立特定的土地信托机构，以便更好地发挥土地信托的功能。

专业的土地信托机构可以发挥以下作用：对农地应该如何作价委托做出权威性解释，解决目前信托机构、大户、农民等相关方的收益比例划分标准问题；对流转后的土地经营状况进行实时监测和跟踪分析，对信托目标偏离的风险进行识别、评价、预警，并对可能发生的经营风险加强监管，及时采取有效的措施，化解经营危机，从而降低农户土地信托流转的风险；跟踪监管土地信托后土地农业用途有无改变，并采取相应的管制措施；多渠道、多形式汇集、发布和传递土地信托流转信息，解决供需双方的信息不对称问题。

3. 设立农村土地信托风险基金

农村土地信托存在一定的风险性，农业生产经营需承担自然灾害、市场竞争等诸多风险，为了更好地保护农民的利益，减少市场波动、经营管理等给农民收入可能带来的风险，政府可以出面设立农村土地信托风险基金，一部分从土地流转信托的收益中缴纳，一部分政府可以整合各项支农资金。成立后交由专门的金融机构代为管理。在严格监管的前提下，可以用风险基金从事部分低风险的投资，从而达到保值增值的目的。

4. 加强产业引导

首先，流转信托供给的土地数量要与现代农业产业发展对土地的需求量相适应，供需相互促进。其次，加大农业招商引资力度，对前来受地投资的经营者要提高其资质门槛，经营主体要有较强的资本优势，具备一定的抗风险能力。要在特色农业上具备生产、加工、销售等方面的优势，特别是市场销售优势，变招商为选商。最后，需要根据区域内的产业发展特色，开发各区域的名、特、优产品，建设各具特色的农业生产基地，从而提高收益，保证农民在土地流转后的收益有较大幅度增长。

5. 加强配套服务

必须加强配套服务，为土地信托流转经营主体解决产前、产中和产后遇到的难题，从而提高土地信托流转经营效益，建立土地信托可持续发展的长效机制。建立农村土地流转交易市场，扩大土地流转规模。国家惠农项目资金要向农村土地信托流转倾斜，对开展规模经营的农户根据连片经营的面积、种植的作物不同给予不同的补贴。对取得受托资格的产业化龙头企业、种植大户和农业企业，要通过财政补贴、财政贴息、担保等措施帮助完善基础设施、加工储运设施和销售体系。还要积极培育和引导运输、农资、农村金融、农村市场等服务体系健康发展。

6. 加强政府监管

农村土地信托流转包括多重风险，如合规与管理风险、流动性风险、市场风险、政策风险、信息不对称风险、生态风险及经营风险等，政府必须设计一系列的配套措施降低风险、加强监管，避免可能的矛盾冲突。由于社会保障缺失、法律对土地转让权的界定不清晰与不完整等原因，农户难以彻底离开土地，通常是“年轻时外出打工，年老时回乡务农”①。因此，在相关法律框架短期内难以完善、农民相对弱势的背景

① 何国俊、徐冲：《城郊农户土地流转意愿分析——基于北京郊区 6 村的实证研究》，《经济科学》2007 年第 5 期。

下，政府需要加强对土地信托流转流入者的监督管理，加强对土地信托公司的资金使用、项目建设、公司经营、土地使用等情况进行严格监管等。

最后，土地流转的模式应该与时俱进。适应时代的发展，通过创新土地金融工具，开展土地金融政策研究，在条件成熟时可推出土地资产证券化、不动产信贷基金、土地基金等土地资本运作模式①。

二 “三变”改革助力乡村振兴

“三变”改革的制度安排具有推动乡村振兴的显著特征，这使其成为推动乡村振兴的重要途径和抓手，为城乡一体发展提供了新的动力源。乡村振兴面临各种困境的根本原因在于农民财产性收入缺乏导致的农民收入增长慢、农业规模分散导致的专业化程度低、农业分工不足带来的农业生产率低下、农业市场化程度低导致的农业比较效益低下、农村集体经济逐渐弱化带来的农村治理困境。“三变”改革，既为农村内部资源的聚合、整合提供了契机，也为外部资源进入农村、农业降低了交易成本，提供了通道，是农村社会主义集体所有制在新时代下的有效实现形式。

（一）引言

党的十九大报告提出，要深化农村集体产权制度改革，保障农民财产权益，壮大集体经济。要实施乡村振兴战略。按照“产业兴旺、生态宜居、乡风文明、治理有效、生活富裕”的总要求，建立健全城乡融合发展体制机制和政策体系，加快推进农业农村现代化。乡村振兴战略的实施，既是对中国“三农”问题面临各种困境的现实回应，也是新一轮农村改革发展的客观需要，是对新农村建设的发展与超越。同时也应当看到，新时代下实施的乡村振兴战略，既面临着政策、资源、技术、市场等优势，更面临着多重约束，需要寻找有别于以往的更有效的手段和路径。中国农业发展总体上已经完成解决食品供给问题和解决农民收入问题的阶

① 李盼盼：《土地流转信托模式引发的思考》，《中国集体经济》2014 年第 24 期。

段，正处在解决农业生产方式问题的第三个阶段①。中国的农村改革曾成功地解决了温饱问题，为我国农业农村持续发展提供了强大动力和经济社会绩效；但是，“现代化程度”却难以彰显，面临着多重约束。我国农业农村发展面临“四重约束”：农业兼业化、农民老弱化、农村空心化对实现农业现代化目标的约束；分散细碎化“小农业”对发展适度规模“大农业”的约束；农业高成本—低收益对农民持续增收的约束；农业高投入、高消耗、高污染对转变农业发展方式的约束；农业农村内部的经济结构和社会基础条件难以适应现代农业发展的客观要求；遭受市场洗礼的传统小农户在农业收益对比中“兼农”“离农”“弃农”现象突出。

“三变”改革是“资源变资产、资金变股金、农民变股东”的简称。“资源变资产”，就是村集体将集体土地、林地、水域等自然资源要素，通过入股等方式盘活；“资金变股金”就是在不改变资金使用性质及用途的前提下，将各级财政投入农村的发展类、扶持类资金，量化为村集体或农民持有的股金，投入各类经营主体；“农民变股民”就是农民自愿将个人的资源、资产、资金、技术等投资入股，成为股东参与分红②。这场发自贵州六盘水的农村改革，已经遍及全国，并受到了党和政府的高度重视，写进了2017年中央“一号文件”、2018年中央“一号文件”和乡村振兴规划。相比于其他单项改革，“三变”改革是综合性、全面性的农村经济变革。与土地流转不同，“三变”改革从人、财、物、组织等多维度进行的深入综合的改革，提高了内部资源的整合度、提升了外部资源注入的有效使用、增强了农民的自我发展能力，调动了不同主体的积极性，农民增加了收入，集体资产得到了增值保值和收益，国家财政支农资金有了更好的现实形式，地方政府也有了更高的积极性。

本章在安徽省金寨县、旌德县、郎溪县，贵州省水城县等地“三变”改革和西藏自治区曲水县的农村集体资产股份权能改革试点工作调研的基础上，研究发现“三变”改革与乡村振兴战略之间高度契合，是实施乡

---

① 蔡昉、王美艳：《从穷人经济到规模经济——发展阶段变化对中国农业提出的挑战》，《经济研究》2016年第5期。

② 王东京、王佳宁：《“三变”改革的现实背景、核心要义与推广价值》，《改革》2017年第8期。

村振兴战略的重要抓手和有效路径，“三变”改革通过交易成本降低机制、扩大分工和知识溢出机制，让财政支农资金注入，增加了村集体和农户的谈判筹码，有效实现了农村内部资源的聚合和裂变，也为外部资源进入农村、农业降低了交易成本，提供了有效通道。本章的研究表明，需要在总结各地实践经验的基础上积极推动“三变”改革，为乡村振兴战略的顺利实施提供新的路径，也为城乡一体发展提供新的动力源。

（二）新时代下乡村振兴面临的难点

新中国成立以来，党和政府高度重视农业、农村工作，农村改革取得新突破，农业结构不断优化，农村新产业新业态新模式蓬勃发展，农业生产经营方式发生重大变化，农民收入和生活水平明显提高，城乡居民收入相对差距缩小，农村公共服务和社会事业达到新水平，农村社会焕发新气象。然而，离乡村振兴的“产业兴旺、生态宜居、乡风文明、治理有效、生活富裕”目标还有很大差距。

一是农村资源的市场化程度不足。我国农村资源数量和种类众多、潜在价值十分巨大，仅农地使用权的潜在资本化价值就高达 10 万亿元以上①。但大量资源由于权利的“固化”和不清晰、财产和生产要素性质不完备、使用权分散归属于大量不同主体，内部资源的整合和外部资源的导入都面临很高的交易成本，农村社会的资源大多处于“沉淀”状态，如农户空置的住房、撂荒的耕地、林地、闲置的厂房或圈舍等。农村资源的大量“沉睡”，使得农民无法获得财产性收益、增收面临严重约束，农业现代化、专业化、市场化发展缺乏合适的载体，农村集体经济组织功能逐渐弱化，农村社会治理难以走出低端恶性循环。

二是农业生产的市场化适应度不高。2013 年党的十八届三中全会提出，中国经济进入新常态，新常态下人们的消费从模仿型排浪式向个性化、多样化转变。相应地，需要推动农业发展方式向适度规模化、市场化、优质特色化、资本集约与现代化、信息化方向转变②。然而，由于中

① 《2018～2025 年中国农村土地流转市场现状调研分析及发展趋势报告》，http：//www.cir.cn/R_ JianZhuFangChan/90/NongCunTuDiLiuZhuanFaZhanQuShiYuCeFenXi.html。

② 谢培秀：《新常态下我国转变农业发展方式的思考》，《中州学刊》2016 年第 1 期。

国农业生产在相当程度上和未来的相当长时间内，是建立在家庭联产承包责任制为基础的农村经营体制上，仍然依赖传统的耕作方式和“一家一户”小农生产方式，农户数量大、经营规模小带来的农业比较效益低难以在短期内改变。党的十九大报告提出第二轮土地承包到期后再延长三十年，可以预见在未来的相当长时间内，在全国大多数地区，家庭承包经营责任制仍然是农业生产的主要经营形式，由此带来的农业生产规模较小、农业劳动生产率低下的状况将长期普遍存在，短期通过土地流转、家庭农场等方式难以彻底改变。农业家庭经营带来的生产规模过小，以及小农户面临的资本约束、技术服务约束、市场进入障碍和市场风险约束，难以适应规模化、组织化、市场化发展需要，导致农业附加值低、比较效益低下。农业生产的组织结构、主体素质和市场化适应度不高，农产品供给跟不上消费需求的变化，更谈不上引领、创造消费需求。例如，一方面，中国玉米等粮食作物出现阶段性、结构性过剩；另一方面，农产品质量安全仍处于不高的标准水平，农产品的品质结构与居民的消费需求存在差距，消费者对农产品的高端需求在市场上难以满足，导致供求关系出现结构性失衡。

三是财政支农资金使用效率低下。虽然每年中国政府为扶持“三农”发展投入了大量的财政资金，但财政支农资金多头管理、交叉重复使用、投入分散、使用效益低下的问题仍然没有从根本上得到解决，由于资金分散，发挥不了整合资源、整合农民、整合产业的杠杆作用，资金使用效益低下，阻碍制约财政支农资金整合的体制机制依然没有破除，严重影响了财政支农资金效益的发挥和政策目标的达成。财政资金大多落脚于新农村的基础设施与社会保障建设这类“普惠式”、福利型项目，很难涉及产业转型与村庄发展，在提高农民福利的同时，社区治理缺乏资金来源。

四是农村非农产业发展面临多重约束。农产品精深加工不足，企业规模小，竞争力不足，创新动力不强，技术停滞不前，抗风险能力差，企业和农民的合同没有得到严格的执行，道德风险不断发生等。第二产业发展水平和层次低，发展类型单一，农村非农产业发展相对滞后，农村工业企业规模小、实力弱、技术含量低的状况没有明显改善，缺乏规模效应和积聚效应，难以带动农村劳动力就地转移。由于农村第三产业服务功能开发不足、关联程度低，商贸业和物流业规模小、发展滞后，旅游业和休闲业管理混乱，对游客吸引程度不足。很多农村地区的“绿水青山”无法转变为“金山银山”。

五是农村社会治理面临新的调整。2006 年中央决定全国范围内免除农业税，这一政策在减轻农民负担的同时，也使得基层政权实现了从“汲取”向“悬浮”的转变。农业部的数据表明，截至 2016 年年底，在统计的 55.9 万个村中，村集体没有经营收益或经营收益在 5 万元以下的村有 41.8 万个，占总村数的 74.8%；经营收益在 5 万元以上的村有 14.0 万个，占总村数的 25.0%①。在笔者调查的旌德县样本村，收入来源只有 178800 元，但支出却高达 377160 元；全县 2016 年经营收益 5 万元以下的村占 47%，5 万~20万元的村占 20%；2017 年 5 万元以下的村占 33.8%（预计），5 万~20 万元的村占 48.5%（预计），大部分村集体入不敷出。部分偏远、区位优势不明显的农村社区，由于缺少资源，集体经济组织处于松散或半松散状态，收入常年只有几万元或几千元，有的甚至资不抵债，集体经济“统”的功能几近丧失，陷入停滞状态。部分村庄既无可经营性资源又无可开发项目，吸引不来资本，从而导致集体经济长期无经营性收入甚至负债累累，成为所谓的“空壳村”。如何进一步发挥统分结合双层经营体制的优越性，通过改革激活、释放农村生产力，成为一道现实难题②。同时由于农村产业的“空洞化”倾向，大量农村劳动力进入大城市务工，农村“空心村”现象突出。“386199”（留守妇女、留守儿童和留守老人）现象非常普遍，社会问题突出③。村庄发展越来越多地呈现两种模式：一是个体理性主导的分散发展，对于村庄来说“无发展”；二是由国家支农资金主导的社区基础设施建设，但村庄经济状况与社区福利并未显著改善④。

六是农村生态环境建设任重道远。农村生产生活垃圾的收集、运输和

---

① 数据来源：http：//journal. crnews. net/ncjygl/2017n/d8q/njtj/69904_ 20170817114234. html。

② 王东京、王佳宁：《“三变”改革的现实背景、核心要义与推广价值》，《改革》2017 年第 8 期。

③ 毛锋、张安地：《“三元结构”发展模式与小城镇建设》，《经济经纬》2007 年第 5 期。

④ 陈靖：《村社理性：资本下乡与村庄发展——基于皖北 T 镇两个村庄的对比》，《中国农业大学学报（社会科学版）》2013 年第 3 期。

处理的体系还不完善，垃圾处理的基础设施建设严重滞后。很多地区的农村普遍存在没有公厕、路灯，无垃圾清扫人员、设备和处理场所，更谈不上相应的污染处理系统，农村中的“脏、乱、差”现象仍然普遍存在。以上问题的根源还是农村集体经济收入微薄，缺乏用于农村社区环境治理的资金。同时，农村面源污染治理也存在很大的改善空间。

七是农民增收难度加大。从全国范围来看，农民的主要收入来源是家庭农业经营性收入和外出务工收入，财产性收入占家庭纯收入的比例很小。2016 年，农民人均种植业收入名义增长率为 1.1%，而同期 CPI 上涨 2%，实际收入是负增长。经济增速的放缓导致农民工资性收入增幅下降，2014 年和 2015 年的增速分别比上年回落 0.5 个和 0.6 个百分点，而农民工的食品及房租支出却增长较快①。而农民的财产性收入更少，仅占 1.63%，这些财产性收入主要来自土地承包经营权流转，农民的其他资源产权几乎没给他们带来任何经济收益②，如何增加农民的财产性收入，拓宽农民增收渠道，把“绿水青山”变成“金山银山”，既是增加农民收入的现实问题，同时也具有很大的增长潜力③。

（三）“三变”改革促进乡村振兴的路径

从理论上来看，“三变”改革有助于促进农业的规模化、专业化、市场化经营，增加农民和村集体的收入，因此，“三变”改革与乡村振兴具有高度的内在一致性。

1. 促进了农业规模化经营

“三变”改革有效推动了资源要素有序流动、优化重组，改变了农村集体资产、房权、林权、地权、水权、收益权、人力资源等资源分散、凌乱甚至闲置的配置状态，实现了土地、林地的集中连片化、规模化经营，解决了传统农业生产过密化、细碎化、生产率低下问题，实现了内部规模

① 朱俊峰、郭焱：《农村发展改革面临的主要难点和风险点》，《中国发展观察》2017 年第 Z2 期。

② 符刚等：《推进我国农村资源产权市场化的困境与路径选择》，《农业经济问题》2016 年第 11 期。

③ 王东京、王佳宁：《“三变”改革的现实背景、核心要义与推广价值》，《改革》2017 年第 8 期。

经济。例如，在六盘水的“三变”改革中，主要通过政府国有企业代表村集体和农民掌控一级资源，在农村民房、耕地、山林、草地、河流和“四荒地”等资源所有权、承包权不变的前提下，以经营权作价入股经营主体。而在安徽（旌德县、郎溪县）的实践中，则通过成立村集体经济公司、村股份经济合作社或村集体直接将集体土地、林地、水域等资源要素和闲置的房屋、设备等，通过协商或者评估折价后，投资入股经营主体，按股权比例获得收益分红。不管具体的形式如何，“三变”改革通过盘活集体资产、农户个人权利，最终扩大了经营主体的经营规模，实现了产业的集中连片发展。提高了农业生产的机械化程度和农民的组织化程度，实现规模化经营和集约化生产，有利于实现农业现代化。

“三变”改革扩大经营主体的另一种形式是通过将财政支农资金在一定范围内进行整合，量化到村集体和农户，通过契约合同入股的方式，集中投入经营主体，集体和（或）农户按股权比例获得收益分红，改变了财政支农资金散、乱的配置状态。财政支农资金注入后，转变为生产经营主体的资本金，最终也有助于各类承载主体扩大再生产。

同时，“三变”改革通过引入新型农业经营主体，或者通过将农户家庭为主的生产单位转变为资源或资金入股规模化经营主体，不同程度上提高了农业生产经营主体的规模，有助于农业生产和农产品市场基础设施建设规模的扩大，产业管理能力的提升，农业资本存量的增加，农产品市场营销能力、流通能力的提升，农业产业链整体效益的提高，农业内部的分工和农业服务化体系的完善，进而提高农业生产的外部规模经济。

2. 促进了农业专业化经营

“三变”改革改变了农业生产以小农户兼业为主的格局，既通过入股引进新的市场经营主体，又为新型农业经营主体发展提供空间界面和依托载体，实现了农业生产经营的专业化，提高了农产品的商品率和市场化水平。既有助于农业多元经营主体的形成、农业规模化和集约化程度的提高，也有助于非农领域资本和技术等现代要素的引入①。促进新型农业经

① 高帆：《激励相容与农业供给侧结构性改革的实施逻辑》，《天津社会科学》2017 年第 4 期。

营主体利用现代市场经济观念和组织方式来管理、发展农业，开始根据市场需求的变化，根据区域资源禀赋，因地制宜，谨慎选择专业生产方向，在市场规律作用下将区域资源禀赋优势转换为农产品特色优势，推动了农业产业结构调整；利用在资金、技术、管理等方面的优势改造传统农业，把农村沉睡的资源资产充分盘活起来、流动起来，发挥了财产性价值属性和资本属性。

“三变”改革将农村社会兼业为主的小生产转变为专业化大生产，将家庭农业转变为现代化农业，将自给自足和小商品农业转变为产业化、市场化、品牌化农业，从而能够大幅度提高农业劳动生产率，获得良好的规模效益，充实集体经济，提高农民收入和经营者利润。也即实现资本对小农的改造，提升生产效率、改善生产方式，促进产业转型升级。同时，农民的生产服务由自我服务向社会化服务转变，农业生产要素由内部配置向社会化配置转变。

3. 促进了农村资源市场化运营

“三变”改革带来的新型农业经营主体给农村带来了资金、技术、知识等新的生产要素，促进了具有扩张特性的资本与传统生产要素进行最优化配置，使传统农业经济向现代农业经济转型。带来了农业经营理念和方式的巨大转变，把闲置和低效利用的农村资源有效利用起来，促进了农村资源市场化运营，具有较高的生产率和适应市场需求的产品结构、品质结构，通过规模生产与大市场有效对接，提高农业市场收益。“三变”改革将集体产权以股份化运作方式盘活资产，不仅实现土地、劳动力等发展要素市场化，激发了生产要素的潜在价值与经济效益，而且实现资源变资产、资金变股金，直接实现自然资源的价值增值①。新型农业经营主体根据市场供求状况调整生产结构和数量，提高优质、绿色、高端、有机农产品的供给，能够从根本上解决供给侧结构极不合理、农民收入水平难以提高的问题，显示出极大的市场适应力。

4. 促进了农民收入增加

“三变”改革增加了农民的财产性收入。通过用集体所有的资源入股

---

① 张绪清：《农村“三变”改革助推精准扶贫的政治经济学解析——基于六盘水的地方性实践》，《贵州师范大学学报（社会科学版）》2017 年第 1 期。

企业，使原本难以发挥作用的集体土地、道路、水面等具备生产要素功能的资源开始变现；让分散的资金，包括扶贫资金进入企业变为股金，按期分红；农民将土地承包经营权折价入股企业，分享红利。“三变”改革给予了农民更多的财产权利，包括农民的土地承包经营权以及流转权和入股权、农村集体经营资产股份权等权益。农民的收入由过去的土地种植收入、务工收入转变到土地租金、务工收入、股份分红兼得，增加了农民的收入。例如，“三变”改革前，六盘水有大量林地和水域闲置，而且农民的承包地与房屋皆无完整产权。“三变”改革将其确权给农民后，农民不仅可用土地、房屋入股，还可用树木、河流入股，如此一改，农民就有了自己的资产。农民将自己资产入股，成了股东，于是就有了资产性收入。同时，针对财政投入农村资金点多面广、投入分散、作用发挥不明显的问题，水城县采取集中投入、产业带动、社会参与、农民受益的方式，使分散的资金聚集起来，实现资金使用的效益最大化。将财政投入到村的各类发展类资金（除补贴类、救济类、应急类外），转变为村集体和农民持有的资金，投入企业、合作社或其他经济组织，形成村集体和农户持有股金，按股权比例分享收益，使财政分散和投入交叉重复的资金不再浪费而是合理配置①。

“三变”改革同时增加了农民的经营性收入和工资性收入。农民的付出与收获之所以不成正比，归根结底是缺乏社会有效组织，导致生产效率低、交易成本高，农民无法融入国内国际两个市场，因此弱化甚至丧失农产品在流通、交易环节的收益。“三变”改革通过农业产业链的延伸，一方面，通过提高农产品的附加值和拓展市场空间，增加农民的生产经营性收入，另一方面，可以提供更多的就业岗位，增加农民的工资性收入。

5. 提升了村社治理能力

“三变”改革促进了农村经济的再集体化，提升了村社的治理能力。“三变”改革通过采取国家财政资金入股、村集体土地流转入股、集体资产入股、村集体资金入股等多种模式，盘活了农村集体资源、资产、资

---

① 哈文丽：《“三变”变出新天地——水城县农村资源改革探索》，《当代贵州》2015 年第 23 期。

金，让分散的资源聚集化、模糊的产权清晰化、集体的资产市场化，增加村集体在产业发展中的分红比例，探索出一条壮大村级集体经济的新路子①，在一定程度上解决了村级组织无钱办事的难题，破解了集体经济长期虚置化和缺位难题②。在调研的几个地区，将属于村集体所有的耕地、林地、草地、“四荒地”、水域等自然资源经营权作价入股经营主体，按比例获得收益；或将分散扶持农村集体的财政资金进行整合，折股量化给村集体后入股经营主体，村集体获得了长期分红收益③。

同时，在“三变”改革实施过程中，村级组织起到了积极的中枢连带作用。盘活资源、组织入股、调解纠纷等每一项工作都需要村级组织的有效组织和参与，有效地锻炼了村干部，密切了村干部和群众的联系。在“三变”改革推进过程中，随着村级集体经济财力的增加，进一步提高了村干部的待遇，极大地调动了村干部的积极性，一批经济能人、致富能手积极加入党组织④。同时一些新型农业经营组织利用自身人才、资金、技术等优势，积极参与农村社会事业建设，有效改善了农民生活条件⑤。

（四）“三变”改革促进乡村振兴的内在机制

“三变”改革是一个综合性的改革，将农业规模化经营主体、村社、农民、基层政府等乡村振兴战略实施主体变成利益共容体。相比较其他单项改革，“三变”改革通过交易成本节约机制、知识溢出和转移机制、资源深度开发机制、利益共容机制和风险约束机制，有效促进了乡村振兴。

1. 交易成本节约机制

“三变”改革改变了农村社会过去资源散、农民散的状况，为外部经

---

① 张绪清：《农村“三变”改革助推精准扶贫的政治经济学解析——基于六盘水的地方性实践》，《贵州师范大学学报（社会科学版）》2017 年第 1 期。

② 张绪清：《农村“三变”改革助推精准扶贫的政治经济学解析——基于六盘水的地方性实践》，《贵州师范大学学报（社会科学版）》2017 年第 1 期。

③ 顾国：《毕节市农村“三变”改革工作做法及成效》，《中国农业信息》2017 年第 14 期。

④ 李万军：《“三变”：推动农村发展的实践样本》，《理论与当代》2015 年第 10 期。

⑤ 李家祥：《工商资本下乡经营农业：机遇与挑战》，《求实》2016 年第 7 期。

营主体进入农村社会节约了交易成本。中国农村改革 40 多年来以“去组织化”为特征的实际经验日趋凸显着一种内在矛盾：正是为了构建市场经济体制的目标而强力推行的户营经济本身，使得任何外部主体都不得不面对高度分散的兼业化小农经济所带来的契约关系难以维护（或维护成本过高）的困境①，任何外部主体在进入农村社会时都面临着村集体资源底数不清、产权不明晰、农民资产确权滞后等问题，面临与分散农民之间交易费用过高的约束。同时，农业生产自然约束下的生产结果不确定性和农业生产地域分散性，使得公司化与集体化的经营模式安排面临高监督和组织协调成本。“三变”改革通过集体资产清产核资、成员界定、折股量化，改变了资源散、农民散的现状，为外部经营主体进入农村社会节约了交易成本。

由于集体经济组织一直是个模糊的法律概念，没有相关的法律规定给集体经济组织发证。为解决这一问题，水城县、曲水县等开展“三变”改革试点的地方政府从推进农村产权制度改革入手，通过组织动员、调查测绘、方案议决、结果公示等程序，推动农村集体土地所有权、集体建设用地使用权、宅基地使用权、土地承包经营权、林权、房屋所有权等资产进行确权登记颁证。通过对农村资源核查清理、登记备案、资源评估，对农村可经营性资产进行量化，并通过协议的方式，将农村资源转变为企业、合作社或其他经济组织的股权，探索出了土地承包经营权股权化、集体资产股份化、农村资源资本化的发展模式，盘活了农村闲置资源，增加了农民收入②。通过投资入股，变普惠性、福利性的财政资金为发展型、产业型的资金。

正如诺斯所言，制度是个人与资本存量之间、资本存量与劳务产出及收入分配之间的过滤器。完善的制度结构伴随着更高的资本流入，而坏的制度结构意味着更少的资本流入③。“三变”改革改变了农村社会过去资

---

① 建设社会主义新农村目标重点与政策研究课题组，温铁军：《部门和资本“下乡”与农民专业合作经济组织的发展》，《经济理论与经济管理》2009 年第 7 期。

② 哈文丽：《“三变”变出新天地——水城县农村资源改革探索》，《当代贵州》2015 年第 23 期。

③ 李家祥：《工商资本下乡经营农业：机遇与挑战》，《求实》2016 年第 7 期。

源散、农民散的状况，节省了外部经营主体进入农村社会的交易成本，促进了新型经营主体的进入。

2. 知识转移机制

“三变”改革过程中，外部经营主体的引入会发生各种各样的资源、信息、知识的交流和交换，产生了知识溢出效应，有助于农业技术进步与农业人力资本提升，有利于排除传统农业的“高水平均衡陷阱”①。知识溢出过程是不同主体之间通过直接或间接方式进行互动、交流，并在此过程中发生的无意识的传播过程②。“三变”改革过程中的知识溢出效应通过以下几个途径发生：一是基于知识人才流动的知识溢出。“三变”改革过程中外部经营主体的进入带动了科技人才、管理人才等向农村的流动，促进了科技、管理知识在农业生产中的扩散和传播，有利于提高农业生产者素质，促进农业生产发展。二是企业家创业的知识溢出。“三变”改革过程中外部经营主体投资农业，以工业理念来谋划发展农业，工商企业家拥有的创意、专利等通过面对面交流、产业化经营等方式，对其他农业经营主体产生示范带动效应即学习效应，帮助其他经营主体提高生产效益、增加收入。三是产业投资的知识溢出效应。“三变”改革过程中外部经营主体进入农业生产经营各个环节，通过前向联系和后向联系带动技术知识溢出，促进农业产业链的培育和发展。四是专业化分工带来的知识创造和溢出。“三变”改革带来的新型经营主体进入和市场范围扩大，从生产组织层面促进了专业化和劳动分工，从资源配置层面实现了规模经济，二者共同促使生产和交易成本下降，劳动力流动成本和匹配成本减少③，促进了知识的创造、扩散和使用，出现“分工一般地取决于分工”的现象，并产生动态累积效应。

3. 资源深度开发机制

“三变”改革过程中交易成本的降低吸引了经营能力强的企业的进入，促进了分散的资源和资金向新型经营主体的聚合，提高了农业生产活

---

① 赵勇、白永秀：《知识溢出：一个文献综述》，《经济研究》2009 年第 1 期。

② 赵勇、白永秀：《知识溢出：一个文献综述》，《经济研究》2009 年第 1 期。

③ 齐讴歌、赵勇、王满仓：《城市集聚经济微观机制及其超越：从劳动分工到知识分工》，《中国工业经济》2012 年第 1 期。

动的规模化程度，有助于通过对市场机会的寻觅，促进了农村资源的深度开发和价值挖掘。

按照黄宗智先生的观点，小农所面临的挤压主要在流通领域，不在生产领域。“他们大多受到商业资本的摆布，在流通过程中丧失相当部分自己所可能得到的利益”①。由于分散经营的个体农户无法直接对接市场，更无法打造自己的品牌，农民就不能因为自己农产品独特的品质而得到高的经济回报。“三变”改革把农民与企业、合作社、家庭农场等经营主体有机连接起来，带动农户进入市场，将农业领域与消费者联结起来②，实现了外生型要素整合和内生型要素整合。

“三变”改革充分发挥各类农业经营主体的作用，实行规模化、集约化、现代化的农业经营模式，实现特殊资源的深度开发，增强特色农产品的竞争优势。例如，贵州省水城县大力发展现代山地特色高效农业园区，着力发展农产品保鲜、精深加工和精致包装为主体的第二产业，旌德县加快发展休闲农业、旅游观光农业和农业物流为主体的第三产业，实现农业的“接二连三”，提高了农产品的附加值和市场竞争力，促进了市场化农业的发展，使之成为“三变”改革的产业支撑③。在此基础上形成大批小城镇，突破城乡二元结构的制约。

4. 利益共容机制

“三变”改革以资本为纽带将集体、村民和企业利益紧密连接，契合了微观主体的行为逻辑，激发了企业、村社、农民、基层政府等各类主体的参与度和积极性，三者“各举一把号，同吹一个调”，形成工农互补、互利共赢的发展生态④。

农村社会的各项改革，如果不能有效解决微观主体的激励相容问题，则理论上完美的农业改革方案将很难真正落地，即使政府依靠自身的资源

---

① 黄宗智：《小农户与大商业资本的不平等交易：中国现代农业的特色》，《开放时代》2012 年第 3 期。

② 黄艳、秦趣：《六盘水“三变”改革新型农业经营主体发展研究》，《经济论坛》2016 年第 9 期。

③ 张义博：《农业现代化视野的产业融合互动及其路径找寻》，《改革》2015 年第 2 期。

④ 哈文丽：《“三变”变出新天地——水城县农村资源改革探索》，《当代贵州》2015 年第 23 期。

动员能力强制推进，其效果也必定难以持续并可能衍生出新的要素配置低效率①。“三变”改革让农民直接成为农业产业链、供应链、资金链、价值链的投资者和受益人②，让农民由旁观者变为参与者③。例如旌德县路西村将2574万元的经营性资产和可发包的资源性资产作为注册资本，成立了村集体经济公司，界定了1568名成员，设置了1568股人口股，每股折价1.64万元，463户农民全部领到了股权证，预计当年可以实现每股分红不少于100元。另外旌德县路西村引导219户村民以609亩农地经营权入股田园水稻种植合作社，每亩土地折合一股，共609股，农户按照每股“保底分红400元+按股分红”方式分红，2016年，每股除400元保底收益外，还实现了150元的分红。旌德县合庆村169户农户以480亩土地经营权入股，建立有机芦笋大棚种植基地，保底分红标准为560元/亩，然后再根据企业情况进行分红，预计芦笋成熟期每亩土地收益分红可达近1000元。

对村干部，各地也形成了相应的激励机制。例如，旌德县明确村干部不得在母公司领工资，但可以从公共支出中领取绩效工资。村干部的总工资由基本工资和绩效工资构成。村干部基本工资是农民平均年收入的2倍。2016年农民平均收入9900元，村干部基本工资19800元，绩效工资最高可以拿到基本工资的2倍。这里有一个双线管理机制。一是由组织部对村干部的工作进行考核，考核之后进行公示，由村民进行打分，系数为0.3~2.0，这个系数与基本工资的乘积就是村干部能拿到的绩效工资。各个村干部的绩效工资的总和不得超过集体经济收入。二是鼓励村干部通过领办合作社、控股子公司等方式，带动集体增收，获取合法收入（村干部可以在控股的子公司拿工资和分红）。

同时也考虑了不同层级政府尤其是地方政府的激励相容。例如贵州省水城县，在“三变”改革过程中，村集体以门面、资金入股，农户以资金、劳动力入股，收益按村集体占60%、农户占40%进行分红，既发展壮大了村集体经济，又带动了农户致富。旌德县对财政投入经营主体的资

① 高帆：《激励相容与农业供给侧结构性改革的实施逻辑》，《天津社会科学》2017年第4期。
② 岳振：《农村“三变”：打通农业市场化道路》，《当代贵州》2017年第3期。
③ 邸凌：《“三变”激发发展活力》，《当代贵州》2017年第30期。

金，项目资金的50%按照年收益率的5%算村集体的股份，比如财政投入到蔬菜大棚50万元资金，其中的25万元要算村集体的股份，每年要给村集体5%的固定分红，给5年。并对集体经济收益按照一定的原则分红（见表6－9）

表6－9　旌德县集体经济收益分红原则

收入阶段	分红原则
较低收入阶段	一般指集体经营性收入20万元以下。这一阶段是“以用为主，固定分，固定留”。2万元用于固定分红，1万元用于固定留存，其他部分用于公共支出。按每个村平均人口1800人来算，当集体经济达到20万元时，人均分红10元左右，17万元左右保障公共支出
中等收入阶段	一般指集体经营性收入20万元到50万元。这一阶段是“以分为主，固定留，固定用”。在低收入阶段分配的基础上，2万元用于固定留存，超出20万元部分的10%用于公共支出，其余部分全部用于村民分红。按每个村平均人口1800人来算，当集体经济达到50万元时，人均分红150元左右，20万元左右保障公共支出
较高收入阶段	一般指集体经营性收入超过50万元。这一阶段是“以留为主，固定分，固定用”。在中等收入阶段分配的基础上，超过50万元部分的10%用于村民分红，10%用于公共支出，其余部分全部留存用于滚动发展

5. 风险防范机制

各地在实践中，采取了很多风险防范措施，使得所推进的“三变”改革具有内在的风险防范机制，有效保证了集体资产保值增值问题，确保了财政资金不流失、农民利益不受损；并采取多种监督措施形成对村社权利“溢出”的制约。

金寨县为了保障入股农户的权利，采取的主要方式包括，保底收益有3个方面：确保以土地入股的农户分红收益不低于同期土地的租金收益；二是确保以扶持资金入股的贫困户年度分红收益不低于入股资金的10%；三是确保以财政项目资金量化入股分红收益不低于按基准贷款利率计算的利息收益。固定分红方面：要与企业协商好。比如第N年“保底收益＋50元”等。

旌德县在具体实施“三变”过程中，坚持母公司（即集体经济公司）不经营原则，和市场主体合作，让市场主体来经营运作。做到按市场规律办事，发挥市场经济效率优势，避免走“吃大锅饭”的老路。通过发包租赁、简单自营、投资入股、委托运营、全域旅游等多种路径发展集体经济，为集体经济提供稳定收入，母公司统筹收益支出，按章程进行公益提留、村民分红。并制定了村集体经济监督管理办法，通过内部监督（董事会、监事会）、村级监督（村民监督委员会）、乡镇监督（镇党委、三资管理中心）、县级监督（县财政、审计部门）等多层次监督，严控廉政风险。制定了集体经济公司财务管理办法，母公司账务由乡镇“三资”代理中心统一代理。另外为了防止贪污舞弊，审计公司每三年会对子公司进行一次审计。同时，为防范市场风险，采取以下措施：①承担有限责任。母公司本身是有限责任公司，同时母公司只以有限的出资额在子公司中承担风险；②保底收益＋按股分红。母公司和子公司在入股时要签订保底收益；③增量为主，不动存量。即入股资金以扶持资金和结余基金为主，不动存量。

拉萨市曲水县提倡同一标准对待全体参与量化分配农村集体资产的成员，每个成员量化分配农村集体资产份额（股份）相同，以避免出现“不患寡而患不均”的矛盾纠纷。成员拥有所在农村集体经济组织知情权、参与权、表达权、监督权等民主管理权利，按“一户一票”或“一人一票”方式行使民主表决权利。

由于清产核资、成员界定、折股量化后，集体资产的产权关系得到明晰，强化了村民对集体资产的关注度、参与度和监督力度，这也使集体资产管理变得更加有序①。

（五）结论与启示

正如舒尔茨所指出的那样，改造传统农业，必须加强对农业的资本投入，同时必须“向农民进行特殊的投资，使他们获得新技能和新知识，以实现农业经济增长”。黄宗智指出，小农与资本结合后反而使小农家庭生产更加稳定②。本章的分析表明“三变”改革具有内在推动农村经济社

① 王运宝：《“三变”与激活：旌德农村股改“多赢效应”调查》，《决策》2016 年第 6 期。

② 蒋永甫、何智勇：《资本下乡与现代农业发展中的农民组织化路径》，《云南行政学院学报》2014 年第 5 期。

会发展的机制和动力。

在调查中也发现，“三变”改革也存在以下一些问题：一是资源破坏风险。由于新型农业经营主体的业务多以旅游观光、规模化种养殖为主，为了追求利益最大化，可能会对农村资源破坏性利用。同时，由于新型农业经营主体多为规模化经营，土地（耕地、林地、草地等）的本来风貌被破坏，将来农民退股，恢复农业生产也存在一定困难。二是如何引进有实力的农业经营管理主体。由于农业经营风险高，引进有实力的农业经营管理主体是“三变”改革成功与否的关键，而现实中，很多地方难以引进实力雄厚的经营主体。三是部分村庄“三变”改革比较滞后。有些乡村的基础设施条件不好，且山高路远规模小，资源禀赋匮乏，在选择合作主体上存在着困难。

未来，为了进一步推进“三变”改革工作，促进乡村振兴和城乡一体发展，应该从以下几个方面着手：一是进一步加快推进农村集体产权制度改革，构建“归属清晰、权能完整、流转顺畅、保护严格”的农村集体产权制度，激活农村集体资产、资源，增加农民财产性收入，共享社会发展成果。二是从融资、用地、税收、配套基础设施等方面进一步加大对引进的新型农业经营主体的扶持力度，确保企业能有盈利空间，实现“招得进、住得下”，防止企业无盈利而“走路”。三是建立农村“三变”改革的风险补偿制度。由于农业经营过程中面临自然风险和市场风险双重风险，政府应积极探索和创新设立政府性风险补偿保障金，大力发展各类特色农业保险，有效预防和积极应对在“三变”改革过程中可能出现的各种风险。四是政府需要发展产业发展、产权交易、金融服务、信息服务等“三变”改革需要的平台，为“三变”改革提供坚实保障①。最后，调研中，很多乡村的“三变”改革相对滞后，显然，不能单纯归结于基层政权的不作为，资源禀赋差异是必须面对的现实约束，因此，需要因地制宜推进“三变”改革。

---

① 张亿钧等：《农村“三变”改革：实践与思考——以安徽省旌德县三溪镇路西村为例》，《中国合作经济》2017 年第 4 期。

三 精准扶贫对城乡一体化的影响

党的十八大后，全国范围内如火如荼地实施精准扶贫战略。2015 年 6 月 18 日，习近平总书记在贵州召开部分省区市党委主要负责同志座谈会时指出，“消除贫困、改善民生、实现共同富裕，是社会主义的本质要求，是我们党的重要使命”。在消除贫困、改善民生，帮助贫困群体走上脱贫致富的道路，早日步入小康社会，实现中华民族伟大复兴的中国梦的同时，形成的科技扶贫、教育扶贫、金融扶贫、信息化扶贫、健康扶贫等一系列扶贫措施和手段，对推动贫困地区“城乡一体化”建设，实现城乡融合发展也具有重要意义。而就当前“精准扶贫”与“城乡一体化建设”国内外研究现状看，鲜有将“精准扶贫”与“城乡一体化建设”纳入统一研究框架，系统探究二者动态关系的文献资料。而借助逻辑推演，深入挖掘精准扶贫作用城乡一体化建设方式、路径及影响程度的理论成果更是凤毛麟角。这就势必造成精准扶贫作用于城乡一体发展路径不清、方式不明，制约精准扶贫推进城乡一体化建设进程。

基于此，本研究立足于我国农村发展两大热点问题“精准扶贫”与“城乡一体化建设”，借助逻辑推演方式，梳理精准扶贫作用城乡一体化建设方式、路径、程度，挖掘精准扶贫战略实施中的问题、缺陷，并提出相应的改进策略，以期最大限度发挥精准扶贫推动城乡一体化成效，破解我国“二元”经济发展格局，实现全面小康。

（一）贫穷产生的理论分析

1. 贫困文化理论

美国学者奥斯卡·刘易斯（Oscar Lewis）于 1959 年在其著作《五个家庭：墨西哥贫穷文化案例研究》中提出，贫困文化是贫困群体在与环境相适应的过程中产生的行为反应，并且内化为一种贫困人群的习惯和传统文化，它的特点是对自然的屈从感、听天由命、对现实社会的无力无助和无动于衷、对主流社会价值体系的怀疑等，形成对主流社会的相对隔离。贫困文化使得贫困群体即使有机会走出贫困也不会付出努力，而贫困人口之间的互动形成脱离社会主流文化的贫困亚文化，贫困文化具有自身的模式和代际的传递性。在这种贫困文化的熏染下，形成一种低水平的经济均衡和社会生态，并在贫困地区和贫困群体中一直延续。

2. 资源要素理论

纳克斯于1953年提出的贫困恶性循环理论主要从供给和需求两个方面的循环来论述，认为经济中存在若干互相联系、互相作用的“恶性循环系列”。从供给来看，低收入导致贫困群体要把大部分收入用于消费，导致储蓄率低下，资本无法形成，劳动生产率无法提高，产出水平较低，进而收入水平较低；从需求来看，低收入导致贫困群体的购买力水平低下，引发投资水平不足，资本形成不足，进而生产率水平较低，其结果就是低水平产出和低水平收入交织在一起。美国经济学家利本斯坦于1957年提出了“临界最小努力”理论，认为在不发达经济中，经济发展的努力达不到一定水平，提高人均收入的刺激就难以克服发展障碍，无法冲破低水平均衡状态。要摆脱贫困状态，对增长的刺激必须大于临界最小规模。姜德华的研究把贫困的原因归结于对自然资源的不合理开发或者是过度开发导致环境恶化从而造成深度贫困、交通闭塞，认为如何把贫穷地区丰富的自然资源逐步转化为产品优势和商品优势是脱贫的关键①。

3. 人力素质贫困理论

美国学者舒尔茨（T. W. Schultz）于1960年提出，经济发展取决于人的质量，而不是自然资源的丰瘠或资本存量的多寡。他认为，人力资本的匮乏而不是物质资源的匮乏是贫困地区落后的根本原因；由于贫穷人群普遍缺乏冒险精神，易于安于现状，进取心较弱、依赖性较强，更愿意听天由命，因此，人的素质贫困是贫困群体贫困、落后的本质原因；因此他认为加强发展教育事业，促进贫困人群的人力资本形成，进而转换经济结构，保持经济可持续发展。

4. 系统贫困理论

系统贫困理论从一个更广阔的视野来研究贫困，认为贫困是由诸多综

---

① 姜德华等：《中国贫困地区类型划分及开发研究提要报告》，《地理研究》1988年第3期。

合因素相互影响、相互作用的结果。贫困不是单纯的收入问题，而是涉及教育、健康、社会资本、资源环境以及公正、公平等各个层面的制度问题。著名经济学家、诺贝尔经济学奖获得者阿玛蒂亚·森认为，贫穷是基本能力的剥夺和机会的丧失，而不仅仅是低收入①。

（二）精准扶贫作用于城乡一体的路径

就当前我国贫困地区精准扶贫策略来看，主要包括教育扶贫、健康扶贫、科技扶贫、金融扶贫、信息化扶贫、易地搬迁扶贫等相关方面。这些措施在推动精准扶贫的同时，也推动了当地的城乡一体化建设。

1. 教育扶贫

由于贫困人口的文化素质普遍相对较低，教育水平低下地区和群体的贫困发生率相对较高，大力开展针对贫困地区和贫穷群体的教育扶贫，通过智力扶贫开发人力资源，通过教育帮助贫困人口脱贫致富、改善境遇是当前最有效、最重要的手段之一。教育扶贫是指通过在贫困地区发展基础教育和职业教育，转变贫困群体思想观念，提升贫困群体知识技能，使贫困群体掌握彻底摆脱贫困的能力，进而实现脱贫致富的一种精准扶贫策略。教育扶贫直指贫困地区贫困落后根源，体现国家“扶贫扶智（志）”重大扶贫构想，是当前国家精准扶贫战略的核心构成部分，在全国各贫困地区得到重点推行。伴随教育扶贫事业在贫困地区的开展，教育扶贫的具体方法和手段也日益丰富。目前，全国范围内应用较为广泛的成熟的教育扶贫手段主要有开办“教育培训班”、剩余劳动力转移就业培训、建立现代远程教学站、实施教育扶贫工程、设立教育扶贫基金等。

通过相应的教育扶贫方法和手段，一方面，可以使贫困地区和贫困群体享受高质量教育资源，提升贫困群体知识文化技能，使其可以通过自己的双手创造未来，根除贫困；另一方面，通过给贫困群体灌输先进文化，可以显著转变贫困群体落后陈旧的思想观念，激发贫困群体发家致富内生动力，使其由被动扶贫向主动发展转变。此外，在贫困地区开展教育扶贫，引导城镇先进教育资源向农村转移，也是实现城乡教育公平的一个重

---

① 谢君君：《教育扶贫研究述评》，《复旦教育论坛》2012年第3期。

要体现，对激发农村发展活力，提升农村发展动力也具有重要意义。与此同时，转变贫困群体思想观念，提升贫困群体知识文化技能，推进贫困群体增收，缩小城乡收入差距，以及激发农村发展活力，提升农村发展动力则又对推进城乡一体化具有重要意义。

2. 健康扶贫

健康扶贫理念发端于2015年12月《中共中央国务院关于打赢脱贫攻坚战的决定》的发布。其核心思想为：健康扶贫是政府为有效解决农村贫困地区“因病致贫、因病返贫”问题，运用公共权力和现代化信息手段，推动优质医疗资源和医疗保障资源向贫困地区转移，以提高贫困群体身体健康素质的相应的扶贫开发策略。推进健康扶贫，要重点解决好“看得上病”、“看得好病”、“看得起病”以及“少生病”等核心问题。当前，我国贫困地区健康扶贫模式应用比较广泛的包括两种类型：一是通过保障性和兜底性扶贫措施，提高贫困群体医疗报销水平和报销层次，为贫困群体提供无差别的医疗服务；二是以健康人力资本投资为目标，提升农村贫困地区基本公共卫生服务水平，加强贫困群体疾病预防控制以及对贫困群体开展健康教育等，降低贫困群体生病的可能性。

通过健康扶贫手段，一方面在及时、有效解决贫困群体疾病问题的同时，减少贫困群体的医疗费用支出、增强贫困群体抵御疾病风险能力；另一方面，增强贫困群体的身体素质，降低贫困群体生病的可能性，为其后续的可持续发展提供动力。减少农村贫困群体医疗费用支出，增强贫困群体身体素质，则可以有效缩小城乡收入差距，提高城乡一体化水平。

3. 科技扶贫

科技扶贫主要是指依托当前的科学技术，通过将科学技术引入农村和农业发展中，实现农村贫困地区资源优化利用，进而推动农村地区经济快速发展和农民持续性增收的一种综合性精准扶贫举措。科技扶贫始于20世纪80年代，当前比较成熟的科技扶贫模式包括三类：一是以市场为导向，借助先进科学技术，推动贫困地区对资源进行合理开发利用，实现贫困地区资源优势转化为经济优势，推进农村地区经济的快速可持续发展；二是结合贫困地区农业发展实际情况，在贫困地区农业生产中引进成熟、适用性强的农业生产技术，提升农业的生产质量和效率，推动农民增收；

三是立足治贫先治愚，通过建立科技示范网络和组织各种相关培训等方式，推动农业、科研、教育三者结合，提升贫困群体综合素质和生产技能。

依托科技扶贫，通过先进生产技术的引进和应用，一方面可有效推动农村各类生产资源的优化配置和利用，增强农村地区经济发展动能；另一方面，可以显著提升农业生产质量和生产效率，推动农民经营性收入增加。此外，科技扶贫同时一定程度发挥教育扶贫功能，增强贫困群体综合素质和生产技能，提升贫困群体创收、增收能力。

4. 金融扶贫

金融扶贫是基于当前我国贫困地区和贫困群体自身发展资金短缺的现实，依托金融机构的资源优势，借助保险、信贷等金融方法，向贫困地区和贫困群体提供合作性金融服务、商业性金融服务和政策性金融服务等，满足贫困地区和贫困群体发展生产资金需求①，实现贫困地区经济快速发展和贫困群体有效减贫、脱贫的一种扶贫模式。金融扶贫由传统财政资金扶贫衍生而来，可有效解决政府财政“输血式”扶贫效果差、效率低的问题。是“造血式”扶贫对“输血式”扶贫的替代，可有效带动农业产业、农户自身能力的发展，让农户依靠自己的双手摆脱贫困。目前，金融扶贫主要体现在两个领域：一是基于贫困群体自身生产经营资金短缺问题，依托金融机构的小额信贷服务，为贫困群体提供小额信贷资金支持，满足贫困群体生产经营资金需求；二是基于贫困地区基础设施建设和基本公共服务供给资金短缺的问题，金融机构向当地政府部门提供扶贫贷款，推动农村贫困地区基础设施和基本公共服务水平提升。

就金融服务的作用来看，一方面提升农村的基础设施和基本公共服务水平，为农村地区经济社会可持续发展提供坚实的外部支撑条件；另一方面，有效解决贫困群体发展生产资金短缺的问题，实现贫困群体稳定增收，有效缩小城乡之间收入差距。

5. 信息化扶贫

信息化扶贫是基于我国贫困地区处于信息化弱势和边缘状态，农业生

① 胡晓农：《新常态下金融助推精准扶贫的思考——基于农村金融供给侧视角》，《征信》2017 年第 1 期。

产规划、组织、经销信息化滞后，农村建设和公共服务信息化落后，农民信息化运用水平和信息化素养偏低的背景提出来的。落实信息化扶贫工作，核心在于完善贫困地区信息基础设施建设，健全贫困地区信息管理服务体系，推动贫困地区信息资源开发，进而提升贫困地区信息技术和信息资源的应用水平。

信息扶贫对农村贫困地区和贫困群体的影响主要体现在以下方面：首先，为农村贫困群体提供就医、计划生育、农业科技、致富信息、培训、劳动就业、社会保障等信息服务，拓宽农民的增收渠道和发展机会；其次，推动农村经济转型发展，实现农业跨越式、可持续发展，缩小城乡之间发展差距；再次，提升农民科学素养，增强农民知识普及能力，在农村培养出一大批信息化运用能手，为农村地区发展和小康建设夯实人才基础；最后，信息化扶贫也有利于消除两极分化，避免城乡之间的冲突和矛盾，推进城乡融合与稳定和谐发展。

6. 易地搬迁扶贫

异地搬迁扶贫是对于居住地地理位置偏远、生态环境恶劣、自然灾害频发，“一方水土养不活一方人”的贫困群体，将其整体搬迁到生产生活条件相对较好的地区，并给予一定的资金和政策支持，从根本上解决其可持续生计资本短缺问题的一种扶贫政策。在贫困群体异地搬迁过程中，普遍将易地搬迁贫困群体纳入产业当中，通过特色种养、扶贫车间、乡村旅游、公益岗位、资产收益分红等手段，实现贫困群体“搬得出、稳得住、能致富”的扶贫目标。

结合异地搬迁扶贫项目，将贫困群体由生态脆弱区集中或分散安置在生活生产条件相对较好的区域，同时推动其稳定就业，可以有效实现自然资源和社会资源的有效配置，提升贫困群体的可持续生计资本，促进贫困群体增收。此外，部分地区将贫困地区居民易地搬迁到城镇、工业园区安置，也在一定程度上推动了人口城镇化进程。

（三）精准扶贫战略实施中存在的问题分析

综合上述研究，我国精准扶贫战略对推进城乡一体化建设具有重要意义。而最大限度发挥精准扶贫战略的城乡一体化推进成效，应系统梳理和深入挖掘我国精准扶贫战略实施中的主要问题和缺陷，以保证我国的精准扶贫战略始终精准化展开。

1. 贫困农户识别不精准

贫困农户的准确识别是精准扶贫开发工作的第一步，是扶贫部门制定科学有效的扶贫政策的重要前提，也是扶贫工作见成效的先决条件。贫困农户识别有偏，会导致真正贫困的农户得不到应该有的资金支持或产业项目发展支持，依然处于贫困的窘态；而不贫困的农户则占用扶贫资金，以谋求个人利益最大化，从而加剧了村域或乡里农户之间的贫富分化。无论是确立产业扶贫项目，还是创新脱贫模式，首要的任务就是要对贫困农户的家庭基本状况，如人口、现有财产构成、收入来源、负债情况等进行全面系统的调查和分析。贫困农户的精准识别具体包括从全村农户中准确地甄选贫困农户，判定贫困农户贫困程度，了解致贫原因和发展诉求等四项基本活动。通过调研，发现贫困农户识别工作存在以下问题。

贫困农户识别程序不规范。自精准扶贫理念提出以来，各地各级扶贫开发部门均高度重视本辖区贫困农户的精准识别问题。基本流程由“农户自愿申请（上交贫困户申请书或返贫申请书）、村民小组评议、乡（镇）政府审核确认及公示、县扶贫开发领导小组复审和录入国家扶贫开发业务管理系统”五个环节构成。如果贫困农户识别不精准，扶贫部门根据贫困农户的贫困特征、致贫原因、生计资本等发展产业项目或创新脱贫模式，必然造成产业扶贫项目或脱贫模式与贫困农户基础条件不匹配的问题。通过安徽、江西、福建等多个省份贫困村庄的实地走访发现，由于扶贫开发小组工作人员与农户之间信息不对称，基层扶贫开发工作人员扶贫观念传统陈旧，贫困农户建档立卡的程序不规范、不公开、不透明，贫困农户的规模控制以及极少数村干部偏亲厚友而错误立卡等原因，导致贫困农户识别不准的现象依然普遍存在。

致贫原因调查过于粗糙。精准扶贫工作的核心环节是对贫困群体的致贫农户实施恰当的扶贫政策。只有准确总结贫困农户的致贫原因，才能保证制定的扶贫脱贫政策、设计的扶贫脱贫项目和创新的扶贫脱贫模式充分发挥扶贫脱贫带动效应，从而实现精准扶贫。当前，大部分乡村对贫困户致贫原因归结了三大类：因病致贫，因残致贫，因债务、缺技能或缺劳力致贫；还有些农户是因为地区自然灾害多发、多个子女上学成本高，甚至是婚嫁礼金高而致贫，这类致贫信息反馈不足，导致致贫原因调查不全面。而且在具体调查过程中，侧重家庭收入情况、房子情况，粮食产量和牲畜数量等信息的调查，缺少对贫困户生产技能、医疗保障、风险偏好、社会关系网络等信息的调查；此外，对不同致贫原因的农户的帮扶方法存在雷同，比如，每逢过年过节简单地给予物质（钱或粮）的救助，对于病残的特贫户，在提供低保兜底的前提下，还给予伤残生活补助。

对贫困农户发展诉求了解不透彻。扶贫政策和措施应在结合地区资源禀赋条件下，与贫困农户的发展诉求充分匹配，满足贫困农户增产增收的现实需求，才能有效激发贫困农户的参与主动性和积极性，也才能有效提升贫困农户对扶贫政策的认可度和满意度。调研发现，一方面由于贫困户长期处于或病或残状态，对自力更生的生活理念比较消极，没有清晰的向好发展的诉求，另一方面，由于部分基层扶贫工作人员对贫困户的发展诉求怠于过问，或即使了解了，但是后期未能针对贫困户的发展需求去建设产业扶贫项目或创新扶贫模式，即存在扶贫项目粗放“漫灌”，针对性不强，做到的是“扶农”而不是“真扶贫”。

2. 贫困农户管理不到位

精准扶贫实施过程中，贫困户及时清理工作不到位，即已经脱贫的农户依然占用贫困名额，享受国家扶贫资金持续支持的状态。而且存在人情扶贫、关系扶贫现象，造成“应扶而未扶”的不公平、不公正，滋生腐败行为。表面上看是贫困户管理不当，扶贫工作过于粗糙，实则反映了基层干部的群众观和执政理念存在问题，不是将“民生”“民富”放在首位，而是以权谋私理念根深蒂固。

3. 扶贫资金投用效率低下

中央政府财政扶贫资金的大量投入在一定程度上对于缓解地区贫困、减少贫户农户、增加农户收入、改善民生、促进当地城乡一体化发展起到很好的作用。但是同时也应该看到，这种资金投入效率不高。一方面，扶贫资金分配机制不完善，扶贫资金投入“瞄不准”。为争取有限的扶贫重点县指标，获得可靠的中央财政资金支持，有些县（乡）政府申报不实，以虚假材料申报情况时有发生，结果导致扶贫资金未能真正用在贫困农户身上。由于缺乏明确的资金使用规章制度，扶贫资金投用的随意性较为严重。另一方面，财政扶贫资金存在多头管理，使用分散和交叉投入现象也较为普遍。如，扶贫办负责管理财政扶贫资金，民政部负责管理救助式扶贫资金，发改委负责管理以工代赈资金，而各个职能管理部门之间缺乏配合协调①。加之，从中央到地方资金下拨过程中，需要层层审批，手续烦琐。资金真正落实到农户手中时，往往错过产业项目最佳的开工时间。

4. 扶贫产业项目落实困难

扶贫产业项目从选择、发展到带动农户脱贫这一过程是综合因素作用的结果，而不是短短一两年内就能完成的，需要依托“农户自身努力 + 合作社带动 + 农业龙头企业”等模式。然而，实际操作过程中，产业项目的落实往往遇到产业项目选择有偏、产业项目实施缺乏持续的资金和劳动力投入、合作社或农业龙头企业规避失败风险等问题。首先，在扶贫产业项目选择方面缺乏专家指导，贫困农户绝大多数文化水平很低，对市场行情没有准确的判断和预期，也不懂得总结市场供求规律，在产业项目的甄选方面存在一定的盲目性。很多地区扶贫产业项目的开发缺乏规划性和长远性。其次，即使选对了扶贫产业项目，由于部分贫困家庭里青壮年劳动力外出打工，留守的大都是老人、妇女和儿童，他们根本无体力也无足够的经营管理经验来持续地推动扶贫产业项目的发展。最后，扶贫产业项目的持续健康发展，不仅需要未来的农畜产品适应市场需求，而且有通畅的销售渠道，确保农户在收获之后有利可得。然而，现实中部分专业合作社或是农业龙头企业在逐利和转移市场风险的发展理念下，无法实质性支持贫困农户的发展，最后导致扶贫产业项目运行两三年后便夭折，农户则处于返贫困境。

5. 精准扶贫措施单一难以形成合力

扶贫政策落实、扶贫资金投入和扶贫项目落地没有与当地的社会、经

① 匡萍：《对农村扶贫资金使用效率的分析》，《山西财政税务专科学校学报》2009 年第 5 期。

济发展规划相协同。比如，教育扶贫只是免去或资助贫困家庭的学费，而没有将教育和未来就业技能培养相结合；产业配置需要相应的人力资本支持，而很多地区的贫困农户自身素质无法适应扶贫产业项目发展的需要，在技能培训方面缺乏组织、缺乏技术支持。扶贫项目未能与当地的基础设施建设、乡村治理、市场供求状况等相结合，只为扶贫而扶贫。扶贫成效是政府引导和市场调节相互协调、融合后的结果，但现实中，往往出现二者的冲突和矛盾。比如，扶贫资金投入养猪养羊或大枣种植、西瓜种植等项目中，但是遭遇原材料成本上升或市场价格下跌，造成项目利薄甚至亏损情况。这样的扶贫措施不仅没有得到农户的认同，反而增添了农户对乡村政府不作为、胡作为的印象，人力、财力、物力投入没有产生应有的绩效。

6. 精准扶贫精准监管机制有疏漏

精准扶贫需要匹配精准监管。中央对扶贫工作的投入也要求各级纪检部门加强精准监管，为扶贫工作保驾护航。当前的精准扶贫监管工作存在的不足主要有：一是精准扶贫工作中的基层民主监督不强，工作透明度不高。有些乡村两级地方政府没有公开扶贫项目的落实过程，有的仅仅在村委会议上公布扶贫资金支持结果，而不是在全村群众中公开公示，同时存在村级委员“不敢监督”“监督无用”的思想理念。二是基层干部法纪理念不强，扶贫政策执行不严。鉴于村民自治的传统做法，乡镇纪委更多放手村民自我管理，因此，村级治理和监督都是缺失的。特别对于缺乏维持社区活动资金来源的乡村，往往出现村干部私分扶贫项目资金的违规违纪现象。三是监管人员设置不合理，监管考核指标体系不科学。比如，产业扶贫项目落地过程中，应形成专有的监管制度，设置专门的监管考核部门和人员，对产业项目的可行性以及实施过程中扶贫资金的投入使用和利润成果分配进行动态监管，及时发现产业扶贫项目运行中存在的缺陷和需要解决的问题，并做出有效调整。而现实情况是很多地方产业扶贫项目的运行无人进行有效监管和考核；即使有，也是由村委会工作人员来兼任，但是村委会工作人员日常事务烦琐，文化层次不高，很难发挥应有的监督作用。最终，产业扶贫项目的农户满意度也较低。

（四）精准扶贫战略推进对策建议

1. 精准识别扶贫对象

明确工作对象是做好任何工作、提高效率的前提，扶贫工作亦是如此。要将建档立卡作为精准扶贫管理的重要抓手，在扶贫农户识别过程中要有群众全程参与，遵守公开、公平、公正合理原则，民主评议和集中决策相结合，确保真贫农户进入帮扶范围。同时对致贫原因也要进行全面系统分析，达到精准识别，真正做到因户施策。

2. 创新扶贫模式

围绕精准扶贫目标，结合当地资源禀赋，坚持因地制宜，充分挖掘地方扶贫特色，形成独特的扶贫模式，改变传统一刀切的“补血式”帮扶方式。比如旅游开发扶贫、种植碳汇林扶贫、村级电商扶贫，在农畜产品种植和养殖方面采取“一村一品”的差异化开发方式，努力走品牌化道路。此外，要高度重视农户的教育扶贫，通过职业培训、技能培训等，提高贫困农户的思想道德境界和科技素养，提高其征服自然、改造自然并保护生态环境的能力，提高生存质量。同时，在这个过程中要规范扶贫资金使用，防止被挤占挪用、虚报冒领，最大限度地发挥好扶贫资金的作用。

3. 政府扶持与市场机制相结合

在一定程度上，多数农村贫困农户的关键贫困原因不在于生产能力低下，而是农畜产品难以实现市场价值得不到应有的利润回报。各级政府对扶贫产业项目的设计，不仅要关注到贫困农民的生产能力，更重要的是切实捕捉实现市场价值的机会，完善城市市场体系对农民收入的转化机制①，防止农畜产品价格周期性波动而损伤农户生产积极性。因此，要多元化打通生产、养殖、运输、存贮、流通和营销的通道，扶助农户增强抵御市场风险的能力。同时对那些导致贫困的制度安排进行变革，保障贫困地区和贫困人口的基本权利，进而建立健全帮助其彻底摆脱贫困的制度。

4. 完善监督管理机制

精准扶贫监管是落实扶贫工作的关键环节。需要进一步规范和完善扶

① 张兆曙：《城乡关系、市场结构与精准扶贫》，《社会科学》2018 年第 8 期。

贫项目管理制度、资金使用制度、公开公示制度、检举揭发制度等，真正从制度上、从源头上遏制腐败滋生。要将扶贫工作中的“优亲厚友、以公肥私”“蝇贪”等问题一个一个精准挖出来，形成一套深入基层的精准督查方法，杜绝扶贫资金“最后一公里”难题。总之，精准扶贫需要形成扶贫长效机制，政府主导与满足市场需求紧密结合，为贫困农户创造脱贫机遇，提高贫困农户的生存技能，不能简单扶贫，更要扶志，以避免贫困农户过度依赖政府的情况发生，彻底打赢脱贫攻坚战。

第七章

城乡一体发展的外生动力：新型城镇化

新型城镇化是未来中国经济增长的动力，是未来几十年中国经济发展最大的潜力，是解决城乡差距的根本途径。2018 年，中国城镇化率已达到 59.58%，尽管如此，我国的城镇化水平仍与经济发展水平极不相称，且城镇化的质量也难以令人满意；同时，中国城镇化道路的选择，不可能再像过去那样走高消耗、高排放、城乡分割、缺乏特色的传统城镇化老路，而必须走符合中国实际、嵌入各地区资源禀赋的特色新型城镇化道路。总体上看，改革开放以来，中国基本上走的是一条粗放外延式的城镇化道路，向新型城镇化转型面临诸多制约。如何从理论上建构合适的新型城镇化突破路径、耦合相关政策措施，从而突破新型城镇化的现实阻隔，具有重要的理论价值。传统的城镇化不仅造就了更加贫困的农村，也造就了城市中的大量贫民，拉大了收入分配差距。随着中国经济的发展，与之相关联的城镇化率和二元经济特征并未明显改观，反而累积形成了双重的二元经济结构，即城乡之间的二元结构和城市里面的二元结构。

随着新技术革命带来的经济增长方式的转变，以及国际金融危机以来全球经济再平衡和产业格局再调整，我国新型城镇化的外部环境正在发生深刻变化，全球城镇化和中国城镇化发展呈现出新趋势。同时，中国新型城镇化的伟大实践全面触及整个社会的结构性变革，将推动中国走向第三次社会变革的历史性跨越，其承载的远远超越传统城镇化的含义和范畴。中国的大国特征也使得其他国家城镇化过程中的经验难以简单复制。

新常态下，中国的城镇化有两种主要方式，这两种方式均有助于促进城乡一体发展。第一种方式是人口和产业向中心城市和城市群集聚。近年来，人口和产业向中心城市和城市群集聚的态势越来越明显，成都、郑州、重庆、武汉、石家庄、哈尔滨等城市的市域总人口均已经超过了千万大关，杭州、西安等城市正在向超大城市迈进。京津冀城市群、长三角城市群、珠三角城市群等世界级城市群逐步形成，长江中游城市群、山东半岛城市群、海峡西岸城市群、中原地区城市群、成渝地区城市群等正在不断发展壮大。人口和产业向中心城市和城市群集聚促进了要素的集聚，有助于农民工的外出转移，形成对农业产业化的带动作用，也有利于城市和城市群的辐射作用的发挥。第二种方式是就地城镇化。新常态下，以农民集中居住、农村新社区建设为主要形式的就地城镇化也如火如荼地展开。在城市房价不断高企、中央明确赋予农民更多的财产权利、农村公共服务水平提高的背景下，中国农民进城、市民化的意愿出现了下降趋势①。就地城镇化是在农民原居住地以中心村或小城镇为依托，通过不断健全完善公共设施、公共服务和社会公共事业，促进人口集聚居住，逐步实现城镇化，进而实现农民就地非农就业和就地市民化的一种城镇化模式②。

一　城市规模对农业现代化的影响

（一）引言

农业现代化的实现不仅取决于农业系统内部的效率提升，而且受制于系统外部环境的影响。在一个城市内部，中心城区与周边农村表现为中心—外围的空间形态，根据核心—边缘理论和增长极理论，城市中心区域的发展会产生极化效应和涓滴效应③，阻碍或者促进农业现代化的进程。著

① 魏后凯：《新常态下中国城乡一体化格局及推进战略》，《中国农村经济》2016 年第 1 期。

② 焦晓云：《新型城镇化进程中农村就地城镇化的困境、重点与对策探析——“城市病”治理的另一种思路》，《城市发展研究》2015 年第 1 期。

③ 姜丽丽、王士君、朱光明：《城市与区域关系演化过程及新时代特征》，《经济地理》2009 年第 8 期。

名城市学家埃比尼泽·霍华德认为，城市像一个巨大的“磁场”，一方面，吸引周围区域的资本、技术、人才、产业等要素在城市集聚，产生集聚效应和先进的科技文化；另一方面，因其规模效益、市场效益能够向外放射出巨大的强烈磁力，产生辐射效应①。在观察中国农业现代化进程时，一个不可忽略的事实是，改革开放以来，中国城市的中心城区规模在不断拓展，中心城区在区域经济社会发展中的地位不断抬高，城乡要素流动不断通畅、城乡网络联系不断密切、城乡空间集聚与扩散在不同层次上加速进行，中心城区对周围农村区域的资源要素集聚效应与圈层蔓延扩散效应同时并存，城乡之间相互依赖的动态网络关系开始形成，中心城区规模扩张对农业现代化的影响在不断加深。

现有的文献已经注意到城市化推进对农业现代化的影响。一部分文献重点关注城市发展对农业发展的极化效应。Berry（1978）的研究认为城市扩张侵蚀了农业发展所需的土地②。Mishra 和 Hota（2011）的研究发现城市化导致农业用地向其他行业的转移，小农场被边缘化，城市化的增长使农业部门陷入了衰退③。张晓冰（1988）认为城市发展带来了对农村智力的掠夺，农村大批智力较高的人流向城市④。程开明（2011）的研究认为由于长期存在的城市偏向发展战略，城市通过持续吸纳和吸引农村区域的各种优势资源，促进了自身的扩张⑤。史官清（2015）认为中心城市依靠吸纳周边的比它层级更低的城市以及乡村的财富、人力、资源，形成了自身的繁荣，成为“掠夺性的城市”⑥。加速推进的城市化也存在着对农村和农民第二次掠夺的风险⑦。另一部分文献则重点考察了城市发展对

---

① 埃比尼泽·霍华德：《明日的田园城市》，商务印书馆，1902。

② D. Berry, “Effects of Urbanization on Agricultural Activities”, *Growth and Change*, 3（9）(1978).

③ R. K. Mishra and S. K. Hota, “Growth of Urbanization and Decadence of Urban Agriculture: Threat to Economy and Ecology,” *Journal of Economic Policy & Research*, Vol. 7, No. 1, 2011.

④ 张晓冰：《对农村的智力掠夺》，《中国农村经济》1988 年第 6 期。

⑤ 程开明：《聚集抑或扩散——城市规模影响城乡收入差距的理论机制及实证分析》，《经济理论与经济管理》2011 年第 8 期。

⑥ 史官清：《从“掠夺之手”到“扶持之手”——城镇化的反思与转型》，《财经理论研究》2015 年第 2 期。

⑦ 纪漫云：《从“地人钱”看现代农业发展》，《江苏农村经济》2012 年第 1 期。

农村、农业发展的涓滴效应。Dholakia 等（1992）的研究认为工业化与市场条件是农业现代化发展的先决条件①。Wang 等（2013）的研究发现接收信息的便捷度与农业现代化呈正相关，而城市化影响了信息的便捷程度②。卫龙宝等（2013）运用 171 个国家 1961～2011 年的面板数据，实证研究发现各国城市化率越高农业增加值越高③。石慧和吴方卫（2011）的研究表明工业化和城市化能够显著提高农业全要素生产率④。刘维奇和韩媛媛（2014）的研究发现城镇化不仅可以促进农业新技术的产生和扩散，而且促进了非农技术向农业技术的转移⑤。谢杰和李鹏（2015）的研究认为短期内城市化对农业现代化产生了正向的直接影响和空间溢出效应⑥。李宾和孔祥智（2016）的研究表明城镇化水平的提高能够促进农业现代化水平的提高，两者之间存在长期稳定的均衡关系⑦。从已有研究来看，尚无文献对城市规模和农业现代化之间的关系进行相应考察。

当前，中国正处于人类历史上最大规模的城市化进程中，中国城市的规模总体上处于上升通道，2004 年的中央经济工作会议就明确提出中国已经到了“以工促农、以城带乡”的发展阶段，显然，在研究中国农业现代化时如果不考虑城市规模的影响可能是不合适的。具体来说，在考察城市规模对农业现代化发展的影响时，需要考虑以下两个问题：一是同一城市中心城区规模的扩张会对区域农业现代化发展带来什么样

---

① B. H. Dholakia, “Modernization of Agriculture and Economic Development: The Indian Experience,” *Farm and Business—The Journal of The Caribbean Agro-Economic Society*, Vol. 1, No. 1, 1992.

② L. Wang, et al., “Modernisation in Agriculture: What Makes a Farmer Adopt an Innovation?” *Computational & Mathematical Methods in Medicine*, Vol. 2013, No. 5, 2013, pp. 399－412.

③ 卫龙宝、伍骏骞、王恒彦：《工业化、城市化与农业现代化发展——基于 171 个国家 1961～2011 年的面板数据分析》，《社会科学战线》2013 年第 9 期。

④ 石慧、吴方卫：《中国农业生产率地区差异的影响因素研究——基于空间计量的分析》，《世界经济文汇》2011 年第 3 期。

⑤ 刘维奇、韩媛媛：《城镇化与农业技术变迁的互动机制——基于中国数据的理论与经验研究》，《经济理论与经济管理》2014 年第 1 期。

⑥ 谢杰、李鹏：《中国农业现代化进程直接影响因素与空间溢出效应》，《农业经济问题》2015 年第 8 期。

⑦ 李宾、孔祥智：《工业化、城镇化对农业现代化的拉动作用研究》，《经济学家》2016 年第 8 期。

的影响，二是不同规模的中心城区规模变动对区域农业现代化发展的影响存在哪些差异。本研究将利用 2004 ~ 2013 年的中国城市面板数据，研究城市规模及其变动对区域农业现代化水平的影响，在城市区域层面上展现城市规模扩张对农业现代化的效应以及城乡经济活动的空间集聚和扩散。

（二）城市规模对农业现代化影响的现实考察与内在机理

1. 现实考察

首先考察城市化与农业现代化水平之间的关系。“农业劳均产值”是衡量区域农业现代化水平最重要的指标。利用 2013 年中国 31 个省（区、市）的横截面数据，统计发现省级城市化水平与以农业劳均产值衡量的农业现代化水平之间的相关系数为 0.095，并通过 1% 的显著性水平检验，说明省级农业现代化水平与城市化水平呈显著正相关关系，城市化水平的提升有利于促进农业现代化的发展（见图 7 - 1）。

从 1990 年以来中国城镇化率与农业劳动生产率的关系来看，两者之间的相关系数为 0.062，并通过 1% 的显著性水平检验，说明中国农业现代化水平与城市化水平呈显著正相关关系，城市化水平的提升有利于促进农业现代化的发展（见图 7 - 2）。

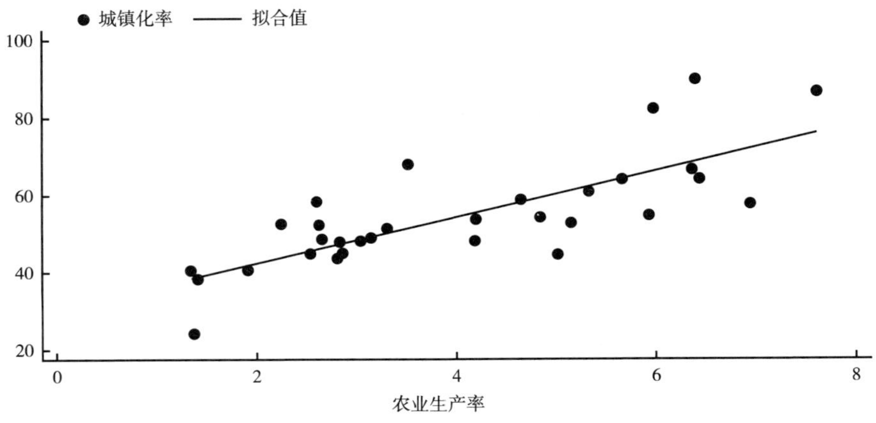

图 7 - 1　2013 年分省的城镇化率与农业生产率散点图

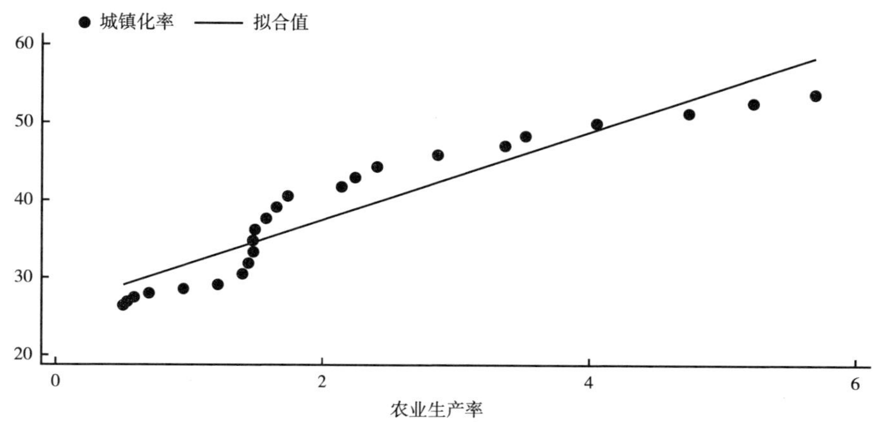

图 7－2　中国城镇化率与农业生产率散点图

然后，考察城市规模与农业现代化水平之间的关系。分别用“市辖区人口数”“市辖区 GDP”代表城市规模，用“农业劳均产出”代表城市农业现代化水平，对 2013 年全国 209 个地级以上城市的城市规模和农业现代化发展水平进行相关分析，其相关系数分别为 0. 143 和 0. 271，并分别在 5% 和 1% 水平上显著。两个指标之间的正相关性说明城市规模越大，农业现代化发展水平越高（见图 7－3、图 7－4）。

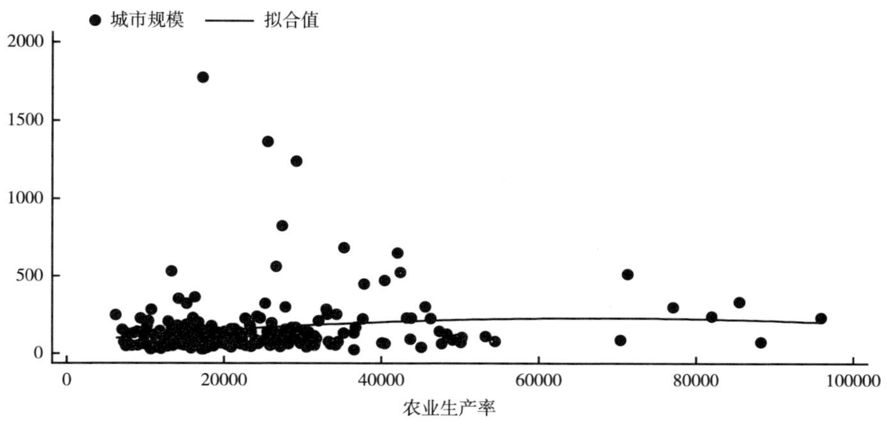

图 7－3　城市规模（人口）与农业生产率散点图

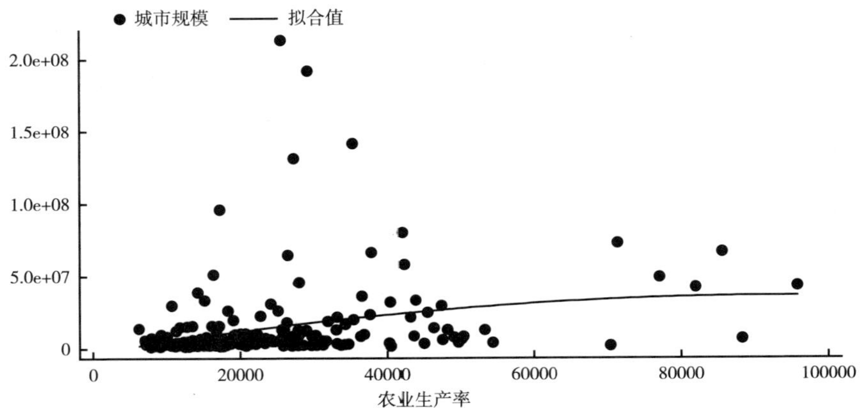

图7-4 城市规模（GDP）与农业生产率散点图

从简要的统计分析可以初步推断，通过城市规模来研究区域农业现代化水平不失为一个新的理论视角。

2. 城市规模影响农业现代化的内在机理

中心城区与周边农村表现为中心—外围的空间形态，中心城区与周边农村之间通过货物流、人口流、技术流、信息流、资金流、土地流等方式发生着各种各样的经济联系，不断拓展或重塑城乡的经济联系。这种联系既包含着极化效应，又体现出涓滴效应，贯彻于城市规模扩张的全过程（见图7-5）。

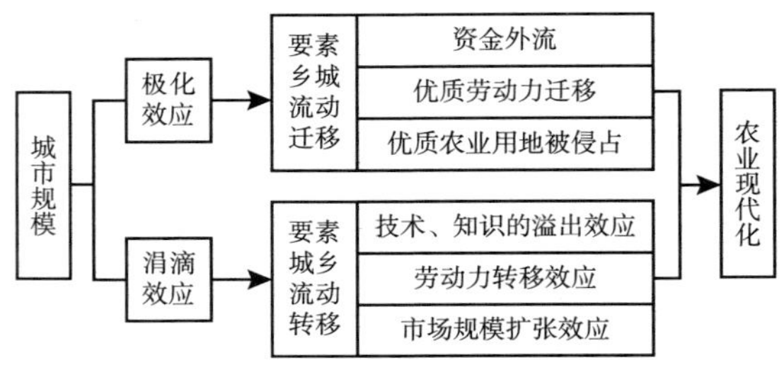

图7-5 城市规模影响农业现代化的路径

（1）城市规模扩张的极化效应。随着城市规模的扩展，中心城区借助规模收益递增、区域核心地位和路径依赖不断吸纳区域生产要素集聚，导致区域农业生产要素不断向中心城区迁移，产生城市规模扩大的极化效应。极化效应对农业现代化发展产生负面影响，具体表现为：一是资金外流。随着城市规模的扩展，城市的规模经济效应越来越显著，农业相对比较效益较低，导致农业资金外流和区域信贷投资偏离农业领域。柯善咨和赵曜（2012）的研究表明集聚效应导致大城市以更高的效率吸收资本①。农业资金外流在支持城市建设和发展的同时也使农业自身发展缺乏资金支持。二是优质劳动力迁移。随着城市规模的扩展，由于比较效益的差异，大量农民工尤其是优质的劳动力资源向城市流出和转移。人力资本即人的能力和素质是促进农业生产力迅速增长和农业生产率提高的重要因素②，优质劳动力的流出钳制了农业的现代化发展。三是农业用地被侵占。随着城市规模的不断扩大，中心城区势必不断向周围蔓延，导致农业用地不断被挤占、侵吞或破坏。而且被侵占的土地绝大多数是各地的肥田沃土、基本农田或优质耕地③；同时，在中国的土地城镇化过程中，农民土地权益严重受损，也间接影响了农业现代化的进程。

（2）城市规模扩张的涓滴效应。伴随着城市规模的扩大，由于边际收益递减、拥挤效应和外部不经济的存在，中心城区需要通过扩散来进行空间优化，产生城市规模扩张的涓滴效应，涓滴效应引发的要素城乡转移有利于农业生产率水平的提升和农业现代化的推进。一是技术和知识溢出效应。城市是不同来源知识交流和融合的中心，中心城区规模越大，对知识的集成创新也就越强，技术扩散所需的信息、通信等基础设施就越完善，其知识或信息外溢效应就越大越快，从而有利于农业现代化水平的提升。二是劳动力转移效应。中心城区规模越大，对劳动力的吸纳能力越强，有利于农村剩余劳动力转移。劳动力转移的收入效应促进了农业资本深化，进而促进农业劳动生产率提高；也增强了农户抵抗各类农业风险的能力，从而使他们能够采用新的生产方法，促进农业现

① 柯善咨、赵曜：《城市规模、集聚经济与资本的空间极化——基于我国县级以上城市面板数据的实证研究》，《财经研究》2012 年第 9 期。

② 舒尔茨·西奥多：《论人力资本投资》，北京经济学院出版社，1990。

③ 杨曙辉等：《工业化与城镇化对农业现代化建设的影响》，《中国人口·资源与环境》2012 年第 S1 期。

代化水平的提高①②。劳动力转移的土地集中效应又有利于改善农业的土地劳动比率，提高了农业劳动生产率③。另外，城市规模的扩展意味着经济得到了进一步发展，城市对农业的反哺与财政支持也成为可能④。三是市场规模扩张效应。随着城市中心城区规模的不断扩展，农产品市场消费规模不断扩大，农产品消费需求的档次也在不断提高，农产品生产与消费需求之间的规模和质量差距拉动了区域农业现代化的发展。

（三）实证研究

前面的统计分析表明，城市化与农业现代化之间存在相关性。进一步的理论分析表明，城市规模扩展对农业现代化带来两个作用相反的效应：极化效应和涓滴效应，即城市规模扩张既可能促进农业现代化的发展，也可能阻碍农业现代化的发展，实际综合效应究竟如何需由实证分析给出。

1. 模型设计

通过前面的理论分析，可以得出农业现代化水平是城市规模和一系列控制变量的函数，将其写成式（1）：

$$Agrmodern_{it} = \alpha_0 + \alpha_1 Urbsize_{it} + \sum \alpha_k X_{kit} + \varepsilon_{it} \tag{1}$$

其中，$i = 1,2,\cdots,N$ 表示不同的城市，$t = 1,2,\cdots,T$ 表示不同的年份，*Agrmodern* 为农业现代化发展水平，*urbsize* 为城市规模，X_k 表示一系列控制变量。

由于在城市规模的不同水平上，极化效应和涓滴效应也存在动态变化，其综合效应的表现应该也存在差异，式（1）只能反映城市规模对农业现代化影响的综合静态效应，因此，进一步引入门槛面板模型分析城市规模变化对农业现代化影响效应的动态变化。根据相关文献，采用Hansen

---

① H. E. Evans and P. Ngau, "Rural-Urban Relations, Household Income Diversification and Agricultural Productivity," *Development & Change*, Vol. 22, No. 3, 1991, pp. 519 – 545.

② 杨向阳、赵蕾：《公共投资对农业生产率和非农就业的影响研究》，《农业经济问题》2007 年第 12 期。

③ 程莉、刘志文：《农业现代化与城乡收入差距：内在逻辑与实证分析》，《财经科学》2013 年第 7 期。

④ 卫龙宝、伍骏骞、王恒彦：《工业化、城市化与农业现代化发展——基于 171 个国家 1961 ~ 2011 年的面板数据分析》，《社会科学战线》2013 年第 9 期。

（1999）提出的两阶段最小二乘法来估计门槛面板数据模型①。单一门槛回归模型的设定方程如下：

$$Agrmodern_{it} = \beta_0 + \beta_1 Urbsize_{it} I(q_{it} \leq \gamma) + \beta_2 Urbsize_{it} I(q_{it} > \gamma) + \sum \beta_k X_{kit} + \varepsilon_{it} \quad (2)$$

$I(\bullet)$ 是一个指标函数，当相应的条件成立时取值为 1，否则取值为 0。通过比较实际观测值与门槛值的大小，可以将样本观察值分成两个区间。β_1 和 β_2 为相应区间的系数，通过查看不同区间的边际系数 β_1 、β_2 ，可以揭示城市规模变动对农业现代化发展的影响方向和影响程度。如果存在多重门槛，可以在上述单一门槛的基础上进行拓展。

2. 相关变量与数据处理

本研究以中国地级及以上城市作为研究对象，数据主要来自《中国区域经济统计年鉴》（2003～2014）、《中国统计年鉴》（2003～2014），以及相关城市所在省份相关年度统计年鉴，对部分缺失的数据通过所在市级统计年鉴补充，个别无法获得的数据采用线性插值法补齐。2016 年底中国地级及以上城市数为 297 个（不含港澳台），本研究最终的样本数为 208 个，删除的样本城市主要由于：第一，缺失关键变量的样本。统计年鉴缺失部分城市的关键变量数据，如山西、吉林、福建、广西、云南、陕西等省份统计年鉴均为提供近几年第一产业从业人数。第二，关键变量年变化幅度在 30% 以上的样本，这些样本的变动可能是由区划调整的原因导致的。

被解释变量：农业现代化发展水平（agrmodern）。农业现代化发展水平的测度是本研究数据处理过程中最烦琐的部分。目前，学术界关于农业现代化的测度方法研究很多，归纳起来主要有两种：单一指标法②③和指标体系法④⑤。单一指标法虽然简单易行但无法全面、系统地反映农业现

① B. E. Hansen, "Threshold Effects in Non-dynamic Panels: Estimation, Testing, and Inference," *Journal of Econometrics*, Vol. 93, No. 2, 1999, pp. 345－368.

② 贾云赟：《城镇化、工业化、农业现代化与经济增长关系研究》，《城市发展研究》2012 年第 12 期。

③ 谢杰：《工业化、城镇化在农业现代化进程中的门槛效应研究》，《农业经济问题》2012 年第 4 期。

④ 黄祖辉、林坚、张冬平等：《农业现代化：理论、进程与途径》，中国农业出版社，2003。

⑤ 蒋和平、黄德林：《中国农业现代化发展水平的定量综合评价》，《农业现代化研究》2006 年第 2 期。

代化内涵。综合相关文献，农业现代化至少包含以下三个维度：从投入角度讲，农业现代化表现为生产方式的转变，所选指标主要包括耕地有效灌溉率、农业机械化水平和单位面积化肥施用量；从产出角度讲，农业现代化表现为农业生产效率提高和农业从业者收益增加，因此选择劳均产出和农民收入反映农业现代化的产出水平；从农村社会发展角度讲，农业现代化的成果要增进改善农民福利，因此选择农民的消费水平和消费结构代表农业现代化成果。因此，本研究构建了如表 7－1 所示的农业现代化水平评价指标体系。由于各指标衡量单位存在差异，因此需要对所有指标数据采取阈值法进行无量纲化处理，再进行综合集成。在二级指标合成一级指标时，采用先标准化再加权相加的方法，权重通过专家打分法获得。

表 7－1　农业现代化发展水平评价指标体系及其权重

一级指标	二级指标	计算方法	权重
农业投入水平	耕地有效灌溉率	灌溉面积/播种面积(%)	0.061
	农业机械化水平	总动力/播种面积(kW/km^2)	0.106
	单位播种面积化肥用量	化肥使用总量/播种面积(T/km^2)	0.083
农业产出水平	农民收入水平	农村居民人均纯收入(元)	0.217
	农业劳动生产率	第一产业产值/第一产业从业人数(元/人)	0.283
农村社会发展	农村居民恩格尔系数	农村居民食品支出/消费支出(%)	0.128
	农村人均消费支出(元)	农村居民人均消费支出(元)	0.122

主要解释变量：城市规模。城市规模是本研究的主要解释变量。根据前面的理论分析，伴随着区域中心城市的规模变动，区域中心城市对周边地区聚集效应、扩散效应强度会发生相应的改变，进而影响区域农业现代化水平。根据相关文献①②，城市规模用“市辖区人口数”代表，单位为“百万人”。

控制变量包括工业化水平、财政支持水平和城市分散度。

工业化水平（Indlevel）。工业化的发展阶段会影响农业现代化水平。

① 柯善咨、赵曜：《城市规模、集聚经济与资本的空间极化——基于我国县级以上城市面板数据的实证研究》，《财经研究》2012 年第 9 期。

② 程开明：《聚集抑或扩散——城市规模影响城乡收入差距的理论机制及实证分析》，《经济理论与经济管理》2011 年第 8 期。

相关研究也表明，工业化对农业发展起到引领、支持和推动作用，工业化水平对农业现代化水平产生了正向影响①②；因此选择样本城市中第二产业比重代表工业化水平。

财政支农水平（Finsupport）。相较于二、三产业，农业的弱质性决定了财政支农的重要性和必要性。同时，农业现代化建设所需的现代生产要素投入、农业科技研发与推广、农业机械装备和农业基础设施改善等，都需要大量资金投入，所以支农力度的差异势必影响农业现代化格局演变。相关研究也表明，财政支农对农业现代化具有显著的正效应③。因此选择样本城市地方财政中劳均农林水利事务支出作为财政支农水平的代理变量，即全市农林水利事务支出/农业从业人员数量。

城市分散度（Builarea）。同样的城市规模，由于城市发展模式的差异可能形成不一样的城市空间结构——集中型或分散型④，对区域农业现代化水平的影响可能存在差异。因此，用“城市分散度”来反映城市发展模式的差异，用“建成区面积/市辖区面积”来衡量。

变量的描述性统计见表 7 - 2。

表 7 - 2　主要变量描述性统计

	变量	样本数	均值	标准差	最小值	最大值
agrmodern	农业现代化指数	2080	0.277	0.079	0.097	0.594
urbsize	城市规模（百万人）	2080	1.438	1.827	0.190	17.831
indlevel	工业化水平（%）	2080	0.496	0.105	0.900	0.859
finsupport	农业支持（万元/人）	2080	0.248	0.441	0.004	8.033
builarea	建成区比重（%）	2080	0.097	0.104	0.001	0.953

① 李宾、孔祥智：《工业化、城镇化对农业现代化的拉动作用研究》，《经济学家》2016 年第 8 期。

② 黄祖辉、邵峰、朋文欢：《推进工业化、城镇化和农业现代化协调发展》，《中国农村经济》2013 年第 1 期。

③ 李伟、马永谈：《财政支农支出对农业现代化的影响效应研究——基于动态面板数据的实证分析》，《西安财经学院学报》2014 年第 3 期。

④ 程开明：《聚集抑或扩散——城市规模影响城乡收入差距的理论机制及实证分析》，《经济理论与经济管理》2011 年第 8 期。

3. 实证结果分析

首先对合适的估计方法进行有效判断。B - P 检验（chibar2（01）= 2126.92，Prob > chibar2 = 0.0000）和 LR 似然比（LR test of sigma_ u = 0: chibar2（01）= 868.50，Prob > = chibar2 = 0.000）检验结果说明其在1%的水平下显著拒绝原假设，说明在混合效应模型和个体随机效应模型之间应选择个体随机效应模型。Hausman 检验结果表明，卡方统计量为110.62，自由度为5，Prob > chi2 = 0.0000，拒绝随机效应和固定效应无差异的原假设，表明固定效应模型较随机效应模型更合适。因此，本研究选取估计效果最为理想的固定效应模型作为主要说明对象，并同时将随机效应模型、混合效应模型的回归结果一并呈现（见表7-3）。

表7-3 固定效应模型、随机效应模型、混合效应模型的回归结果

变量	固定效应模型		随机效应模型		混合效应模型	
	(1)	(2)	(1)	(2)	(1)	(2)
urbsize	0.052*** (11.11)	0.030*** (7.64)	0.015*** (7.50)	0.006*** (3.97)	0.008*** (8.49)	0.008* (1.92)
indlevel		0.377*** (15.37)		0.312*** (15.49)		0.199*** (14.54)
finsupport		0.070*** (22.64)		0.076*** (25.16)		0.089*** (26.21)
builarea		0.167*** (6.13)		0.124*** (5.80)		0.121*** (8.8)
constant	0.201*** (29.27)	-0.012 (0.93)	0.255*** (50.20)	0.082*** (7.59)	0.265*** (121.77)	0.143*** (20.81)
R-squared	0.062	0.368			0.157	0.389

注：（1）括号内为t值，*表明10%显著性水平下显著，**表明5%显著性水平下显著，***表明1%显著性水平下显著。（2）每种估计方法的第一列为核心解释变量回归结果，第二列为加入控制变量的回归结果。

固定效应模型（1）的结果表明，城市规模的系数为正且在1%水平上显著，说明城市规模的扩展会促进农业现代化水平的提高。固定效应模型（2）中引入工业化水平、财政支农水平、城市分散度等控制变量，城市规模系数仍然为正且通过了1%水平的显著性检验，说明在增加控制变量后，城市规模仍然对区域农业现代化水平有显著的正向影响。说明从整体上看，中心城区规模扩展由于区域农业现代化水平的提升，涓滴效应大于极化效应。一般地，城市规模越大，不仅城市自身发展具有一定的规模收益递增效应，而且还通过商品、劳务、资金、技术和信息等方面的交流、传输和渗透，产生辐射、扩散和涓滴效应，带动周边农村区域和农业产业的发展，为农业现代化建设提供了资金、信息、人力资本支持，推动了农村生产要素市场的形成，并通过现代农业市场需求规模的扩展带动现代农业发展、实现现代农业生产的规模经济效应。

工业化水平的影响在1%的水平上显著性为正。这说明工业化水平的提高会显著促进农业现代化水平。一般地，在工业化水平较低时，农业、农村充当了工业化发展的公益取款机角色；当工业化水平提高以后，工业和农业的联动性开始加强，工业发展带来的资源要素溢出效应显现，并为农业发展提供了科学技术和物质装备条件。因此，伴随着工业化程度与水平的日益提升，其对农业农村现代化速度与质量的影响也愈趋深远广泛①。

财政支农水平的系数为正，且在1%的水平下通过了t检验。财政支农的一般领域包括农田水利支出、水土保持支出、农技推广支出、良种补贴、农机补贴、农资补贴、农业合作化经营补贴、农产品流通补贴等，优化了农业产业发展的内部结构和外部环境，对现代农业发展起到良好的支撑和带动作用。

城市分散度也在1%的水平上显著性正向影响农业现代化水平，说明城市分散度会影响到城市极化效应和涓滴效应。一个城市的分散度越高，意味着城市在规模扩展过程中，不断将城市的郊区纳入城区管理范围和文明体系，一方面加快了城市周边区域农村人口的城市化，另一方面也有助于城市产业向原来的郊区扩散，扩大了城市辐射半径。这些都有助于城市涓滴效应的发挥、极化效应的弱化。

4. 稳健性检验

无论是否考虑控制变量，城市规模变量的回归系数都通过了检验，而

① 杨曙辉等：《工业化与城镇化对农业现代化建设的影响》，《中国人口·资源与环境》2012年第S1期。

且同一变量的系数符号一致，说明模型的估计结果具有稳健性。为进一步确认以上结论的可靠性，本研究采用以下方法进行了稳健性估计：一是用城市市辖区 GDP 总量作为衡量城市规模的代理变量（模型 1）；二是按照地理区位将数据集划分为东部、中部、西部三大区域①，考察各解释变量对农业现代化水平的影响是否会随着区域的不同而发生改变（模型 2）；三是去掉 4 个直辖市，将剩下的 204 个地级以上城市带入面板数据进行估计（模型 3）。从表 7 -4 的估计结果可以看出，城市规模对农业现代化的正向影响依然成立，与之前的分析完全一致，验证了研究结果的稳健性。

表 7 -4　稳健性检验结果

变量	模型 1	模型 2			模型 3
		东部	中部	西部	
urbsize	0.015 *** (8.70)	0.008 *** (4.72)	0.023 ** (3.88)	0.019 *** (4.63)	0.032 *** (14.61)
indlevel	0.411 *** (16.78)	0.042 (0.90)	0.424 *** (8.95)	0.296 *** (7.10)	0.361 *** (15.79)
finsupport	0.055 *** (14.46)	0.050 *** (12.20)	0.170 *** (9.70)	0.046 *** (6.15)	0.077 *** (18.05)
builarea	0.131 *** (4.86)	0.152 *** (4.75)	0.036 (0.86)	0.292 ** (2.22)	0.088 *** (3.55)
constant	0.035 *** (2.80)	0.244 *** (6.20)	0.011 (0.48)	0.069 ** (3.52)	0.050 *** (4.35)
R-squared	0.374	0.394	0.525	0.331	0.479

注：括号内为 t 值，* 表明 10% 显著性水平下显著，** 表明 5% 显著性水平下显著，*** 表明 1% 显著性水平下显著。

5. 城市规模对农业现代化水平的门槛效应

前面我们已经分析了城市规模对区域农业现代化水平的静态影响，但随着城市规模的变化，其对农业现代化的影响效应如何？即：城市规模对区域农业现代化的影响是否存在“门槛效应”？

---

① 东部地区包括北京、天津、河北、辽宁、上海、江苏、广东、浙江、山东；中部地区包括安徽、江西、河南、湖北、湖南、黑龙江；西部地区包括内蒙古、四川、贵州、甘肃、宁夏、新疆、重庆。

首先，我们需要确定门槛的个数。根据 F 统计量和 300 次“自抽样法”得出的 P 值（见表 7－5），发现单一门槛、双重门槛和三重门槛均显著，因此本研究的面板门槛模型将基于三重门槛进行分析。门槛效应检验结果以及相应的 95% 置信区间见表 7－5，第一个门槛的估计值是 45.600，第二个门槛的估计值是 74.260，第三个门槛的估计值是 221.320。图 7－6 的似然比函数图呈现了门槛的估计值和置信区间。

表 7－5　门槛效果自抽样检验

	F 值	P 值	BS	1%	5%	10%
单一门槛检验	14.896***	0.007	300	13.751	8.580	6.218
双重门槛检验	13.000***	0.007	300	7.276	2.574	0.891
三重门槛检验	11.723**	0.010	300	10.075	5.415	3.885

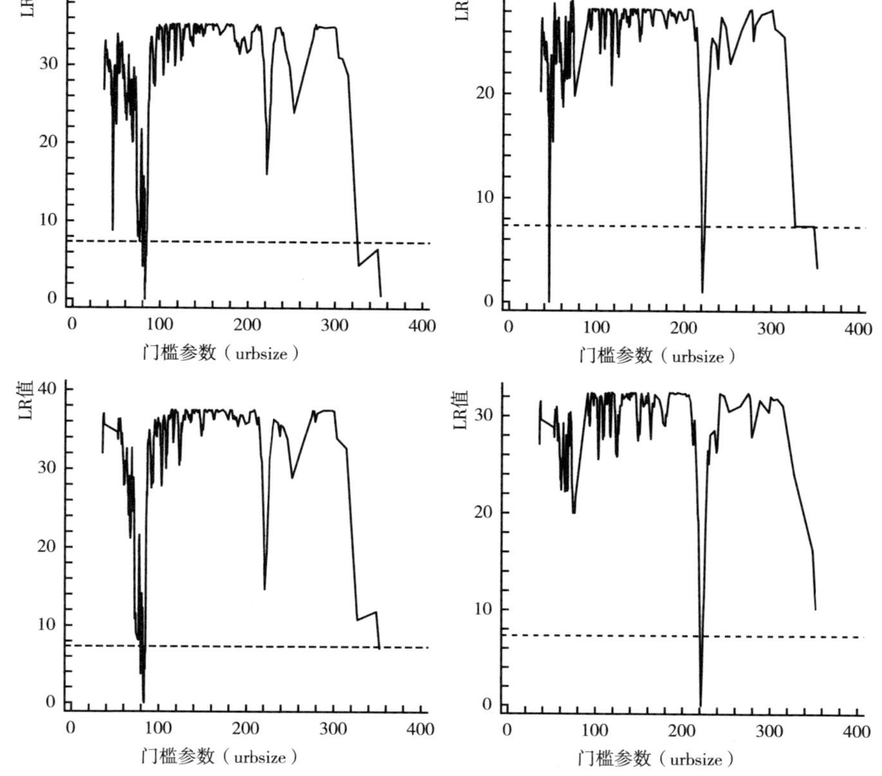

图 7－6　门槛值及置信区间

表 7－6 门槛值、估计结果及置信区间

门槛值	估计值	95% 置信区间
Ito1	45. 600	[44. 690, 327. 200]
Ito2	74. 260	[66. 930, 85. 360]
Ito3	221. 320	[82. 700, 352. 290]

表 7－7 门槛值模型估计结果

变量	结果
urbsize≤45. 600	－0. 128 *** (－6. 81)
45. 600 < urbsize≤74. 260	－0. 042 *** (－3. 82)
74. 260 < urbsize≤221. 320	0. 011(1. 53)
urbsize >221. 320	0. 033 *** (8. 08)
indlevel	0. 347 *** (13. 64)
finsupport	0. 122 *** (14. 48)
builarea	0. 214 *** (7. 55)
constant	0. 047 *** (3. 21)
With R-squared	0. 306

注：括号内为 t 值，* 表明 10% 显著性水平下显著，** 表明 5% 显著性水平下显著，*** 表明 1% 显著性水平下显著。

从表 7－7 门槛值估计结果来看，不同规模的城市对农业现代化具有不同的影响。可以把城市绝对规模分为不同的区间，分别为小规模城市、中小规模城市、中等规模城市和大规模城市。

小规模城市和中小规模城市的绝对规模对农业现代化的影响系数为负，且在 1% 的水平上显著。说明这类城市中心城区在规模扩展过程中还处在极化效应主导阶段，涓滴效应仍然较弱。主要是由于这类城市的规模较小，中心城区自身的发展能力还不足，自身规模的扩展依然需要获取周边农村区域的养分，城市规模的扩展导致区域资源要素向城市区域的集聚。同时，中小规模城市一般农产品市场需求规模较小、市场发育水平较低、基础设施发展滞后、产业基础薄弱、知识和技术的溢出效应不显著，无法对周围农村区域形成有效的带动和辐射，无法对区域现代农业发展形成足够的资源支持和市场需求。比较小规模城市、中小规模城市的系数可以发现，中小规模城市的系数绝对值要小于小规模城市，从 0. 128 减少到

0.042，说明相对于小规模城市来说，中小规模城市扩展对农业现代化的负向综合影响效应在减小。

中等规模城市的规模变化对区域农业现代化水平的影响不显著，但系数已经随着城市规模的扩大由负转正；说明对中等规模城市来说，中心城区在规模扩展过程中的涓滴效应相比较小规模城市和中小规模城市在逐渐显现，城市规模扩展的极化效应在逐渐弱化，中等规模城市的规模扩展带来的极化效应和涓滴效应已经比较接近。

大规模城市对农业现代化的影响系数为正，且在1%的水平上显著，说明大规模城市已经进入涓滴效应主导阶段，中心城区的规模扩展产生了更多的外溢效应，有效抵消了规模扩展带来的极化效应负面影响，为区域农业现代化水平的提升提供了更强的内在动力和要素支撑。在人口规模大的城市，聚集着更多的高技能者，有利于人们的交流和知识的生产和传播①。因此大规模城市具有更强的技术和知识的溢出效应，促进了先进的农业生产技术和知识、管理理念在农业领域的扩散，并间接提升了农村劳动力的人力资本积累，进而促进已有知识的交换、新知识的形成和能力的发展，有助于农业生产模式的转变和区域农业现代化水平的提升。大规模城市具有的更强的资本溢出效应也为农业现代化发展引入新的收入流；与现代农业市场需求的邻近性和更便捷的交通、更迅捷的信息传播也有助于农业领域劳动分工深化、专业化生产和规模经济收益的获取。

（四）结论与政策涵义

基于增长极理论和中心—外围理论，分析了中心城区发展对外围区域农业现代化的影响；实证研究表明，城市规模扩展显著促进了区域农业现代化水平的提升。进一步的分析发现，当城市规模跨越不同的“门槛值”，其对农业现代化的影响方向和影响强度随之发生相应变化。当城市绝对规模小于45.600万人时，城市规模扩展带来的负向综合影响效应最大，当城市规模介于45.600万～74.260万人时，城市规模扩展带来的综

① 梁文泉、陆铭：《后工业化时代的城市：城市规模影响服务业人力资本外部性的微观证据》，《经济研究》2016年第12期。

合影响仍然为负，但效应比小规模城市扩展带来的负向效应要小。整体上，当城市规模处于小规模和中小规模时，城市扩展带来的极化效应大于涓滴效应。当城市规模介于74.260万~221.320万人时，城市规模扩展对农业现代化水平的影响不显著，但系数为正，说明在这一区间，城市规模扩展带来的极化效应和涓滴效应基本相抵，涓滴效应开始占据相对重要位置。当城市绝对规模大于221.320万人时，城市规模扩展对农业现代化水平的影响显著为正，城市规模扩展的扩散效应和辐射能力开始凸显。从控制变量层面来看，工业化水平、财政支农水平、城市分散度都对农业现代化产生了积极影响。

表7-8列出了主要年份中国城市在不同门槛值上的数量分布。从中可以看出近年来中国处于溢出效应主导阶段的大规模城市数量在不断增加，处于极化效应主导阶段的小规模城市和中小规模城市数量在逐渐减少，但处于极化效应和涓滴效应相当阶段的中等规模城市仍占据半壁江山。这说明，随着中国城镇化进程的推进和城市规模的扩展，有助于发挥城市规模扩展对农业现代化的促进作用；但同时，城市规模对农业现代化的"规模红利"还有待进一步开发。

表7-8 不同门槛值区间城市数量分布

城市绝对规模	2005年	2007年	2009年	2011年	2013年
小于45.600万人	47	46	44	40	38
45.600万~74.260万人	72	75	71	72	68
74.260万~221.320万人	138	136	136	135	139
大于221.320万人	29	29	35	39	41

显然，基于中国的大国特征，不同类型的城市和地区需要推行不同的城市化带动农业现代化发展战略。小规模城市和中小规模城市（城市绝对规模小于实证模型中门槛值为2的城市，即小于74.260万人的城市）在推动城市化的过程中，应该警惕其对区域农业现代化的负面影响，因为其极化效应大于涓滴效应；可能的政策包括加大财政支农力度、提升工业化水平；对于中等规模的城市应该进一步推动城市规模的扩展，使其达到涓滴效应大于极化效应的规模；对于大规模城市，重点是有效释放城市规

模扩展对农业现代化的涓滴效应。

同时，未来城市规模的扩展很大程度上取决于落户条件的开放速度和开放程度，因此需要积极推进户籍制度改革，分层次、分类型、多途径推进农业转移人口市民化①，提高户籍制度的开放性、公平性，着重解决好现有“三个1亿人”问题。在这个过程中，农业自身也需要通过供给侧改革提高对城市规模扩张的适应性，基于城市需求发展新业态，拓展产业链和价值链，加快产品结构调整和资源再配置，从主要满足“量”的需求向更加注重满足“质”的需求转变，进而提升农业现代化水平。

二　农民就地城镇化问题研究

中国传统城镇化主要走农村人口异地迁移到城镇聚集的城镇化道路，这个道路强调农村人口向城市的转移。异地城镇化道路带来的人口膨胀、交通拥挤、房价高企、环境恶化、资源紧张等大城市病引起了社会的高度关注，异地城镇化道路的成本过高使得中国的城镇化速度趋缓，也容易造成城乡之间、区域之间发展的不均衡，如中小城镇发展的明显滞后、农村“空心化”、农村精英流失等。著名经济学家厉以宁就指出，“今后，中国要走新型城镇化之路，要实现农民‘就地城镇化’”②。2014年3月，李克强在第十二届全国人大第二次会议上提出要实现中西部“1亿人”就近城镇化，为探索城镇化路径提供了新的模式。实际上，农村就地城镇化正在或已经在中国部分地域成为一种发展趋势，通过就地城镇化来合村并居、减少居民点数量也是世界各国在推动农村经济社会发展中的共同经验和现象，就地城镇化打破了非就地城镇化的农村人口在空间上的转化，并且对新农村产生新的影响，有助于克服“城市病”和“农村病”。以“政府主导、合村并点、农民上楼”为表观特征的农村新社区建设在各地普遍推开，中国每年平均要消减2万多个自然村落，平均每六个村中就有一

---

① 魏后凯、苏红键：《中国农业转移人口市民化进程研究》，《中国人口科学》2013年第5期。

② 厉以宁：《中国应走农民“就地城镇化”道路》，《农村工作通讯》2013年第21期。

个村在经历“上楼”①。仅在浙江省，现有近3万个行政村中，已经建成1.2万个以上农村社区，预计将很快达到1.5万个②。

（一）就地城镇化是符合中国特色的新型城镇化道路

就地城镇化带来的农村新社区是传统的封闭的乡村社会向现代社会转型发展的重要载体，是城乡融合发展的有效现实途径和形式。农村新社区将分割的城乡二元社会有效地紧密联系起来，促进了城市文明和治理模式在农村社区的延续和扩展，推动了传统乡村社会由被动的、缓慢的解体转向主动的、突进的变革，提高了农村社区的治理效率，推进了居村农民市民化或职业化发展，推动了农村新社区经济结构的转型升级发展。在就地城镇化进程中，农村新社区发挥着越来越重要的功能与作用。

很多地区都掀起了一股股建设新型现代化农村社区、推进农村居民快速由零散到集中居住的热潮。综合对比分析全国上下在不同区域关于加快农村零散居民集中居住的有关做法和实践经验，其中相对具有代表性和突出性的有江苏省在实践中总结的“三集中”（农村居民全部向统一建立的社区集中，符合相关条件的企业全部向产业园区集中，分散的土地经营向规模化、机械化的经营集中）以及“三置换”（农村居民将原有的集体资产所有权、农民手中的土地承包经营权、农民自有的宅基地以及自建的住房对应用于置换相应的股份合作社股权、相应的和城镇居民同等的社会保障权和能够在城镇居住的城镇住房）模式；天津市的“宅基地换房”模式；山东省的“合村并居”模式，等等。

城乡融合发展是一个长期的过程，需要新型载体，我们很难在碎片化的乡村社会有效导入城市治理模式、城市文明成果。而农村新社区，则有利于把农村和城市的优点结合起来，避免二者的缺点，充当城市文明向乡村扩展的连接体和链接城乡社会的中间地带，有助于打破城乡分割对立状态，促进农村区域的空间优化、提高人口集聚程度，在兼具传统乡村社会的部分经济、社会、文化特征的同时，又具有现代城市社区的功能、治理

① 陈锡文：《应该认真研究农村现实问题》，《农业经济问题》2007年第4期。

② 毛丹：《村庄前景系乎国家愿景》，《人文杂志》2012年第1期。

方式等。从本质上来分析城市和乡村的一体发展其最终的目的就是打破由来已久的城乡二元结构壁垒，使原本居住生活在农村的居民也能够平等地享受到城市公共服务和城市基础设施所带来的福利，进而从根本上实现我国城市居民和农村居民的公平发展、协调发展和同步发展。在就地城镇化的过程中，人口向社区集中，人口居住密度提高，土地向规模经营集中，农业经营规模扩大。在这个过程中，再辅助以公共财政向农村新社区倾斜、基础设施向农村新社区延伸、公共服务向农村新社区覆盖，将乡村道路、农村电网改造、广播电视、通信设施、中小学危房改造、农村医疗卫生体系、中小学危房改造等项目集中安排到农村新社区实施，优化配置各类支农项目资源，从而产生了聚合效益，凸显了建设的规模效应，使农村新社区成为实施城乡融合发展战略的突破口，也是高效促进城乡融合发展的有效途径。

就地城镇化可以说是加快我国城乡一体化进程的必经之路。农村经济的城市化发展和农村居民的集中居住这二者已成为密不可分的整体，在农村经济发展向城市化演变、靠近的过程中，城市区域也通过自身发展中所积累的经验缓慢有序地将城市的生活方式、城市的意识形态对农村居民进行潜移默化的影响。其一是城市附近的郊区和靠近城市的乡村地区会缓慢地变成城市的一部分，从而可以完成农村居民向城市居民的转型；其二是由于城市和乡镇二、三产业的快速发展，城市和乡镇的集聚功能进一步加强，于是会吸纳更多的农村人口直接来到城市里生活、学习、工作。所以，我们就可以借助农村人口向社区集中居住的契机，通过努力发展不同种类的集中居住区和居住中心来加快城乡一体化进程，同时又可以很好地抑制大型城市加快核心区域建设而引起的居住人口过度膨胀。

（二）就地城镇化对城乡一体发展的效应分析

1. 就地城镇化有利于城乡均衡发展

就当下我国农村居民由零散居住向集中居住的实现方式这个角度而言，各地通过征地拆迁将城郊农民集中到新型农村社区居住便是在推进农民集中居住。可是，我们也应该清醒地认识到加快农村零散居民的集中居住并不是盲目地把农村人口单纯地聚拢在同一片区域。就地城镇化通过引导农民将土地集中经营，实现农业规模化生产，在使农民获得土地租金收入的同时，又可以获得在当地务工收入和外出务工收入，实现就地集中居住，离土不离乡、进厂不进城。农村居民集中居住进程的持续加快，使得很多在城市里才具备的公共资源、公共设施和公共服务也在不断地向下伸展至小城镇和中心村的农村居民集中居住的区域，这就相当于把小城镇和中心村集中居住区建设成与城市社区同质化的生活居住区，最终通过上述一系列方式方法，使公共资源能够在城市和乡村之间实现均衡配置，城市与乡村之间公共服务达到对等化发展。农村新社区的形成过程实际上是农村地区社会经济和聚落空间结构重构过程，也是公共设施和公共服务向农村区域导入、辐射的过程，是城市发展的现代文明向农村地区覆盖的过程，使得农村新社区既具有“乡社会”的形态，又更多地融入了“城社会”的元素。有利于改善农村人口居住社区的居住环境，同时不断提高农村人口的生活水平，最终达成城市和农村共同发展与同步繁荣的阶段性目标。而且我们通过大量实地调研考察发现，地方政府在推进农村人口集中居住的同时，还积极推进教育资源、医疗卫生资源、社会金融服务资源和政府市政部门等不同公共服务设施和资源向农村新社区的配套到位。由此可见，就地城镇化对统筹城乡均衡发展、发展农村区域经济、转变农业发展方式、促进农业现代化等均有积极作用。

2. 就地城镇化有利于农村人口就近非农转移

从 20 世纪 90 年代以来我国大规模出现的“民工潮”这一现象可以看出，城市化道路也是中国现代化建设过程中的必经之路，但是，我们也不难看出，就当前情况而言，我国从乡村进入城市的农民工 80% 以上都集中在东部沿海发达城市①。这种农村劳动力大批量地涌进各大城市除了导致过重的人口、资源承载压力，还将伴随着类型多样的“城市病”的产生；同时还会引起为数众多的农村劳动力特别是很多青壮年劳动力外流，这一现象又造成了乡村凋敝、农村留守儿童、农村留守妇女等矛盾突出的问题，不利于农业现代化和农村经济的发展。很多事实都证明，如果仅仅单纯地依靠将农村青壮年人口悉数转移到大中城市和经济相对发达的

---

① 叶继红：《推进农民集中居住与城乡一体化健康发展》，《江淮论坛》2015 年第 3 期。

城市以实现城乡一体发展，这很明显并不是一条行之有效的措施，只有因地制宜、实事求是地就地农村工业化和农村城镇化，才是摆脱上述困境最核心、最有效的办法。就地城镇化正好顺应了时代的要求。就地城镇化不是一味突出将农村地区的人口简单地、机械地、过量地向城市转移，而是强调以发展农村经济、提高农村生产力为支撑，促进当地经济从外援型向内源型发展方式的转变。就地城镇化通过选择一些条件相对较好的乡镇建立农村人口聚集居住区，通过不断完善农村居民聚居区基础设施和公共服务设施，有针对性地强化聚居区的社区化管理，提升聚居区的服务功能，改善农民在聚居区的各项条件，使入住聚集区的农村人口过上等同于城市人口的生活，享受与城市居民基本相同的待遇，促进农民的职业转换和身份转变。在这个过程中农村居民居住方式的改变进而带来了农村居民生活方式、生活习惯和思想观念的改变。

（三）推进就地城镇化中存在的一些关键问题

1. 就地城镇化引发的社会矛盾突出

仅在浙江省，现有近 3 万个行政村中，已经建成 1.2 万个以上农村社区，预计将很快达到 1.5 万个①。毋庸置疑，在短时期内顺利实施规模如此浩大的工程，与地方政府大力推动有关。我们在调研中发现，很多农民习惯于传统的“一户一院”的生活方式，收入来源依然依赖于农业收入，对集中居住的意愿不足。可很多时候，地方政府为了尽快出成绩，追求高效拆迁。导致违背当地农村居民意愿的强拆强征，拿走农民宅基地，“赶农民上楼”的现象也经常发生。同时，就地城镇化快速推进过程中，相关社会管理事务增多，而管理职位、职权却没有相应的改善，导致很多社区管理者对许多事务没有行政许可权、处罚权等，权责匹配度低。新型农村社区目前正在发生从官本位到民本位、从政府主导到群众主导、从被动接受到权利保障的一个渐进式转变，社会利益分化日益明显，必须重新调整乡镇政府、村两委、村经济组织、市场、村民以及外部社会干预等的关系，调整、优化、明确各自的职能定位。

---

① 毛丹：《村庄前景系乎国家愿景》，《人文杂志》2012 年第 1 期。

2. 就地城镇化后产业落后的状况难以改善

在实现农村居民集中居住的这一进程里，往往会出现农民的土地全部或者部分被征用，出现因为地方产业发展滞后，无法解决失地后农村剩余劳动力再就业这一问题，那些农村居民将因为失去经济和生活来源而很难有能力承受集中居住后的生活压力，这就容易出现我们所说的“上楼致贫”的现象。新社区建成以后，农村相关产业发展没有跟上，居民就业仍然没有改善。如何建立并拉伸农业的产业链条，发挥农村产业集聚效应，值得思考，否则再好的社会管理体系和机制都是脆弱的、不稳固的。而且，当前的户籍管理制度并不能给予城镇化的农村居民和城市居民一样的公共服务、社会保障等制度保障。例如，调研中，某地村委会用村集体资金帮助新社区的居民缴纳了城镇医疗保险，但由于该社区还是农村管理体制，采用的仍然是农村合作医疗，所以，村里虽然帮他们缴纳了城镇医疗保险，农村新社区居民却享受不到城镇医疗的条件和待遇。

3. 就地城镇化后社区管理面临新的挑战

就地城镇化后，部分农村新社区治理面临提供服务无实力、解决问题无财力的状况。人口集中集聚带来的各种社会问题更加复杂，农村社区产业发展的内生动力不足、外部支持缺乏的问题进一步凸显，农村新社区的集体经济空壳化问题严重，也严重制约了新社区治理能力的提升。社会事业管理方面，就地城镇化后，农村新社区的社会事业发展仍然停留在原有村庄水平。由于缺乏收入来源，同时相关管理体制一时难以切换，农村新社区的社会事业仍然面临很多制度性、技术性、操作性难题，相关社会服务的发展速度、集聚程度慢于人口集聚的速度与程度，社会事业的质量与水平无法向城市社区看齐。比如教育质量不能保证、社区医疗资源配置欠缺、社区居民养老保险保障水平低于城市居民，社区的事业管理主体不明晰、事权与财权失调等。就地城镇化后，农村新社区的文化事业也面临较大的挑战。一方面，传统的乡土文化仍然存在并长期发挥作用，但也面临着各种冲击，如由于新社区的居民来自多个村庄，原有村民之间的认同、信任变得松散，传统的乡村美德、道德传统影响力逐渐减弱；另一方面，部分居民也在逐渐接触、吸纳城市文明，人们的思想文化呈现较大的层次差异，赌博、攀比等不良风气因为部分居民缺乏有效辨别能力而盛行。环境治理方面，就地城镇化后，农村新社区的环境问题接踵而来。因为居住密度的增加、污染处理设施的滞后，农村新社区的环境问题变得更加复杂、突出。一方面，传统农业生产过程中的农药、化肥等带来的农业面源污染依然广泛存在，另一方面，社区生活中广泛存在的噪声污染、固体废物污染、水环境污染、视觉污染、废气污染等问题，因为缺乏足够的资金投入和有效管理，较城市社区更加突出。

（四）就地城镇化的推进策略

1. 就地城镇化的核心在于推动公共服务和基础设施城乡一体化

就地城镇化不仅仅是我们统筹城乡发展、推进城乡一体化的有效手段，同时也是建设我国社会主义新农村的重要篇章。不能一提到就地城镇化就搞大拆大建、赶农民上楼，要充分利用现有农村居民点，培育就地城镇化生长点，重点通过对公共服务设施和公共基础设施的改造、升级，让农村居民也能就地享受到城镇的配套服务，实现城乡基础设施一体化和公共服务均等化。基础设施方面，重点是推进新社区的道路、垃圾清运处理设施、污水集中收集处理设施的建设。公共服务是就地城镇化形成的农村新社区的短板，需要在以下几个方面加大力度：一是大力发展农村新社区的教育教学。建立多元化、多渠道的教育供给体制机制，改善农村新社区中小学教师的住宿条件，提高待遇，改善师资质量，优化优质教师资源的城乡均衡分配。二是大力发展基本医疗和公共卫生服务。进一步加大财政转移支付力度，使财政资金的投入重心不断下移，加强基本医疗信息化建设，构建“小病在社区，大病到医院”的医疗服务模式，为农村新社区居民提供优质、安全、价廉的基本医疗服务。三是大力发展社会保障事业。提高新型农村养老保险的公共财政支出水平，加强农村新社区的养老保险体系建设，适度提升农村社区居民的基础养老金保障水平。特别是要与城镇职工基本养老保险制度有机连接和顺利对接。适当提高、调整新型农村合作医疗的报销标准和报销范围。四是全面提升农村新社区公共服务水平。在综合考虑农村新社区区位、人口规模、经济社会发展实际的基础上，研究制定公共服务设施专项规划，完善基础设施配置。

2. 就地城镇化既要充分发挥政府推动作用，更要注重产业带动

加快推进农村居民集中居住进度是一项重大的惠民、利民工程，而这个惠民、利民工程需要我们注入足够多的人力、物力和财力，还需要我们进行精心的规划、组织和实施，如此巨大的资源投入和政策的有效贯彻落实，只有政府部门才能扛起这副重担。眼下不同区域进行的推进农村居民集中居住，原动力并非来自当地产业体系和社会发展的自然演进，很多就地城镇化的社区，第二产业发展之后，第一产业以种养业为主，农产品的深加工产业发展滞后，第三产业的质量和层次较低。就地城镇化的动力对于农村居民集中居住而言主要是一种外在的推动力，实际上就是政府部门通过规划进而达到一种社会干预的行为，其目的就在于通过政府干预来指导社会与经济发展方向、提高农村居民生活的幸福指数。因此，我们在重视政府对农村居民集中居住产生巨大推动力的同时，也不能忽视产业发展对农村居民集中居住的促进作用。产业才是城镇化和人口集聚的经济基础，只有产业发展了，居民才会有就业机会和收入，集体才会有财力进行公共产品的投入和维护，就地城镇化才有根基和动力，才能更好地实现城乡均衡发展。同时，只有生产方式转变了，生活方式才能随之转变，思想意识才会向城市居民转变，这样村民们才能真正实现城镇化①。各地在推进就地城镇化的过程中，尤其要重视产业发展、产业升级。结合当地的实际情况，选择符合当地资源禀赋的产业发展方向，走出一条以第一产业为基础、第二产业为中心、第三产业为引领，注重产业价值链提升，促进一二三产业融合、协调发展、有机融合，积极培育发展农业农村新产业新业态，推动各类生产要素跨界配置，壮大集体经济的新路子。通过产业发展促进经济体系的良性循环，夯实就地城镇化的经济基础，为就地城镇化的快速推进提供物质基础。

3. 既要关注物的城镇化，更要注重人的城镇化

加快农村居民集中居住的进程是一项纷繁庞杂的系统性工程，这其中不仅涉及农村居民集中居住选址的规划、农村人口的征地拆迁、农村居民

---

① 胡宝荣、李强：《城乡结合部与就地城镇化：推进模式和治理机制——基于北京高碑店村的分析》，《人文杂志》2014 年第 10 期。

集中居住点建设、生活配套基础设施建设等物质层面的因素，还包含农村居民集中居住点建成后所引发的农村劳动力就业、社会保障、身份认同、文化生活等与“人”有关的非物质层面建设的方面，农村居民集中居住的建设离不开物质层面与人文层面的护卫辅助与整体推动。事实上，我们不难发现农村居民集中居住区只为农村城镇化提供了一个物质的外在载体，人的城市化才是农村居民集中居住区的核心和灵魂。因此，农村居民集中居住建设过程中新型城镇化的“核心是以人为本，关键是提升质量”。要求我们必须把以往只关注征地、建房等“物本”的农村城镇化转变为重视居民需要、关注居民发展的“人本”的农村城镇化。因此，如何完成农村新社区居民“人”的城镇化就成为关键。要注重通过各种教育和职业技能培训，让农村新社区居民彻底转变为城市居民，尽快适应新社区的生活方式。以新市民的姿态住在新社区、面对新生活，提高居民的文化素质、道德修养、谋生技能，提高居民的人力资本，帮助他们树立正确的人生观、价值观、道德观，树立社区和公共意识，尽快适应新社区的生活方式。

4. 就地城镇化需要重视环境保护

就地城镇化后，农村新社区的居民环境意识薄弱、社区环保设施建设滞后，既要面对农业传统的面源污染，又要面对居住密度增加带来的社区污染问题，因此农村新社区要尤其重视环境保护问题。一是在农村新社区规划阶段就要重视环境保护问题，合理规划各类污染物收集、清运和处理的设施和处所。二是要提高社区居民环境保护意识，提高社区居民的人居环境意识，普及环保知识、传播环保理念，开展各类整治行动，加大财力、物力和人力投入，提升居住环境质量。三是要加强对社区内污染源的整治，开展系统性、有针对性的整治活动，提高治理效果。如对社区内的餐饮、洗车、商业等带来的噪声、废气等污染的整治，加强社区周边水系的清理，保护社区水环境。五是加强对传统农业面源污染的管控。

第八章
新常态下城乡一体发展的新建构

一　政府与市场"双力"协同推进

城乡一体化是城市化发展到高级阶段的形态，是人类经济社会发展到一定阶段的必然归宿，但促进城乡发展一体化是一个复杂的系统工程，建立健全城乡一体发展的体制机制是一项长期艰巨的历史任务，必须充分发挥市场和政府两只手的作用，"双力"共同推动，实现自生自发与外部干预相结合的城乡一体发展模式。一方面，必须遵循市场经济规律，充分发挥"市场之手"的决定性作用，优化城乡资源要素配置，引导城乡内部产业集聚，激活城乡一体发展的内在动力；另一方面，要更好地使用"政府之手"，强化政府在政策创新、体制改革等制度安排中的核心推动作用，消除城乡一体发展的体制性障碍，合理配置基本公共服务资源，"双力"共同推动城乡一体发展。

（一）政府与市场关系分析

党的十八届三中全会通过的《中共中央关于全面深化改革若干重大问题的决定》中提出，"经济体制改革是全面深化改革的重点，核心问题是处理好政府和市场的关系，使市场在资源配置中起决定性作用和更好发挥政府作用"。市场在资源配置中起决定性作用是市场经济的一般规律，政府发挥作用是市场存在和正常发挥作用的必要条件。

在城乡一体化过程中需要解决两个问题：一是效率问题，即如何促进传统农业向现代农业转变，提高农业比较效率；二是公平问题，即如何推动城乡公共资源均衡配置和城乡社会管理一体化，使农民与市民享有同等的公共服务。鉴于市场和政府各自的特征，一般地，主要由市场来解决效率问题，由政府来解决公平问题（见图8-1）。从而做到：促进城乡生产要素自由流动、平等交换，提高农村经济发展效率；提高农村公共产品供给水平，促进城乡基本公共服务均等化；促进城乡之间形成合理的产业分工，增强农村可持续发展能力；转变政府职能，推进城乡行政管理体制一体化。从市场发挥主要作用的层面来说，主要包括如何促进城乡要素自由、平等交换，促进三次产业之间的协调发展，发挥产业对城乡一体化的支撑作用。从政府的视角来说，主要包括发挥政府的宏观调控作用，促进城乡公共资源均衡配置、促进城乡行政管理体制一体化。城乡一体化的空间差异与阶段特征则是解决上述问题的现实背景。

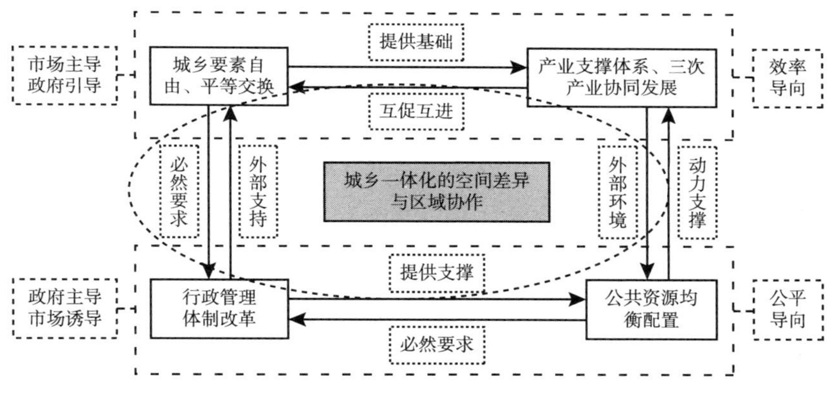

图8-1　政府与市场的逻辑关系

作为资源配置的两个基本手段，市场与政府各有利弊。在资源配置的微观层次，市场机制的优势在于能提供适当的激励，及时处理获得的信息，发挥分散决策的优势，市场机制调节也会带来市场缺陷和市场失灵，城乡一体化过程中的市场失灵是政府干预的逻辑起点。政府的优势在于对宏观资源的配置和调控，在于能够为市场经济的发展提供稳定的外部制度框架，政府发挥作用是市场存在和正常发挥作用的必要条件，正是由于政府的保护和干预，市场才得以发挥资源配置的正面作用。

(二) 基本立足点

在协同发挥政府与市场作用机制的时候，必须基于以下四个立足点。

1. 正视农业、农村、农民发展滞后的现实

改革开放以来，城乡发展出现了持续失衡的状态，整体上看，农业弱质、农民弱势、农村落后的格局长期存在。城乡收入差距有不断扩大之势；城市和农村居民享受到的公共服务数量、质量呈现出“剪刀差”状态；土地城镇化快于人口城镇化、工业化快于城镇化；城乡居民拥有的生产要素数量以及要素本身的报酬率的差异没有显著改善。因此，必须强调政府在兼顾城乡利益、理顺城乡关系、协调城乡发展、缩小城乡差距中的主导作用。

2. 立足于新的历史起点

经过多年的改革开放和经济增长，我国国力日渐强盛，经济具备了从数量增长向质量转型的物质基础；在新农村建设的深入推进下，农村基础设施不断改善、社会事业全面进步，农村居民居住条件和生活环境显著提升，农村呈现出新面貌；在户籍制度、土地流转制度以及公共服务均等化等方面积累了丰富的经验，农村人口逐步转移和现代农业建设稳步推进；相比较普通农民工，新生代农民工对现代城市就业和生活的适应能力更强，成为未来城镇化的主力军。新形势下，城乡一体发展站在新的历史起点，城乡一体发展的手段日渐丰富、动力来源多样、政策回旋余地更大。

3. 立足于不同体制机制相互作用的内在机理

城乡一体化相关制度在变迁过程中形成了制度的“耐久性”，制度相互之间的关联效应进一步加重了制度的“惰性”。相关体制机制的建立，有些是在短期内可以突破的，有些可能在既定的框架下需要长期培育市场机制、树立理念、凝聚共识才能够实现。因此，在健全体制机制时，必须从现实考虑相关体制机制耦合的内在机理和逻辑起点，注重相关体制机制安排的层次有别和内生有序、效率兼容和利益兼容，防微虑远，趋利避害，从而提高体制机制安排的兼容性、包容性和低成本，实现相关政策的效率兼容、利益兼容。

4. 立足于中国经济发展阶段与区域发展差异

不同体制机制安排的内在运行机理和效率发挥需要一定的经济社会基础，基于中国的大国特征和经济发展阶段，资源禀赋不同地区的城乡一体化体制机制选择存在极大的差异性。如东、中、西部地区，大、中、小城市的经济社会发展存在较大的空间差异和区域不平衡，因此政府与市场的作用边界也应存在差异。必须保证政府与市场作用发挥和各地经济发展状况匹配，寻求效率兼容、层次有别、与时俱进的体制机制安排和配套政策，从而发挥各种体制机制之间的协调效应，调动各主体的积极性。

二　推进农业供给侧改革，发挥市场决定性作用

农业供给侧结构性改革是提高农业创新力、竞争力的重要手段，是开创农业现代化建设新局面的重要抓手。2015 年 12 月召开的中央农村工作会议，首次提出了“农业供给侧结构性改革”，强调要着力加强农业供给侧结构性改革，提高农业供给体系质量和效率。习近平总书记多次强调，要把推进农业供给侧结构性改革作为农业农村工作的主线。“要推进农业供给侧结构性改革”，做到“不断提高农业质量效益和竞争力”。在推动城乡一体发展的过程中，要积极推进农业供给侧改革，发挥市场决定性作用。

要推动农业生产效率的提升和组织化程度的变革。通过强化市场机制的决定性作用，改善供给侧环境，优化供给侧机制；加大农村土地形式多样的规模化经营，提高规模效益，加大对家庭农场、专业大户、农民合作社、农业龙头企业、“新农民”等新型经营主体的培育力度，加大资本下乡的扶持力度，达到农地适度规模和专业化经营以改善规模经济和分工经济，通过经营规模化、生产标准化、营销品牌化促进农业现代化发展。形成有效的中间主体进行投资和迂回交易的组织机制①，推动从小而全且分散的封闭小农经济体系全面转轨，由增产导向转向提质导向。

要推动农产品供给的优质化、绿色化、品牌化发展。以市场需求为导

① 罗必良：《农业供给侧改革的关键、难点与方向》，《农村经济》2017 年第 1 期。

向，适应消费升级趋势，发展绿色高附加值农业，减少低端无效供给，增加中高端供给，重点生产销路好、品质高、市场缺的优质农产品；大力发展资源节约型、环境友好型农业，发展深层次农业，通过加强技术创新和实行绿色农业生产标准，推行绿色种养、生态循环等绿色生产方式，实现资源永续利用、生产生态协调发展；通过将乡村特色资源转化为产业、产品优势，推动形成“一村一品”“一县一业”的乡村产业发展格局，实现差异化竞争，错位发展。

要围绕提升价值链、延伸产业链、打造供应链做文章。纵向上，以相关利益联结机制为纽带，构建多主体参与的分工与合作机制，让普通农户和新型经营主体形成共担风险、互利共赢的利益共同体，以工业与服务业延伸农业产业链、以生产要素融合及发展理念契合等为路径，加快构建生产、加工、物流、营销一体化发展新格局，做强一产、做优二产、做活三产，推动一二三产业深度融合发展，全面提升农业综合素质、效益、竞争力，改革利益分配机制，让农民有机会分享更多的产业链增值收益。横向上，要大力拓展农业的多功能性，发展乡村旅游、休闲农业、“互联网＋”等现代乡村产业，以创新农业经营体系、健全农业社会化服务体系为纽带，大力发展农业生产性服务业，为农业经营主体提供产业化、专业化、社会化的服务①，促进农业的全环节升级、全链条升值。为乡村创新创业营造良好的环境，鼓励各类人才、各类资本返乡下乡创新创业。同时，重视科技创新、模式创新以及人才培养。

三 深化体制机制改革，发挥政府的主导作用

（一）城乡一体发展过程中政府的作用分析

城乡一体社会的实现仅靠乡村自身的努力肯定不可能，由于中国的乡村长期受到城市发展的挤压，农业自身生产率水平低下，必须依靠外部力

① 刘灿、刘明辉：《产业融合发展、农产品供需结构与农业供给侧改革》，《当代经济研究》2017 年第 11 期。

量的介入，借助外部资源才能逆转衰落的命运，实现乡村的新生①。在追求集体目标上，政府在对变革的影响、推动和调节方面的潜力是无可比拟的。尤其是中国转型时期特殊的社会历史背景决定了政府必须在城乡一体化过程中发挥重要的积极作用。与资本主义国家不同，我国实行的是社会主义市场经济体制，而社会主义是建立在生产资料公有制基础上的，政府必然具有领导和组织经济发展的职能②。同时，作为一个转型国家，中国市场体系的发育不可能是一个纯粹的“自生自发”过程。中国城乡一体化的进程具有相当强的政府主导色彩，从某种意义上说，中国市场体系的发育在很大程度上是政府推动、培育的结果，政府必须也必然会在市场体系发育过程中发挥一系列重要的作用③。

中国“三农”问题的复杂性决定了必须充分发挥政府的主导作用。对城乡一体化问题的认识和解决之道必须根植于中国特殊的国情，长期以来，我们走的是一条工业化与城市化脱节、城市发展与农村发展脱节的现代化道路，城市现代化是通过汲取农村资源、剥夺农民利益来实现的。城乡一体化面对的现实是：工业强势、城市强势而农业弱势、农村弱势，以及政府强势、市场强势而社会弱势。由于纯粹的市场机制具有内在的差异化与非均衡发展的动力，同时由于城乡要素劳动生产率的差异，单纯依靠市场的自发力量，将进一步导致农村要素资源净流向劳动生产率更高的城市，造成城市的资金、人才和技术越来越多，而农村的资金、人才和技术越来越匮乏，城乡差距扩大。根据新经济地理学理论，这个过程具有循环累积、自我增强的特征，导致城市对乡村具有主导和支配作用。也就是说单靠市场机制无法实现城乡一体发展，反而在“马太效应”作用下，城乡差距会进一步拉大。因此，城乡隔离不能单纯依靠市场机制解决，必须依赖政府采取特定的制度安排，才能促进城市带动农村、工业带动农业。因此，中国城乡一体发展的特殊社会历史背景决定了政府必须发挥重要的

---

① 王文龙、万颖：《乡村的终结与新生：政府作用探讨》，《经济体制改革》2013 年第 1 期。

② 钧胡：《科学定位：处理好政府与市场的关系》，《经济纵横》2014 年第 7 期。

③ 何显明：《市场体系发育过程中有效政府的行为模式——基于浙江义乌的个案研究》，《中共浙江省委党校学报》2007 年第 6 期。

积极作用，通过国家发展战略和规划对城乡发展进行引导和调控。中国城乡一体发展推进的突出特征是政府主导，政府必须更加尊重客观经济规律，调适中国城乡一体发展的制度安排，依靠政府统筹推进一些重要领域和关键环节体制机制改革，以便更好发挥市场的自发调节功能，拓展市场经济内在运行机制发挥作用的空间。同时，采取不平衡发展战略，通过政策调整加快农村地区的发展，发挥城市的扩散效应，为农村提供经济发展和自我良性循环的基本条件，促进城乡一体发展。

政府在运用公共政策引导市场发挥作用的过程中，必须恪守必要的行为边界。政府主导的城乡一体化推进模式充分体现了中国的制度创新性及灵活性，又是中国二元经济结构产生的重要根源。政府主导既可以体现为政府直接支配整个市场体系的发育、强制性地干预微观经济过程，也可以体现为政府通过政策引导和扶持市场发育，以及在中观层面对经济发展进行适度调控①。在强调政府主导的时候，必须避免落入政府“全面主导”的陷阱，避免政府的“扶持之手”蜕变为“掠夺之手”。

（二）促进生产要素城乡自由流动、平等交换

城乡一体发展需要在破解城乡二元结构、推进城乡要素自由流动和平等交换方面取得重大突破。传统的城乡二元结构与城乡一体发展是内在对立的，要实现城乡一体发展，就必须从制度上破解城乡二元结构形成的根源，这自然要求推进城乡要素自由流动和平等交换。只有破解了城乡二元结构，实现了城乡要素平等交换，才能取得城乡关系的重大突破②。

1. 有序推进农业转移人口市民化

农业转移人口市民化滞后既是当前中国城镇化质量不高的主要原因，也是城乡一体发展的主要制约要素。因此要在坚持自愿、分类、有序的基础上，鼓励有条件的农村居民整户转为城镇居民。考虑到目前中国农业转移人口市民化成本具有分层异质性、主体多元性和动态累积性特征，要推

① 何显明：《市场体系发育过程中有效政府的行为模式——基于浙江义乌的个案研究》，《中共浙江省委党校学报》2007 年第 6 期。

② 高长武：《习近平关于推进城乡发展一体化的思想论析》，《毛泽东研究》2017 年第 2 期。

行合意的市民化成本分担制度，就要从还权赋能方面和合理设计分担机制入手。一是建立农业转移人口市民化的成本分担机制。在区分农业人口的跨省区转移和省区内就地转移的基础上，构建政府、企业和个人“三位一体”的成本分担机制，有序推进农业转移人口市民化。可以将政治、经济、社会发展权逐步赋予农业转移人口，可以考虑由国家统筹义务教育阶段的生均经费随农业转移人口迁移，通过政府购买社会职业技能培训，提升专业人口的就业能力。推动中央政府、异地城镇化流入地政府和本地城镇化地方政府采用差异化的公共政策，由政府承担农业转移人口市民化在义务教育、劳动就业、基本养老、基本医疗卫生、保障性住房以及市政设施等方面的公共成本；企业落实农民工与城镇职工同工同酬制度，加大职工技能培训投入，依法为农民工缴纳职工养老、医疗、工伤、失业、生育等社会保险费用；农民工自己也要积极参加城镇社会保险、职业教育和技能培训等，并按照规定承担相关费用，提升融入城市社会的能力①。统筹制定农业转移人口的“城市进入环节、城市融入环节、农村退出环节”的操作性程序，同时要考虑城镇化政策的过渡性和农业转移人口参与市民化成本分担的选择性，以提高公共政策效能②。二是要完善政府主导机制、自愿转化机制、素质提升机制、动能补充机制、城乡融合机制、配套改革机制等多种机制，在进行土地制度创新、户籍制度创新、社会保障制度创新、财政支持制度创新、法律制度创新、其他制度创新等多重创新的基础上，有序推进农业转移人口市民化。

2. 健全城乡一体的土地市场

目前中国城乡土地市场在土地产权、土地用途、交易方式、交易价格等方面都体现出明显的二元特征，城乡两个土地市场之间连通不畅。构建城乡统一土地市场是城乡一体发展的必然选择。重点包括：一是构建城乡土地制度变迁的联动机制。在符合规划和用途管制前提下，允许农村集体经营性建设用地出让、租赁、入股，实行与国有土地同等入市、同权同

---

① 《国家新型城镇化规划（2014—2020年）》，http://news.xinhuanet.com/city/2014-03/17/c_126276532.htm。

② 谌新民、周文良：《农业转移人口市民化成本分担机制及政策涵义》，《华南师范大学学报（社会科学版）》2013年第5期。

价；建立兼顾国家、集体、个人的土地增值收益分配机制，合理提高农民（个人）收益，统筹高效配置土地资源。二是完善土地要素集聚机制。随着中国农业面临全球化的开放竞争态势，农业生产必须从传统的一家一户的经营模式实现规模扩大和加速转型。同时，城镇化的推进，也使得大量土地需要集中经营，从而推动农村土地集约化、规模化经营，这是现代农业集约化经营、规模化生产、机械化作业、产业化发展的必由之路。下一个时期，需要从倾向“分”到强调“统”，将分散的农户与瞬息万变的市场结合起来，走现代农业道路。鼓励转移农民以转包、出租、互换、转让、入股等适宜形式，实现土地向农业产业化龙头企业、农民专业合作社、经营大户、种田能手集中，推进农业适度规模经营，从而促进农业现代化。同时探索土地市场的价格市场形成机制，建立城乡统一的建设用地市场。当前，尤其要积极健全土地信托流转机制，进一步健全土地信托风险控制机制、定价机制、利益再分配机制，发挥土地信托的财产隔离、金融撮合和现代金融服务管理功能。三是建立农村宅基地的退出模式及运行机制。目前，农村宅基地存在用地面积超标、建筑容积率低、闲置过多等问题。合理设计和优化农村宅基地的退出模式及运行机制，对保护耕地资源、统筹城乡生产生活及生态空间，提高建设用地节约集约用地整体水平至关重要，也有利于农民工市民化。为促进农村宅基地的退出，必须建立合理的激励约束机制，在充分尊重农民意愿前提下，探索农村宅基地的有偿使用和有偿退出制度，探索超标准宅基地处置办法；在坚持农村宅基地集体所有性质不变的前提下，探索扩大农村空置宅基地交易主体、交易范围和交易方式；扩大农村空置宅基地交易广度和深度，建立宅基地有偿使用和退出中土地收益有效分配机制；探索农房抵押担保转让中宅基地占有权和使用权转移方法。宅基地退出机制的建立与运行，离不开相关配套政策的支撑，特别是以下三方面需要做深入探索研究①：建议由地方政府或者专业的金融机构建立类似于城镇土地收购储备制度的农村宅基地收购、储备体系；建立公益性的农村宅基地基金，满足对宅基地实施收购、整理

① 欧阳安蛟、蔡锋铭、陈立定：《农村宅基地退出机制建立探讨》，《中国土地科学》2009年第10期。

及退出补偿等的巨大资金需求；建立健全“两种产权、一个市场、统一管理”的城乡统一的土地市场体系。

3. 健全城乡一体的金融体系

中国金融资源配置存在严重的城乡不平衡，金融资源的城市导向配置体制，加之农业的弱质性和“三农”问题的复杂性，使得农村金融与城市金融相比金融资源供给严重不足，必须建立市场与政府扶持相结合的农村金融资源配置体系。一是加大农村融资体系建设力度。改变以往以工业化为主要服务对象的金融体系，加快构建适应统筹城乡的金融市场形成机制和发展机制，推进城乡金融相互帮扶、横向协作、优势互补、联动发展，进而构建与城乡一体发展相适应的金融服务体系。应从建设城乡一体化的高度出发，将农村融资体系建设置于财政支持框架之下，加大财政对农村贷款贴息、免征农业贷款营业税、设立农村贷款担保基金等的支持力度，有效培育农村金融市场，拓宽农村金融覆盖面，提高服务效率，引导银行等各类金融机构参与农村融资服务，满足城乡一体化建设差异化的金融需求。通过信用农户、信用村、信用镇建设，推进农村信用体系标准化建设，解决金融机构信贷投入信息不对称、不透明、采集成本过高和违约追索成本过高的问题；通过正规金融机构与新型金融组织之间的业务交叉和互助协作，形成功能互补的投入机制。二是加强对农村金融的扶持。对于金融机构在县域存贷款比例超过一定比例给予一定的激励和惩戒约束；可以对县域农村信用社的存贷款比例给予适当上浮，实行差别性存贷款比例和贷款利率，以更好地满足“三农”资金需求；放宽对农村金融机构再贴现的条件，扩大农村金融机构资金来源，调节信贷资金流向。强化金融机构新增存款主要用于当地的机制，增强正规金融机构加大对县域投放的内在动力；对于农户信贷、农业贷款由财政给予贴息，免缴全部营业税和所得税，并予以保险扶持，以降低风险；同时大力支持农业保险发展，建立农业灾害风险分担机制，释放农业金融风险，提高金融机构农业金融服务的积极性。三是完善多渠道筹资有效机制，加大对农村金融发展的支持力度。政府部门必须从政策上加大对农村金融的扶持力度，尝试建立农村资产流通服务中心，探索农村土地、房屋、宅基地等流转的抵押贷款形式，盘活农村资产，为农村金融改革发展提供支持。

4. 健全城乡环境资源平等交换机制

生态环境建设是城乡一体化的重要内容。城乡生态一体化是城乡一体发展的内涵所在，是实现城乡统筹又好又快发展的有效保证和重要支撑。目前，中国城乡环境保护存在严重的二元结构，必须统筹城乡环境保护和生态建设，实施城乡生态环境保护和治理工程。要建立城乡一体化的生态保护体系、污染治理体系和生态补偿机制，重点探索建立和完善生态环境补偿机制，在综合考虑生态保护成本、保护地发展机会成本和生态服务市场价值的基础上，采取财政转移支付或市场交易等形式，建立生态补偿机制，对生态保护给予合理补偿，使生态保护经济外部性内部化；完善环境保护长效机制，加强城乡环境监督管理，完善农村生活垃圾处理机制；完善可持续生产与消费的调节机制，调整与可持续发展战略不相适应的产业发展、消费、能源、价格及税收等政策措施。完善农业面源污染治理机制，建立面源污染治理的约束机制、激励机制和综合管理机制。加强对土地资源的节约集约利用，加快城镇污水和垃圾集中处理设施建设，探索合理的后期运转扶持机制，深入开展美好乡村、生态示范村镇、绿色生态社区等创建活动，进一步优化农村生态环境。

5. 健全城乡一体化的科技服务支撑机制

科技服务体系是科技成果转化为生产力的桥梁和纽带，是推动城乡经济发展的主导力量。完善科技服务体系尤其是农业、农村科技体系，对充分发挥科技在城乡一体化过程中的引领和支撑作用具有重要意义。目前，中国科技服务体系尤其是农业科技服务体系建设在管理体制、调动社会力量等方面仍存在不足，难以满足城乡一体发展需求。有必要构建城乡一体化的科技支撑和人才保障机制、强化科技成果转化机制和科研与生产紧密结合机制，探索公益性职能与经营性服务分类管理的办法，培育多元化的技术推广服务体系，完善农技推广的社会化服务机制；同时，加快信息化进程，建立资源共享、高效实用的城乡一体化信息网络平台，让先进的科学技术渗透覆盖到农业生产的各个领域，让科技成为推动城乡一体发展的强大动力。

同时要打造城乡一体的贸易平台，促进农村零售网络与城市流通系统整合。

（三）促进公共资源城乡均衡配置

注重完善乡村基础设施建设，推进城市道路、信息、网络、电力等基础投入向农村延展以及文化、教育、医疗、卫生服务等公共服务的城乡均等化发展，实现城乡发展的无缝对接。

1. 健全以城带乡联动发展利益共享的机制

由于城乡二元的经济社会体制的累积，中国农村基本公共服务水平相对城市来说还比较低。为此，需要健全以城带乡联动发展利益共享的机制，继续加强农村尤其是村庄内部的基础设施建设，加快农村社会事业发展，构建农村基本公共服务制度有效供给的新框架。着力在城乡规划、基础设施、公共服务等方面推进一体化，建立以城带乡联动发展利益共享的机制，逐步提高农村基本公共服务的标准、保障水平和保障范围，当前应该把基础设施建设和社会事业发展的重点转向农村，强化各级政府在农村基本公共品供给中的支出责任；在教育、医疗、养老等重点领域推动形成城乡基本公共服务一体化，建立农村公共服务保障水平与财政支出增速、经济发展速度等挂钩的增长机制。进一步优化村庄布局，加快推进改水、改线、改厕等工作，统一城乡垃圾收集、转运和处理，加大对农村生态环境的修复力度，形成城乡和谐的生产环境和人居环境。

2. 健全公共服务城乡均衡配置机制

基础设施是城乡一体发展的前提和保障，只有坚持城乡基础设施共建联通联网，加快推进公共服务向农村延伸，做到基本公共服务在城乡之间的均衡配置，才能实现农村与城市对接。要通过政府和市场这两只手，实现生产要素在区域和城乡的均衡配置，基于农村、农业落后的现实和农业生产率相对低下的现状，必须实现各级政府公共财政向农村的转移支付倾斜，转移支付可以依托小城镇这一空间载体，从而更多地、更好地、更有效率地服务农村地区；要加快建设覆盖城乡的基础设施网络体系，抓好供水、供电、学校、医院、排污、通信、垃圾处理站等重要硬件的规划布局和配套建设，继续加大通乡村公路、乡际公路建设力度，加大实施村村通工程的力度，有效推进城乡交通一体化；深入实施城乡教育联动发展计划，加大农村义务教育阶段经费投入力度，加强农村教育基础设施建设，强化农村学校师资保障力度，优化农村师资力量，缩小城乡教育资源配置软、硬件方面的差距，促进城乡教育均衡发展；建设城乡一体化的公共文化、公共卫生、医疗服务体系。

3. 完善农村公共产品供给机制

统筹推进城乡规划、交通、水利、电力、电信、环保等重大基础设施一体化建设，促进城乡基础设施供给走向平衡，健全城乡统一的就业与社会保障制度。进一步完善农民公共产品的需求表达机制、利益共享机制、财政倾斜机制、政策保障机制。强化地方政府的社会管理和公共服务职能，完善“一事一议”制度，提高普通群众的参与程度和参与热情，提高农村社区合作供给的决策效率；全面推进政务公开，保证政府工作的透明度和农民的知情权，通过政府与农民之间的信息互动来提高政府的反应能力、服务能力和服务效率；加快完善转移支付办法，提高农村基层政府的可支配财力。

4. 完善城乡公共资源均衡配置的财政体制

一是建立多层次投入保障长效机制。构建科学、规范、正向激励的多层次财政投入机制，着重推进城乡公共财政投入体制机制创新，扩大公共财政对农村公共物品供给的覆盖范围，优化财政投入结构，提高财政对城乡公共产品及公益性事业的保障能力。二是完善多渠道筹资有效机制。综合运用税收、参股、贴息、担保等手段，科学编制城乡经济发展产业项目规划，撬动更多的民间资本、工商资本介入城乡一体化建设。三是完善财政资金使用管理机制。针对目前支农资金政出多门，资金使用比较分散，未能形成合力、发挥应有效益，建议统一整合支农资金，加强对财政支农资金整合的预算管理，调整财政支出渠道和项目，大力推行国库集中支付制度；适当归并设置支农资金，突出财政支农资金的公共性，提高各项支农资金的使用效果，提升各类资金的使用效益。

（四）促进城乡行政管理一体化

创新城乡政府管理体制。转变政府职能，构建服务城乡的公共服务型政府，提高政府服务城乡一体发展的综合能力。建立各层级政府间的职责分工机制、部门协调机制和农业农村工作的考核评价机制；同时，改革市管县的单极、点状、分割、独立的行政管理体制，全面重构新型行政管理体制，尤其是要理顺各部门统筹城乡发展的职能权责，调整政府财政预算支出的结构和比例，将农业、农村、农民工作纳入各部门的日常工作职责范畴，形成完善的农村工作行政网络，优化农业农村工作长效机制和工作考评机制，从而加快县域经济和小城镇发展。

四　促进城乡产业融合发展，发挥产业的牵引作用

加快产业发展是深入推进城乡一体化的重要支撑。产业是推动城乡一体发展的根本动力和不竭源泉，没有产业支撑，城镇将失去发展活力和生命力，城乡产业协调发展既是城乡一体发展的基础，又是城乡一体发展的表现。

1. 健全城乡产业布局优化机制

围绕区域功能定位，充分发挥城乡各自比较优势，调整优化城乡产业布局，引导生产企业向园区聚集、龙头企业向农户辐射，服务业向生产生活靠拢。首先，重视城乡产业规划。从整体规划上要明确各区域差异化的主体功能定位，合理确定基本农田保护区、工贸区、生活休闲区、生态涵养区等，使城乡产业发展优势互补、相互衔接，从城乡之间的内在联系合理规划城乡布局、生产力布局、要素和人口布局，实现城乡资源的统筹安排和利用，做到城乡产业规划一体化。其次，促进城乡产业的交融性。促进城乡产业不断融合、协调发展，打造城与乡、工与农之间的产业链，使得城乡产业之间形成经济上的互补和交融（包括要素互补、产业互补、互为市场、互相服务），将城乡经济发展纳入同一轨道。最后，促进城乡产业的互补性，从而协调城乡产业分工，优化城乡产业布局。离主城区较近的县区，要突出发展都市现代农业，培育乡村产业发展新动能。深入推进田园综合体、现代农业产业园、农业科技园区、创业园建设，建设现代农业创新高地。

2. 健全农业产业提升机制

逐步建立农产品生产、加工和流通等环节连成一体、协调运转的农业产业体系，并且在此基础上建立带领农民有组织走向市场的组织形式，提

升农业产业化水平。要对农机大户、种粮大户和农机服务组织购置大中型农机具，给予信贷支持，加快推进农业机械化。要大力发展农业生产性服务业，通过贴息补助、投资参股和税收优惠等政策，提高农业生产的组织化程度。加大对农业龙头企业的扶持力度，有效解决农户分散经营与大市场的连接问题；以大力发展农民专业合作经济组织为切入点，有效解决市场、企业、农户之间矛盾；要鼓励各类金融机构加大对龙头企业的信贷支持，扶持壮大龙头企业，提升市场竞争力和科技含量，培育知名品牌。与此同时，要鼓励农民和社会力量投资现代农业，使现代生产要素得以汇集到农业产业中，实现对传统农业的改造。

3. 创新小城镇产业引入机制

到2019年底，中国城镇化水平首次超过了60%，达到了60.60%，但县级行政区划数量众多，在中国大部分城镇尤其是中西部城镇普遍存在产业规模小、基础设施薄弱、技术创新能力弱、综合承载能力不足的问题。因此，在新的历史时期，需要把城乡产业发展放到同等重要的位置上，把握城乡产业发展规律和融合趋势，加大落后地区产业发展投入和扶持力度；引导各地把更多的一般制造业的发展空间让渡给小城镇，从而为城乡一体发展创造载体，为农民就地就近创业就业创造条件。位于不同区域的小城镇要采取差异化的发展战略。根据不同城镇的要素条件、区位特点、市场环境及历史传统，选择具有市场竞争优势、产业链关联度高、代表区域特色的产业作为主导产业，突出产业集聚，形成具有区域竞争力的产业集群，以政策引导小城镇的企业提高技术创新能力，通过企业间的合作获取技术外溢效应，提高其生产工艺水平及产品质量，从而提升市场竞争力。

4. 健全差异化的区域经济发展机制

区域性差异决定了各区域在城乡一体发展过程中的主要任务、政策着力点的差别，必须对城乡一体发展的政策机制进行差异化设计，从而提高实施效率。对城乡分离发展阶段的区域，城乡一体发展的重点是培育城市产业体系，培育、激活市场主体，构建新型工业化推进机制，推进工业化和城市化进程，提升城市对农村的带动能力。努力扩大招商引资，拓展项目和投资来源；发展基于资源禀赋的特色产业，建立健全产业体系；完善城市基础设施建设，在城市自身发展的基础上，发挥城市对农村地区的辐射带动效应，为农业现代化、农村工业化创造条件。对处于城乡互动发展阶段的区域，城乡一体发展的重点是在进一步发展城市工业、服务业的基础上，采用行政手段和市场手段相结合的方式，加强对农村产业的财税、金融支持，使农村发展速度赶上并超过城市；通过土地流转、连片整理等方式，提高农业机械化、经营产业化、服务社会化水平，提高农民承包经营土地的集中度、流动性和财富性；重点实施近郊农村城市化、农民就地城市化，实现近郊农村自然对接城市公共服务和基础设施。对处于城乡统筹发展阶段的区域，城乡一体发展的重点是充分发挥市场在资源配置中的基础作用，加强土地、劳动力、资本、技术等生产要素市场建设；实现城乡规划、产业发展、基础设施、公共服务等一体化，促进城乡要素的自由流动，把城市发展的成果更好地惠及农村居民。强化城乡规划一体化，形成健全的现代村镇体系；推动产业结构优化转型，实现产业区域化、一体化、差异化发展；坚持基础设施先行，实现城乡基础设施均衡化；加强城乡一体规划，将城市的基础设施和公共服务向乡村延伸。对处于城乡一体发展阶段的区域，城乡一体发展的重点是全面破解城乡二元社会管理体制难题，纠正区域社会治理方式与社会现实之间的错位，以城市社会的治理方式来治理整个区域，形成以城市为蓝本的社会管理体系。推行镇改街道和村改社区步伐，以城市型建制取代地域型政区，实现社会经济管理与运行机制的一体化；实行城乡统一的社会福利与社会保障制度，从福利保障、社区治理、社会文化融合的角度进一步推动城乡一体融合发展。

五　推进各种形式的城镇化，发挥城镇化的推动作用

1. 积极推动就地城镇化

通过积极推动就地城镇化，建立健全新型农村社区发展体制机制，全面拓展“三农”工作，促进城乡一体发展。城乡一体发展要求有一个能够接受和承载城市现代文明传播与扩散的有效载体，而中国传统农村社区由于其布局分散、规模偏小等原因，难以承担此任。新型农村社区，是新

农村建设的组成部分，是建设新农村中“三农”全面接受工业化、城市化带动的有效载体和枢纽，是城乡一体化的“终端”区域。一是要充分利用现有农村居民点，培育就地城镇化生长点，重点通过对公共服务设施和公共基础设施的改造、升级，让农村新社区居民也能就地享受到城镇的配套服务，实现城乡基础设施一体化和公共服务均等化。二是在建设新型农村社区过程中，首先必须规划先行，突出规划的引领作用，避免一刀切，搞形式。其次要提高土地利用率。要挖掘农村土地潜力，提高土地利用率，要加大土地增减挂钩和土地综合整治等相关政策的执行力度，充分利用原有建设用地、空闲地和废弃地。最后，资金筹措是推进新型农村社区建设的关键，要整合各类新型农村社区建设资金，提高资金使用效率和效益。三是要结合当地的实际情况，选择符合当地资源禀赋的产业发展方向，走出一条以第一产业为基础、第二产业为中心、第三产业为引领，注重产业价值链提升，促进一二三产业有机融合、协调发展，积极培育发展农业农村新产业新业态，推动各类生产要素跨界配置，壮大集体经济。通过产业发展促进经济体系的良性循环，夯实就地城镇化的经济基础，为就地城镇化的快速推进提供物质基础。四是要注重通过各种教育和职业技能培训，让农村新社区居民彻底转变为城市居民，尽快适应新社区的生活方式。以新市民的姿态住在新社区、面对新生活，提高居民的文化素质、道德修养、谋生技能，提高居民的人力资本，帮助他们树立正确的人生观、价值观、道德观，树立社区和公共意识，尽快适应新社区的生活方式。

2. 优化城镇体系①

城镇体系本身有特定的系统性、层次性、协同性的内在要求，为此要根据中心城市的辐射半径，合理布局次级城市，优化城镇体系，建立城镇间的梯级辐射传导机制和反馈机制，促进城乡之间资源要素的对流。一是要增强中心城市辐射带动功能，做大做强中心城市。积极推进户籍制度改革，分层次、分类型、多途径推进农业转移人口市民化，提高户籍制度的开放性、公平性。二是要加快发展中小城市，积极推动以大城市为龙头的

① 《国家新型城镇化规划（2014—2020 年）》，http://news.xinhuanet.com/city/2014-03/17/c_126276532.htm。

城市群建设。在这个过程中尤其要注意发展县城，要以城乡规划为引领、重点项目建设为突破、精细化管理为保障，加快人口集聚、产业集聚、人才集聚、商业集聚步伐，全面提高县城要素集聚能力和经济辐射能力，更好发挥城乡融合发展的引擎作用。尤其是要提高县城承载力，推动产城融合发展。强化城乡基础设施互联互通，推进城乡公共服务一体化发展。统筹县城规划、建设、管理三大环节，提升规划水平，拓展城市发展空间；提升建设水平，完善服务功能；提升管理水平，增强城市活力。补齐市政基础设施和公共服务短板，推进精细化管理，吸引更多农业转移人口落户，增强县城在县域经济发展中的带动作用。统筹新区旧城一体化建设，高标准打造县城新区，加强旧城改造，促进园区与县城资源共享、设施配套、功能互补、融合发展。三是要有重点地发展小城镇。按照控制数量、提高质量，节约用地、体现特色的要求，优化小城镇体系，注意城镇间的经济联系和空间布局，尤其要根据小城镇区位和自然资源条件，推动小城镇发展与疏解大城市中心城区功能相结合、与特色产业发展相结合、与服务“三农”相结合。要做特做活特色小城镇和特色小镇，加快实现由镇向城转变，争取发展成为县域副中心，使其成为新型城镇化的重要节点、城乡统筹的纽带，成为就地吸纳农业转移人口的重要载体。重点打造一批加工制造、商贸物流、科技教育等类型中心镇或特色小（城）镇，承接城市功能外移，推动逐步形成为县城或中心城市服务的配套卫星城镇；重点打造一批特色农业、农产品加工、农旅结合、商贸物流等类型中心镇或特色小（城）镇。要改变过去“撒胡椒面”式的开发模式，在资金安排、项目安排等方面向特色乡镇适度集中。

3. 健全区域协调发展机制

基于中国大国特征下的区域发展差异，在制定和实施区域发展政策时，更加突出分类指导和区别对待的原则，要根据各地区的土地、水资源、大气环流特征和生态环境承载能力，合理设计城镇化空间布局和城镇规模结构，在《全国主体功能区规划》确定的城镇化地区基础上，发展集聚效率高、辐射作用大、城镇体系优、功能互补强的城市群，培育若干世界级的城市群，使之成为支撑经济增长、促进区域协调发展、参与国际竞争合作的平台。鼓励城市群之间和城市群内部开展多层次、多形式、多领域的区域合作，建立城市群之间和城市群内部的协调发展机制，从而形成大中小城市和小城镇协调发展的“两横三纵”城镇化战略格局，最终实现东部、中部、西部地区，大、中、小城市的城乡一体发展。在这个过程中，要健全以下五大机制：一是要健全市场机制。区域发展不平衡是自然、历史、经济和政治的各种因素综合作用的结果，在社会主义市场经济条件下，推进区域协调发展，必须打破地区封锁，加大对地方保护主义的制约，加快建立全国统一市场，实现生产要素在区域间自由流动和产业转移。二是要健全跨区域合作机制。中国地域广阔，地区之间具有广泛的合作基础，如中西部地区具有资源优势，而东部地区具有资金、技术、人才优势，跨区域合作机制的建立有利于各地发挥各自的资源优势。要探索建立制度化的区域合作机制，开展多层次、多形式、多领域的区域合作，在合作中提高资源的配置效率。三是要健全跨区域互助机制。区域互助机制是社会主义制度优越性的重要体现，也是新中国多年的实践。要在总结经验基础上，鼓励发达地区采取多种方式加大对欠发达地区的帮扶力度，创新帮扶形式，提高帮扶效率。四是要跨区域健全扶持机制。在这三个机制充分发挥作用的基础上，加大政府特别是中央政府的调节力度，才能更好地促进社会公平，才能更好地提供公共服务，创造良好的生活环境和公平的起点。尤其是在义务教育、公共卫生、公共安全、公益文化、最低生活保障和扶贫等方面，亟须通过财政转移支付，逐步实现城乡之间、区域之间公共服务均等化①。五是要建立完善跨区域协调机制。建立城市群成本共担和利益共享机制，推进跨区域互联互通，促进基础设施和公共服务设施共建共享，促进创新资源高效配置和开放共享，推动区域环境联防联控联治，实现城市群一体化发展，从而加速推进城乡一体发展②。

---

① 覃成林：《区域协调发展机制体系研究》，《经济学家》2011 年第 4 期。

② 《国家新型城镇化规划（2014—2020 年）》，http：//news. xinhuanet. com/city/2014 - 03/17/c_ 126276532. htm。

附　录

城乡一体发展的案例研究

案例一：苏州

（一）表现

2014 年国家发改委正式批复同意将苏州列为“国家发展改革委城乡发展一体化综合改革试点”。苏州城乡一体化方面表现优异，实现了左手现代城市、右手诗意乡村的美好景象。具体表现在：城乡居民收入方面，2011 年城镇人均可支配收入达 41096 元，农村人均可支配收入达 21569 元，城乡收入比为 1.91∶1，远低于全国平均水平 3.13∶1；在公共服务方面，到 2013 年底，有 52.2% 的农户实现了集中居住，城乡低保实现全面并轨，全市农保逐步转向城保，并逐步提高指导标准，2013 年，在 2012 年提高 70 元的基础上，又提高了 60 元；农村居民的各项保险基本实现全覆盖；基础设施方面，城乡统一供水率达 95% 以上，农村自来水普及率达 99%，有 15% 的农村村庄的生活污水得到统一处理，受益农户达 29.4 万户，占 39%。农村与城市的差异基本消除。

（二）原因

苏州位于江苏省南部，总面积 8488 平方公里，2013 年底全市户籍人口 6538372 人，流动人口登记数 6538536 人。苏州根植于苏南模式，近年来工业化和城市化快速推进，第三产业蓬勃发展，城乡居民收入均显著高于全国平均水平。为工业反哺农业、城市带动农村提供了坚实的经济基础，为实现城乡一体发展提供了现实可能性。

1. 工业化快速推进

苏州经济结构整体上实现了以农业为主向以工业为主的转变。形成以二、三产业为主导的产业结构，三次产业之比 2010 年为 1.65∶52.62∶45.73。农村人口占总人口的比重也下降到 30%。

2. 经济实力雄厚

经济的迅速发展带来财政实力的不断增强，为城乡一体化提供了资金基础。苏州 2013 年地区 GDP 达到 13015.70 亿元，人均地区生产总值（按常住人口计算）12.32 万元，地方一般预算收入达 1331.03 亿元。

3. 乡村集体经济实力不断壮大

在苏州农村地区，工业成为乡镇经济主导产业，平均占乡镇经济总量的 60% 以上；村集体经济实力强大，农村集体资产超过 1350 亿元，村均集体收入超过 650 万元。乡村集体经济的发展为农村基础设施和公共服务产品的提供奠定了物质基础，也为农民增收提供了保障。2013 年，苏州农民财产性收入为 1643 元，占纯收入比重由上年的 11.2% 提高至 11.9%，对农民增收的贡献率提高至 11.7%，这其中很大一部分来自村集体的分红。

4. 外部压力不断增长

外部的压力使得苏州必须打破城乡分割的资源配置方法，从偏向城市转向兼顾城乡，从城市对农村的单向索取转变为城乡互补发展，从低价征收转向等价置换，利用好存量土地从而走上可持续发展之路。经过多年的经济高速增长，苏州进一步发展面临资源、人口和环境三大压力。表现在：土地资源紧缺，人均耕地已不到半亩；外来常住人口与本地户籍人口合计超过 1300 万，陆地常住人口密度每平方公里超过 2000 人①；部分乡村居住环境差，农房闲置增多；农业规模经营不够，效率低下，土地资源没有得到充分利用。

---

① 韩振武：《城乡社会保障并轨何以可能——苏州城乡一体化发展的启示》，《发展研究》2014 年第 5 期。

5. 政府高度重视

苏州市委、市政府以破除城乡二元结构为突破口，以创新城乡体制机制为关键，以优化城乡资源配置为重点，以城乡和谐发展为最终目标，大胆创新，先后设立了23个城乡一体化综合配套改革发展先导区，先后出台了100多个城乡一体发展方面的政策文件，推动城乡一体化改革。

（三）做法

1. 战略与规划

苏州市特别重视城乡规划一体化。按照一个中心城市、五个副中心城市、若干个中心城镇对全市区域进行合理规划，在工业、农业、居住、基础设施规划上实现城乡对接，形成“四规融合”的规划体系。推进城乡产业发展规划、城乡建设规划和土地利用总体规划的“三规合一”，实现工业、农业、居住、生态、水系、交通等20多个专项规划的城乡对接。发挥规划和政策的引导作用以及市场在资源配置中的决定性作用，促进城乡资源有效配置。通过规划调整和优化产业布局，形成城乡产业特色鲜明的现代农业、先进制造业和现代服务业的产业体系。通过制订和实施城乡产业发展规划，确定不同区域产业发展重点。

2. 制度与政策

一是推进“三置换”“三集中”。“三置换”即农户把集体资产所有权、土地承包经营权、宅基地及农村住房置换成股份合作社股权、城镇社会保障和城镇住房。“三置换”是苏州平稳推进“三集中”及城乡一体发展的前提条件。“三集中”即推动工业企业向园区集中、农业用地向规模经营集中、农民居住向新型社区集中，节约了大量生产性资源，产生了集聚效应，使乡村工业和农业实现规模经营，从而使城乡公共服务均等化成为可能。二是发展“三大合作”，走强村富民的路子，即将农村经营性集体资产折股量化成立社区股份合作社，将集体所有、家庭承包经营土地入股成立土地股份社，鼓励农民组建农产品生产经营、农村服务业等专业合作经济组织；创新载体，促进现代农业发展。以“三化”与“三农”融合互动的理念，优化城乡一体化改革发展的思路。以“三大合作”为代表的新型合作经济成为苏州市农民参与市场经济的基本组织形式，成为农村集体经济的重要载体、农民持续增收的基本组成来源和农村基层民主的基本体制保障。

3. 管理与服务

推进户籍制度改革，鼓励农民进城进镇落户，建立城乡一体的社会保障制度和农业支持保护制度。实施“撤村建居”工作，将失地农民纳入城市社会管理体系。积极实施“区镇合一”的行政管理体制，加大农村地区的治安综合管理、信访维稳、消防等方面工作力度。推动教育、文化、卫生、体育等各项社会事业和公共服务设施加快向农村覆盖，提升城乡公共服务均等化水平；完善城乡基础设施建设，促进重要基础设施向农村延伸，形成基础设施城乡互通和均衡的新格局。

（四）启示

1. 发挥政府的主导作用

充分发挥各级政府的主观能动性，全面参与、主导城乡一体建设工作，发挥政府的主导作用，推动资源要素集中配置，优化城乡布局，拓展城乡发展空间；贯彻“多予、少取、放活”的方针，大力发展农村经济，创造条件实现农民从单纯生产者向既是生产者又是投资者转变，让广大农民像城市居民一样平等参与现代化进程、分享经济发展成果。

2. 加大城市反哺农村力度

苏州市较强的经济实力为城市反哺农村奠定了基础，通过大量的对农村财政补贴，推动了城乡均衡发展，2011 年 7 月率先实现城乡低保并轨，并不断提高标准。全市城乡基本养老、医疗保险制度全面并轨。不断加大在社会保障与就业、科技、教育、文化、医疗卫生和环境保护等方面的财政投入比重。

3. 以城镇化为载体

苏州市积极推动建制镇与各村庄的城镇化进程，将城镇建设作为城乡一体发展的载体。把全市 2.1 万个自然村庄规划调整为保留具有一定规模或历史文化的村落 1268 个，建设新型集中居住点 860 个，提高农民居住集中度，促进中心镇和新市镇加快发展。按照城镇规划区、工业生产区、农业发展区、农民居住区和生态保护区五种功能分区，促成镇村布局规划、土地利用规划、产业发展规划和生态文明建设规划“四规融合”。

案例二：深圳

深圳是我国改革开放后设立的第一个经济特区，也是中国改革开放的窗口。深圳市 2012 年经济总量居中国大陆城市第四位。全市总面积 2020 平方公里，2012 年末户籍总人口 287.62 万，非户籍总人口达 767.13 万。

（一）表现

深圳市 2013 年的城乡一体化得分在内陆城市中排名第一。在城乡居民收入方面，2011 年城镇人均可支配收入达 36505 元，农村人均可支配收入达 35000 元，城乡收入比为 1.04∶1，远低于全国平均水平 3.13∶1。近年来，深圳经济发展速度快，城市化水平不断提升，人口不断向现代化城市聚集，城市成为人们学习、工作和生活的主要空间，城乡的差异基本消除。目前，城市发展侧重于城市转型升级，向国际化及更高端化方向发展，成为中国城乡一体发展的先导区、示范区。

（二）原因

1. 经济结构不断优化

深圳经济整体上实现了以农业为主向以服务业、工业为主的转变。形成以二、三产业为主导的产业结构，第三产业比重持续提升，2013 年，第三产业增加值占 GDP 的比重达 56.6%。农村人口占总人口的比重也下降到 30% 以下。

2. 经济发展迅速

深圳经济规模不断扩大，经济增长稳中有进。经济的迅速发展带来财政实力的不断增强，为构建城乡一体化提供了资金基础。2013 年全市生产总值 14500.23 亿元，2013 年全市公共财政预算收入达 1731.26 亿元。为工业反哺农业、城市带动农村提供了坚实的基础，为实现城乡一体化提供了现实可能性。

3. 乡村集体经济实力不断壮大

在深圳农村地区，工业成为乡镇经济主导产业，在农业人口中，真正从事农业的劳动力不足2万人，大部分农民不再务农。深圳农民只是户籍管理意义上的“农业人口”，他们中的一部分务工经商，还有一部分有集体物业出租的分红。不断发展壮大的乡村集体经济为农村的基础设施和公共服务产品的提供奠定了物质基础。

4. 分步实施积极推进

针对深圳特区关内、外社会经济发展的不平衡状况，1992年，深圳市委、市政府出台了《关于深圳经济特区农村城市化的暂行规定》，推进深圳经济特区内农村管理体制向城市管理体制改革转型，在管理体制、集体经济组织、土地和房屋、人口管理、社会保障福利等方面逐步实施一体化的城市管理体制。2003年，深圳市委、市政府出台了《关于加快宝安龙岗两区城市化进程的意见》，在特区管内农村城市化的基础上，推动特区内、外行政管理体制统一。在此之后，深圳市成为中国第一个没有农村建制的城市。

（三）做法

深圳市在我国率先进行了农村管理体制的城市化改革，成为我国首个没有农村的城市。

1. 优化基层组织架构

深圳市首先改革行政管理体制，通过“撤县设区”、“撤镇设街”和“撤村改居”等，并将原村民委员会的职能分开，分别由股份合作公司、居民委员会和街道办事处承担。街道办事处的主要工作是加强社区建设和城市管理，这样有利于加大社区管理和公共服务的力度。而转型后的股份合作公司仍然保持集体经济全体村民成员共同持股的特征，维持了集体经济对村民的福利保障功能。通过打破“村落单位”制的基础组织架构，建立多元化的基层管理格局，将原农村社区的各项管理职能进行了分解，提高了效率。

2. 改革土地和房屋制度

土地和房屋管理政策是深圳市农村城市化改革的中心。通过土地和房屋管理制度改革，最大限度盘活了原农村土地资源，提高了开发建设水平。深圳市政府对集体所有尚未被征用的土地实行一次性征收，方便了城市统一规划建设。对原农村集体经济发展保留的非农建设用地和征地返还地，允许在符合一定前提条件下开发建设①。针对原农村工业用地，采用农村集体经济组织申请、政府公开交易平台出让、土地收益分成的做法，带动社区和市场主体二次开发的积极性。集体土地所有权的转变使原农村土地和房屋产权体制与城市接轨。

3. 完善人口和社会保障

在户籍制度和人口管理方面，深圳市将农业户口村民一次性办理农转非手续，转为非农业户口的城市居民。并规定转置的农业户口村民享受城市居民的最低生活保障标准，在制度设计上让农转非村民享有了与城市居民一样的社会和劳动就业保障等权利。

4. 加强基础设施建设和管理

深圳农村城市化改革中的另一项重要内容，就是将农村市政基础设施逐步统一纳入城市管理体系中，极大地改善了农村基础设施。

（四）启示

1. 产业发展是基础

城市化是生产要素在城市空间集聚和产业发展的过程，城市化的本质是产业的发展过程。深圳迅速发展的工业、服务业，以技术创新为动力的经济发展模式，为城乡一体发展提供了强大的物质基础，有力地促进了城乡一体化的迅速推进。

2. 充分发挥政府的主导作用

充分发挥各级政府的主观能动性，全面参与、主导城乡一体化建设工作。通过基层党组织分设后，社区党组织不再承担发展集体经济的任务，

---

① 周锐波、闫小培：《深圳市农村管理体制城市化改革研究》，《城市规划》2008 年第 4 期。

社区党建的工作重心转向搞好基层管理、社区居民服务，尤其是变革基层党组织，发挥基层党组织的战斗堡垒作用，创新党的领导方式和工作机制。

3. 加强体制创新

通过加强体制机制创新，加强领导、完善相关政策安排，避免相关政策措施流于形式。通过合理的机制设计，释放土地资产和资本功能，使得城乡生产要素双向流动优化配置，城市为农村提供技术、资金、人才，农村为城市提供发展空间，保证了改革发展目标的实现。

案例三：芜湖

（一）表现

2008 年 4 月 16 日，经安徽省政府同意，省发改委批准马鞍山市和芜湖市设立安徽省城乡一体化综合配套改革试验区。在城乡一体建设过程中，依托芜湖市江南水乡得天独厚的自然环境，因地制宜，加大投入，坚持城乡统筹，以城带乡，大力推进新农村建设；以产城一体、“三化同步”的发展思路，加快推进农业现代化建设进程，优化全市城乡空间布局和产业布局，实现了城乡共同发展错位竞争。2012 年城乡收入比为 2.56∶1，低于全国平均水平。在 289 个地级及以上城市中，城乡一体化得分居第 75 位，在安徽省排名第 3，高于省会合肥市。

（二）原因

芜湖市坚定不移地将城乡一体化与工业化、城市化有机结合起来，与建设社会主义新农村结合起来，大力实施城乡产业、规划、基础设施、社会事业、就业和保障、生态环境等“六个一体化”。

1. 强化城乡一体的意识

芜湖市委、市政府切实改变“城乡分治”的传统观念和做法，2009 年就召开了全市统筹城乡动员大会，2010 年又以“一号文件”形式下发关于加快城市化进程的实施意见，大力宣传城乡一体发展，使城乡一体、统筹发展成为各级政府和广大干部群众的共识和自觉行动。

2. 强化中心城市的辐射带动能力

芜湖市把城市化作为撬动经济社会发展的杠杆，以城市化提升工业化，带动城乡一体化。在明确划分中心城市、副中心城市、中心镇的功能定位和产业发展重点的基础上，做大做强中心城市；以经济技术开发区、高新技术开发区为带动，努力提高县区经济开发区、中心镇产业集中区的配套跟进能力；以建设经济强县、经济强镇为手段，增强中心城市的集聚和辐射功能。

3. 强化城乡规划的调控功能

从市域整体出发，以城市总体规划为引领，完善中心城市、副中心城市、中心镇和社区（居民点）四级结构的城乡一体规划体系，完善土地利用、基础设施、产业发展、社会事业等各类专项规划。在积极规划的基础上，积极引导工业企业向园区集中，人口向社区（居民点）集中，劳动力向第二、第三产业转移。

4. 强化体制机制保障

建立健全“以工促农、以城带乡”的长效投入机制，深化投融资改革，不断扩大公共财政的支持力度覆盖范围，加大公共财政向农村基础设施、社会事业、基层公共服务的倾斜。加强城乡统一的新型户籍管理、就业服务、教育培训、社会保障、社会救助等制度体系建设，建立健全失地农民和农民工医疗保障和养老保险制度，完善土地征用、村庄整理、集体建设用地流转等制度。

5. 强化城乡基础设施建设

抢抓中部崛起和新农村建设的政策机遇，以市区为中心、三县县城为副中心、重点镇为卫星城镇，整体推进，构筑城乡一体的大交通发展格局。加快城乡道路网一体化建设，构建以中心城市、副中心城市、中心镇、社区（居民点）为节点的完善的三级道路网络。构建中心城市到副中心城市的快速通道工程，实施副中心城市到中心镇的二级路畅通工程，大力实施城乡公交一体化工程建设。合理规划城乡客运网和客运站点布局，加大对农村客运站点的投入，推进城乡客运班线公交化改造，实现客运公交化。

6. 强化资金保障

建立多元化的投入机制。芜湖市积极加强项目对接，争取更多资金支持。协调各类金融机构，加大对村镇建设、基础农业、农产品加工等方面的信贷支持力度。加大招商力度、创新招商方式，引进规模较大的优质企业，实施产业集群化发展；扩大招商领域，鼓励社会资本、民间资本进入农村水利、市政、卫生、旅游、文化、教育、环保、能源等领域。

（三）做法

1. 重视规划引领，推进产业集中，促进农业工业化

高度重视规划的引领作用，把城乡一体化规划作为首要工作和实施重点。从全市域的角度，对3317平方公里市域，统筹考虑整个市域的人口、产业、资源，按照组团式空间布局发展，编制了覆盖市、县、乡、村四级的城乡一体发展规划，将1.1万个分散农民居住点改造为1000个左右的农村新型居住点，坚持城乡一体、市域统筹、和谐发展。有效整合和配置市域资源，积极促进城乡一体化进程。

2. 推进城乡产业一体化

芜湖市坚定不移地推进工业强市战略，大力培育发展主导产业、首位产业和新兴产业，打造现代产业集群，扩大产业规模，提升产业层次和能级。确立了以信息化带动工业化，加快发展机械装备、汽车零部件、新能源、电子电器四大主导产业，并提出了一系列量化指标。在促进产业发展方面出台了一系列政策措施，促进城乡产业一体发展。

3. 发展都市型现代农业，促进农业产业化

芜湖市依托中心城区的辐射带动能力，大力在郊区发展都市型现代农业，促进城乡产业协调一体发展。加大对传统农业的改造力度，促进农业的规模化经营，引导各类实体参与农业现代化建设，实现农业投资多元化，优化区域产业布局。根据区域特色，重点围绕高档苗木花卉、优质稻米、生态高效畜禽、名特优新水产、绿色蔬菜与食用菌、生态休闲观光旅游等主导产业，建设规模化生产基地，着力培育、扶植壮大行业龙头企业，提高龙头企业的加工处理能力，加大名牌产品的创造力度。

4. 实施“万村千乡”市场工程，促进农村商品流通现代化

在以政府为主导、以企业为主体、以市场为导向、以效益为中心的基础上，推进县城配送中心和镇级店建设，构建完善的农村商品流通体系，形成以配送中心为龙头、镇级店为骨干、村级店为基础的农村商品流通布局，完善经营网络，实现工业品下乡、农产品进城的双向大流通格局。

5. 发展农村社会事业，促进城乡公共服务均等化

推动公共资源向农村区域的倾斜。实施农村中小学布局调整，把高中段教育向主城区、副中心城市、中心镇集中，小学和幼儿园向社区（居民点）扩散。加大对县区的文化惠民工程，加快县区图书馆的改、扩建，建设示范村和整治点的多功能文化活动室。对中心镇卫生院进行整合，推进村卫生室标准化建设工程。加大对农村区域公路、公交、供水等基础设施项目的投入力度，实施“村村通延伸工程”，不断改善农村生产生活条件，推进城乡基础设施一体化。实现行政村到中心镇半小时到达。积极推进城乡客运一体化，芜湖市下辖的繁昌县是全省第一个实现村村通客运班车的县。积极实施惠民直达工程，2008 年，芜湖市就成为省惠民直达工程试点城市，芜湖市成立了市惠民办，惠民资金实行“一卡通”发放，并制定了《芜湖市城乡居民养老保险办法》。

（四）启示

1. 以组织协调机构为平台，强力推动城乡一体规划方案的制定和实施

为有效推进城乡一体化建设，芜湖市在总体规划和土地利用等专项规划的基础上，成立了城乡一体化综合配套改革领导小组或办公室，全面负责城乡综合配套改革工作的统筹规划、综合协调、推进指导、督查考核，形成了部门协助、上下联动的工作机制和方法，制定细化了城乡一体发展的实施方案、年度工作计划。

2. 以开发园区为载体，整合城乡产业

为加快推进工业化带动农业产业化，促进城乡产业整合融合发展，芜湖市积极推进“工业强县富民”和“以城带乡，以城融乡”政策实施，在打破行政区划界限的基础上，要求开发区、工业园区和县域、乡镇工业聚集区合作发展，提高产业集聚程度，利用开发园区的辐射能力，形成经济增长极，提高其带动农业及农村经济发展的能力，从而促进县域经济的繁荣。

3. 以“三集中”为路径，加快推进新农村建设步伐

一方面加速了产业向工业园区的集中、土地向种植大户的集中、农民向集中居住点的集中，促进了农民向市民的转化，并带动了城镇基础设施的投入和完善，加快了城镇化进程；另一方面，提高了农村耕地的规模化和集约化程度，提高了农业产业的附加值和经济效益，有力地支撑了新农村建设，促进了城乡一体发展。

4. 以民生工程为抓手，全面实施公共服务均等化

芜湖市加大在民生领域的投入，合理安排财力，以民生工程为抓手，统筹规划，有条不紊地积极推进城乡公共服务均等化。

5. 以体制改革为动力，积极促进要素资源的合理配置

芜湖市以改革为动力，积极推进财政、金融、土地、户籍等制度改革力度，提升乡村自主发展能力和与城市对接的能力，提高了乡村与城市对接的程度，促进了城乡一体化。

案例四：杜塞尔多夫

（一）表现

杜塞尔多夫位于莱茵河畔，是德国北莱茵—威斯特法伦的州首府。市区人口约58万，是德国广告、服装和通信业发展的重要城市，在德国位居第九大城市。塞尔多夫被称为“欧洲最大的乡村”，是城乡一体化的典范。

（二）原因

1. 经济快速发展

杜塞尔多夫是德国西部重要的经济、金融中心和水、陆、空交通运输中心。杜塞尔多夫位于德国鲁尔重工业区的中心，设在这里的钢材、钢管、钢铁、机械、化工和玻璃等工业企业享有世界声誉。杜塞尔多夫还是德国的时装之都，德国广告业、通信业的重要中心。

2. 德国独特的行政管理体系

在德国，城市拥有高度的自治权，联邦和州与城市没有领导关系，都是平等的关系。各个城市包括小城镇都是独立的法人，有独立的法规、单独的预算和自主发展的权利。这些虽然导致城市发展缺乏外部支持，但保证了城市发展、规划的自主性。

3. 注重城乡均衡发展

在推动城乡建设过程中，德国采取多中心、分散式的城镇化模式，注重大中城市和小城镇均衡发展，形成一种城乡统筹、分布合理、均衡发展的独特模式，减少了各地区的差异，全国100万人口以上的城市只有三个，大量的中小城市均匀分布，一半以上人口都住在10万人口以下的小镇。

（三）做法

1. 注重城市规划的统筹协调和权威性

在严格管理土地、环境等的同时，杜塞尔多夫城市规划具有法定性、长期性、固定性、稳定性，而且综合性很强，包括土地利用、产业布局、环境保护和城市建设等方面。城市规划对统筹城市的全面发展起到了十分重要的作用，规划在决策前必须进行充分调研、反复公示，最终由议会审议、批准，并具备法律效力。同时，独特的行政管理体制，保证了规划的严肃性，任何擅自改变规划的行为都是不可能的。

2. 妥善处理城乡协调发展问题

杜塞尔多夫市在进行经济结构转型的基础上，非常注重城乡联动发展，城市中心区主要承担着整个城市的集中辐射功能，郊区和农村保持了其特有的个性，发挥着承接城市辐射、支持城市发展的重要职能，真正从事农业的人员仅占总人口的4%。同时，农民享有一切城市居民的权利，没有明显的城乡差别。

3. 强调市民参与城市规划

德国特别强调市民的参与权，德国城市从规划方案的编制、修改到确定，每个环节都必须在公众的广泛参与下进行，并要向公众公布最终的结果。

参考文献

[1] 吕连生：《中部地区城乡一体化特色和发展新对策》，《江淮论坛》2013 年第 6 期，第 55 ~ 60 页。

[2] 廖其成：《大力推进城乡发展一体化建设》，《求实》2013 年第 S1 期，第 112 ~ 114 页。

[3] 胡新民：《城乡发展一体化保障机制研究——基于义乌市的实证分析》，《浙江师范大学学报（社会科学版）》2014 年第 1 期，第 83 ~ 90 页。

[4] Moore W. E., OTHER: Economics and Economic Policy of Dual Societies as Exemplified by Indonesia. J. H. Boeke [J]. American Anthropologist, 1954, 56 (6): 1149 - 1151.

[5] 埃比尼泽·霍华德：《明日的田园城市》，商务印书馆，2010。

[6] Jorgenson D. W., The Development of a Dual Economy [J]. Economic Journal, 1961, 71 (282): 309 - 334.

[7] 舒尔茨：《改造传统农业》，商务印书馆，1987。

[8] 缪尔达尔：《经济理论与不发达地区》，杰拉尔德·达克沃思公司，1957。

[9] Lipton M., Urban Bias: of Consequences, Classes and Causality. (Special Issue: Beyond Urban Bias) [J]. Journal of Development Studies, 1992, 29 (4): 229 - 258.

[10] 吴敌、明洋：《略论农业的弱质性》，《农村经济》2004 年第 11 期，第 74 ~ 76 页。

[11] 张红宇：《城乡统筹：以农民收入为中心的结构转换分析》，《产业经济研究》2003 年第 4 期，第 45 ~ 55 页。

[12] 陈纪平:《家庭农场抑或企业化——中国农业生产组织的理论与实证分析》,《经济学家》2008 年第 3 期,第 43 ~ 48 页。

[13] 郭正模、魏宇菲:《老龄产业和农业的弱质特征比较与产业扶持政策研究》,《中共四川省委省级机关党校学报》2014 年第 2 期,第 109 ~ 113 页。

[14] 黄宗智:《中国农村的过密化与现代化:规范认识危机及出路》,上海社会科学院出版社,1992。

[15] 李刚:《我国城乡一体化存在的问题、反思及解决对策》,《当代经济管理》2012 年第 9 期,第 30 ~ 33 页。

[16] 高帆:《中国城乡要素交换关系完善的理论研究与实证分析》,上海人民出版社,2016。

[17] Lipton M., The New Economics of Growth: A Review [J]. World Development, 1977, 5 (3): 267 - 270.

[18] 蔡昉:《城乡收入差距与制度变革的临界点》,《中国社会科学》2003 年第 5 期,第 16 ~ 25 页。

[19] Gardner B. L., The Political Economy of Agricultural Pricing Policy [J]. World Economy, 2010, 16 (5): 611 - 619.

[20] 高帆:《新时代我国城乡差距的内涵转换及其政治经济学阐释》,《西北大学学报(哲学社会科学版)》2018 年第 4 期,第 5 ~ 16 页。

[21] 陆铭、陈钊:《城市化、城市倾向的经济政策与城乡收入差距》,《经济研究》2004 年第 6 期,第 50 ~ 58 页。

[22] 陆学艺:《当代中国社会结构》,社会科学文献出版社,2010。

[23] 高帆:《分工差异与二元经济结构的形成》,《数量经济技术经济研究》2007 年第 7 期,第 3 ~ 14 页。

[24] 李同升、库向阳:《城乡一体化发展的动力机制及其演变分析——以宝鸡市为例》,《西北大学学报(自然科学版)》2000 年第 3 期,第 256 ~ 260 页。

[25] 江莹、曾菊新:《城乡关联发展的动力机制与实现途径》,《开发研究》2004 年第 2 期,第 87 ~ 90 页。

[26] 王平、杜娜、曾永明等:《海口市城乡一体化发展的动力机制研

究》，《商业时代》2014 年第 13 期，第 143～145 页。

[27] 石忆邵：《都农融合城市：城乡一体化发展的新趋向》，《广东社会科学》2015 年第 6 期，第 5～11 页。

[28] 陈锡文：《推动城乡发展一体化》，《求是》2012 年第 23 期，第 28～31 页。

[29] 罗雅丽：《区域城乡互动机制与城乡一体化发展研究》，西北大学硕士学位论文，2006。

[30] 陈学华、赵洪江：《城乡一体化动因及结果：基于制度创新的视角》，《农村经济》2007 年第 8 期，第 97～100 页。

[31] 盛宗根、周小仁：《对农民的宅基地、林权地、承包地的使用权财产量化是推动城乡一体化的动力》，《农业开发与装备》2013 年第 9 期，第 27～51 页。

[32] 张登国：《我国城乡一体化的动力体系研究》，《乡镇经济》2009 年第 11 期，第 91～94 页。

[33] S. L. G. C., Transportation and Metropolitan Development in China's Pearl River Delta: The Experience of Panyu [J]. Habitat International, 1999, 23 (2): 249-270.

[34] 程必定：《新市镇：城乡发展一体化的空间载体》，《城市发展研究》2013 年第 5 期，第 17～23 页。

[35] 郭振宗：《中国城乡产业融合发展的阶段性特征、发展趋势及促进对策》，《理论学刊》2013 年第 8 期，第 52～56 页。

[36] 李长坡、李青雨：《半城市化地区城乡一体化动力机制与发展模式研究——以许昌市城乡一体化推进区为例》，《安徽农业科学》2010 年第 17 期，第 9067～9069 页。

[37] 刘佳勇：《城乡统筹发展的动力机制分析及路径选择——以延安为例》，《陕西教育（高教版）》2014 年第 Z1 期，第 5～6 页。

[38] 陆学艺：《城乡一体化的社会结构分析与实现路径》，《南京农业大学学报（社会科学版）》2011 年第 2 期，第 1～5 页。

[39] 段杰、李江：《中国城市化进程的特点、动力机制及发展前景》，《经济地理》1999 年第 6 期，第 79～83 页。

[40] 国务院发展研究中心农村部课题组，叶兴庆，徐小青：《从城乡二元到城乡一体——我国城乡二元体制的突出矛盾与未来走向》，《管理世界》2014 年第 9 期，第 1～12 页。

[41] 孔祥智、张效榕：《从城乡一体化到乡村振兴——十八大以来中国城乡关系演变的路径及发展趋势》，《教学与研究》2018 年第 8 期，第 5～14 页。

[42] 刘春芳、张志英：《从城乡一体化到城乡融合：新型城乡关系的思考》，《地理科学》2018 年第 10 期，第 1624～1633 页。

[43] 杜鹰：《小农生产与农业现代化》，《中国农村经济》2018 年第 10 期，第 2～6 页。

[44] 王小兵、康春鹏、董春岩：《对“互联网 +”现代农业的再认识》，《农业经济问题》2018 年第 10 期，第 33～37 页。

[45] 张建雷：《发展型小农家庭的兴起：中国农村“半工半耕”结构再认识》，《中国农村观察》2018 年第 4 期，第 32～43 页。

[46] 郝鹏：《农村区域经济发展视域下的就地城镇化建设路径研究》，《农业经济》2017 年第 6 期，第 27～29 页。

[47] 李长江：《城乡差距的现状、根源及解决对策》，《理论探索》2004 年第 3 期，第 46～47 页。

[48] 韩俊：《中国城乡关系演变 60 年：回顾与展望》，《改革》2009 年第 11 期，第 5～14 页。

[49] 张建桥：《城乡关系的再认识——系统思维辩证思维战略思维的视角》，《理论导刊》2011 年第 3 期，第 62～64 页。

[50] 毛隽、毛林根：《论工业化进程中城乡一体化制度创新》，《辽宁大学学报（哲学社会科学版）》2011 年第 1 期，第 100～106 页。

[51] 王德文、何宇鹏：《城乡差距的本质、多面性与政策含义》，《中国农村观察》2005 年第 3 期，第 25～37 页。

[52] 李成贵：《推进城镇化的核心是调整城乡结构》，《中国土地》2009 年第 9 期，第 22～23 页。

[53] 李志杰：《我国城乡一体化评价体系设计及实证分析——基于时间序列数据和截面数据的综合考察》，《经济与管理研究》2009 年第

12 期，第 95～101 页。
[54] 高培勇：《“城市财政”难以协调城乡发展》，《小康》2006 年第 6 期，第 19 页。
[55] 武力：《城乡一体化：中国农村和农民的复兴梦》，《红旗文稿》2014 年第 1 期，第 21～23 页。
[56] 张应禄、陈志钢：《城乡二元经济结构：测定、变动趋势及政策选择》，《农业经济问题》2011 年第 11 期，第 84～93 页。
[57] 陈钊：《中国城乡发展的政治经济学》，《南方经济》2011 年第 8 期。
[58] 宋洪远：《调整城乡关系：国际经验及其启示》，《经济社会体制比较》2004 年第 3 期，第 88～91 页。
[59] 吴丰华、白永秀：《城乡发展一体化：战略特征、战略内容、战略目标》，《学术月刊》2013 年第 4 期，第 86～94 页。
[60] 孙自铎：《城乡一体化新析》，《经济地理》1989 年第 1 期，第 26～29 页。
[61] 朱善利：《城乡一体化与农村体制改革》，《中国市场》2011 年第 3 期，第 6～12 页。
[62] 任保平：《城乡发展一体化的新格局：制度、激励、组织和能力视角的分析》，《西北大学学报（哲学社会科学版）》2009 年第 1 期，第 14～21 页。
[63] 邓建华：《“三农”视阈下我国城乡一体化新格局的路径选择》，《财经问题研究》2011 年第 6 期，第 91～95 页。
[64] 黄祖辉：《城乡发展一体化的实现途径》，《浙江经济》2012 年第 24 期，第 26～27 页。
[65] 刘祖云、李震：《城市包容乡村：破解城乡二元的发展观》，《学海》2013 年第 1 期，第 20～28 页。
[66] 夏杰长、陈雷：《“乡财县管”根本动因：“城乡分治，一国两策”的城乡二元管理体制》，《经济研究参考》2006 年第 36 期，第 53 页。
[67] 党国英：《统筹城乡发展要有更积极的城市化政策》，《中国经贸导刊》2007 年第 23 期，第 34～35 页。

[68] 许经勇：《城乡一体化视野下的小城镇发展战略研究》，《东南学术》2018 年第 2 期，第 105 ~ 111 页。

[69] 赵晓军：《城乡一体抑或乡城一体——探索我国城乡平衡融合新模式》，《中国市场》2011 年第 7 期，第 61 ~ 65 页。

[70] 张强、曹朝晖、刘伟：《城乡发展一体化进程的阶段性》，《经济与管理评论》2014 年第 30（2）期。

[71] 王茂林：《以新型城镇化统领城乡一体新发展》，《学习与实践》2014 年第 1 期，第 5 ~ 8 页。

[72] Rondinelli D. A. , Applied Methods of Regional Analysis: The Spatial Dimensions of Development Policy [M]. Boulder: Westview Press, 1985.

[73] Bajracharya B. , Promoting Small Towns for Rural Development: A View from Nepal [J]. Asia-Pacific Population Journal, 1995, 10 (2): 27 – 50.

[74] 李习凡、胡小武：《城乡一体化的“圈层结构”与“梯度发展”模式研究——以江苏省为例》，《南京社会科学》2010 年第 9 期。

[75] 厉以宁：《如何缩小城乡制度差距》，《当代财经》2012 年第 2 期，第 5 ~ 6 页。

[76] 洪银兴、陈雯：《城市化和城乡一体化》，《经济理论与经济管理》2003 年第 4 期，第 5 ~ 11 页。

[77] 钱陈、史晋川：《城市化、结构变动与农业发展——基于城乡两部门的动态一般均衡分析》，《经济学（季刊）》2007 年第 1 期，第 57 ~ 74 页。

[78] 安虎森、殷广卫：《城乡联系及统筹城乡的战略性问题》，《城市发展研究》2008 年第 3 期，第 83 ~ 91 页。

[79] 韩俊：《以制度创新促进城乡一体化发展》，《理论视野》2010 年第 3 期，第 34 ~ 37 页。

[80] 白永秀：《城乡二元结构的中国视角：形成、拓展、路径》，《学术月刊》2012 年第 5 期，第 67 ~ 76 页。

[81] 朱善利：《改变城乡二元体制，实现城乡一体化发展》，《经济科

学》2013 年第 6 期，第 27 ~ 29 页。

[82] 张远索：《新型城镇化背景下城乡土地市场统筹构建》，《中国土地科学》2013 年第 11 期，第 39 ~ 44 页。

[83] 俞思念：《从城乡统筹发展到城乡一体化——兼论党的十八大对新时期城乡关系的总布局》，《学习论坛》2013 年第 4 期，第 8 ~ 11 页。

[84] 白永秀、王颂吉：《城乡发展一体化的实质及其实现路径》，《复旦学报（社会科学版）》2013 年第 4 期，第 149 ~ 156 页。

[85] 张晴、罗其友、刘李峰：《国外城乡统筹发展的做法与经验》，《中国农业资源与区划》2009 年第 2 期，第 76 ~ 80 页。

[86] 陆学艺、杨桂宏：《破除城乡二元结构体制是解决“三农”问题的根本途径》，《中国农业大学学报（社会科学版）》2013 年第 3 期，第 1 页。

[87] 冯俏彬：《我国城乡一体化战略的路径与任务》，《华中师范大学学报（人文社会科学版）》2016 年第 3 期，第 14 ~ 15 页。

[88] 陆学艺：《破除城乡二元结构　实现城乡经济社会一体化》，《社会科学研究》2009 年第 4 期，第 104 ~ 108 页。

[89] 王海峰：《基于城乡一体化视角的政府治理》，《辽宁行政学院学报》2010 年第 5 期，第 5 ~ 6 页。

[90] 王春光：《加快城乡社会管理和服务体制的一体化改革》，《国家行政学院学报》2012 年第 2 期，第 90 ~ 94 页。

[91] 郁建兴：《从行政推动到内源发展：当代中国农业农村发展的战略转型》，《经济社会体制比较》2013 年第 3 期，第 12 ~ 25 页。

[92] 党国英：《在高度城镇化基础上实现城乡一体化》，《新视野》2013 年第 1 期，第 22 ~ 27 页。

[93] 洪银兴、陈雯：《城市化和城乡一体化》，《经济理论与经济管理》2003 年第 4 期，第 5 ~ 11 页。

[94] 张叶：《论小城镇发展对城乡一体化的作用》，《浙江学刊》1997 年第 6 期，第 43 ~ 46 页。

[95] 傅崇兰：《城乡一体化是我国城镇化发展的新阶段》，《中国房地信

息》2010 年第 9 期，第 43～47 页。

[96] 陈学云、史贤华：《我国城镇化进程中的城乡一体化路径研究——基于新农村建设平台》，《经济学家》2011 年第 3 期，第 59～66 页。

[97] 胡必亮、马昂主：《城乡联系理论与中国的城乡联系》，《经济学家》1993 年第 4 期，第 98～109 页。

[98] 岳利萍、白永秀：《陕西城乡一体化水平判断与城乡协调发展对策研究》，《西北工业大学学报（社会科学版）》2006 年第 2 期，第 39～44 页。

[99] 郑国、叶裕民：《中国城乡关系的阶段性与统筹发展模式研究》，《中国人民大学学报》2009 年第 6 期，第 87～92 页。

[100] 白志礼、欧阳敏：《我国城乡一体化的阶段性及其量化分析》，《西北农林科技大学学报（社会科学版）》2010 年第 6 期，第 44～50 页。

[101] 杨榕、谢志强：《中国城乡统筹发展的阶段性特征及对策研究——以无锡市城乡一体化实践为例》，《中国发展》2011 年第 2 期，第 81～85 页。

[102] 叶超、陈明星：《国外城乡关系理论演变及其启示》，《中国人口·资源与环境》2008 年第 1 期，第 34～39 页。

[103] 安虎森、吴浩波：《我国城乡结构调整和城镇化关系研究——一种新经济地理学的视角》，《中国地质大学学报（社会科学版）》2013 年第 4 期，第 85～90 页。

[104] 刘影、池泽新：《新型工农城乡关系：研究进展与述评》，《江西农业大学学报（社会科学版）》2013 年第 2 期，第 257～261 页。

[105] 常亮、贾金荣：《乡村运动：城市功能的延续》，《北京理工大学学报》2011 年第 1 期。

[106] 周汉麒：《“十二五”时期我国城市发展阶段实证研究及政策建议——以武汉市为例》，《湖北行政学院学报》2010 年第 5 期，第 48～53 页。

[107] 焦必方、林娣、彭婧妮：《城乡一体化评价体系的全新构建及其应用——长三角地区城乡一体化评价》，《复旦学报（社会科学版）》

2011 年第 4 期，第 75 ~ 83 页。

[108] 王蔚、张生丛、魏春雨等：《湖南省城乡一体化评价指标体系及量化分析》，《湖南大学学报（自然科学版）》2011 年第 4 期，第 89 ~ 92 页。

[109] 张新亚、杨忠伟、袁中金：《苏州市城乡一体化测评指标体系研究》，《城市发展研究》2012 年第 5 期，第 12 ~ 15 页。

[110] 完世伟：《城乡一体化评价指标体系的构建及应用——以河南省为例》，《经济经纬》2008 年第 4 期，第 60 ~ 63 页。

[111] 张国平、籍艳丽：《区域城乡一体化水平的评价与分析——基于江苏的实证研究》，《南京社会科学》2014 年第 11 期，第 151 ~ 156 页。

[112] M. N. R., Urban Geography [M]. New York: John Wiley & Sons, 1979.

[113] 李璐颖：《城市化率 50% 的拐点迷局——典型国家快速城市化阶段发展特征的比较研究》，《城市规划学刊》2013 年第 3 期。

[114] 钱纳里：《发展的型式 1950 ~ 1970》，经济科学出版社，1988。

[115] 李宪坡、高宏良、董印：《全域城市化：理论与实践》，《魅力中国》2011 年第 3 期，第 27 ~ 45 页。

[116] 白永秀：《转变经济发展方式：城乡经济社会协调发展的视角》，《当代财经》2011 年第 11 期，第 13 ~ 19 页。

[117] 中国经济增长前沿课题组，张平、刘霞辉等：《中国经济转型的结构性特征、风险与效率提升路径》，《经济研究》2013 年第 10 期，第 4 ~ 17 页。

[118] 魏后凯：《新常态下中国城乡一体化格局及推进战略》，《中国农村经济》2016 年第 1 期，第 2 ~ 16 页。

[119]《习近平关于“三农”工作论述摘编》，中央文献出版社，2019。

[120] 林万龙：《从城乡分割到城乡一体：中国农村基本公共服务政策变迁 40 年》，《中国农业大学学报（社会科学版）》2018 年第 6 期，第 24 ~ 33 页。

[121] 北京天则经济研究所中国土地问题课题组，张曙光：《土地流转与

农业现代化》，《管理世界》2010年第7期，第66~85页。

［122］郭美荣、李瑾、冯献：《基于“互联网+”的城乡一体化发展模式探究》，《中国软科学》2017年第9期，第10~17页。

［123］单元庄、白云帆：《中国农业现代化的外部新机遇新动力》，《行政管理改革》2014年第7期，第19~23页。

［124］张军：《农业发展的第三次浪潮》，《中国农村经济》2015年第5期，第4~9页。

［125］焦晓云：《新型城镇化进程中农村就地城镇化的困境、重点与对策探析——“城市病”治理的另一种思路》，《城市发展研究》2015年第1期，第108~115页。

［126］毛丹：《村庄前景系乎国家愿景》，《人文杂志》2012年第1期，第150~155页。

［127］罗必良、何应龙、汪沙等：《土地承包经营权：农户退出意愿及其影响因素分析——基于广东省的农户问卷》，《中国农村经济》2012年第6期，第4~19页。

［128］Turner, Rozelle S, Brandt L., Property Rights Formation and the Organization of Exchange and Production in Rural China［Z］. 1998.

［129］杨凯育、李蔚青、王文博：《现代土地信托流转可行性模式研究》，《世界农业》2013年第4期。

［130］中国人民银行镇江市中心支行课题组：《土地流转信托：农村土地承包经营权融资方式的新探索》，《吉林金融研究》2015年第2期，第57~62页。

［131］黄震、吴罡：《土地流转信托的现状与分析》，《南方金融》2014年第6期。

［132］Brabec E., Smith C., Agricultural Land Fragmentation: The Spatial Effects of Three Land Protection Strategies in the Eastern United States［J］. Landscape and Urban Planning, 2002, 58 (2-4): 255-268.

［133］Hodge I. D., Adams W. M., Neoliberalisation, Rural Land Trusts and Institutional Blending［J］. Geoforum, 2012, 43 (3): 472-482.

[134] 宋华、周培：《发达国家土地信托经验分析及借鉴》，《世界农业》2015 年第 3 期，第 65 ~ 69 页。

[135] 藏波、杨庆媛、周滔：《国外农村土地证券化研究现状、前景及启示》，《中国土地科学》2012 年第 10 期，第 23 ~ 28 页。

[136] 杨明国：《中国农村土地流转信托研究——基于“宿州模式”和“益阳模式”的比较分析》，《财政研究》2015 年第 2 期，第 59 ~ 63 页。

[137] 吴本健、申正茂、马九杰：《政府背书下的土地信托、权能配置与农业产业结构调整——来自福建 S 县的证据》，《华南师范大学学报（社会科学版）》2015 年第 1 期，第 132 ~ 138 页。

[138] 臧公庆、龚鹏程：《农村耕地流转信托模式及机制构建研究》，《现代经济探讨》2015 年第 3 期，第 59 ~ 63 页。

[139] 邱峰：《农村土地流转创新模式探析——土地流转信托》，《农村金融研究》2014 年第 10 期，第 57 ~ 61 页。

[140] 徐卫：《土地承包经营权集合信托模式的构建逻辑与制度设计——契合土地流转目标的一种路径》，《暨南学报（哲学社会科学版）》2015 年第 2 期，第 50 ~ 59 页。

[141] 瞿理铜：《湖南省益阳市农村土地信托流转资源配置效应分析》，《国土资源情报》2014 年第 11 期，第 50 ~ 55 页。

[142] 张健涛：《绍兴土地信托流转的运行机制、实施困境与发展策略》，《上海国土资源》2014 年第 1 期，第 60 ~ 63 页。

[143] 王凤娟：《农村土地信托流转现状及其对策研究——以湖南省桃江县为例》，《经济研究导刊》2014 年第 15 期，第 21 ~ 41 页。

[144] 任宇、毛春梅：《基于 SWOT 分析的土地信托流转试点研究——以安徽省宿州市为例》，《江西农业学报》2015 年第 1 期，第 110 ~ 112 页。

[145] Kung J. K., Off-Farm Labor Markets and the Emergence of Land Rental Markets in Rural China [J]. Journal of Comparative Economics, 2002, 30 (2): 395 - 414.

[146] 陈美球、吕添贵、许莉等：《外出打工对耕地流转影响的实证分析》，《江西农业大学学报（社会科学版）》2011 年第 1 期，第 13 ~

18 页。

[147] 赵丙奇、周露琼、杨金忠等：《发达地区与欠发达地区土地流转方式比较及其影响因素分析——基于对浙江省绍兴市和安徽省淮北市的调查》，《农业经济问题》2011 年第 11 期，第 60 ~ 65 页。

[148] 张照新：《中国农村土地流转市场发展及其方式》，《中国农村经济》2002 年第 2 期，第 19 ~ 24 页。

[149] 罗必良、何应龙、汪沙等：《土地承包经营权：农户退出意愿及其影响因素分析——基于广东省的农户问卷》，《中国农村经济》2012 年第 6 期，第 4 ~ 19 页。

[150] 何京蓉、李炯光：《欠发达地区农户土地流转行为与影响因素》，《华南农业大学学报（社会科学版）》2010 年第 3 期，第 16 ~ 22 页。

[151] 闫小欢、霍学喜：《农民就业、农村社会保障和土地流转——基于河南省 479 个农户调查的分析》，《农业技术经济》2013 年第 7 期，第 34 ~ 44 页。

[152] 周春芳：《经济发达地区农户土地流转影响因素的实证研究》，《西北农林科技大学学报（社会科学版）》2012 年第 6 期，第 37 ~ 43 页。

[153] 徐美银、陆彩兰、陈国波：《发达地区农民土地流转意愿及其影响因素分析——来自江苏的 566 户样本》，《经济与管理研究》2012 年第 7 期，第 66 ~ 74 页。

[154] 许恒周、郭忠兴：《农村土地流转影响因素的理论与实证研究——基于农民阶层分化与产权偏好的视角》，《中国人口·资源与环境》2011 年第 3 期，第 94 ~ 98 页。

[155] 吴云青、罗倩、密长林等：《农民农地转出意愿及影响因素的性别差异——基于天津市 578 份调查问卷的实证分析》，《中国人口·资源与环境》2016 年第 6 期，第 69 ~ 74 页。

[156] 昝剑森、原栋：《对农村土地流转问题的若干思考——基于对晋中市农村土地流转问题的调查》，《福建论坛（人文社会科学版）》2013 年第 5 期，第 42 ~ 46 页。

[157] 黄枫、孙世龙：《让市场配置农地资源：劳动力转移与农地使用权市场发育》，《管理世界》2015 年第 7 期，第 71 ~ 81 页。

[158] 李景刚、王岚、高艳梅等：《风险意识、用途变更预期与土地流转意愿》，《生态经济》2016 年第 7 期，第 127 ~ 132 页。

[159] 胡霞、丁浩：《农地流转影响因素的实证分析——基于 CHIPS 8000 农户数据》，《经济理论与经济管理》2015 年第 5 期，第 17 ~ 25 页。

[160] 钟晓兰、李江涛、冯艳芬等：《农户认知视角下广东省农村土地流转意愿与流转行为研究》，《资源科学》2013 年第 10 期，第 2082 ~ 2093 页。

[161] 何国俊、徐冲：《城郊农户土地流转意愿分析——基于北京郊区 6 村的实证研究》，《经济科学》2007 年第 5 期，第 111 ~ 124 页。

[162] 李盼盼：《土地流转信托模式引发的思考》，《中国集体经济》2014 年第 24 期。

[163] 蔡昉、王美艳：《从穷人经济到规模经济——发展阶段变化对中国农业提出的挑战》，《经济研究》2016 年第 5 期，第 14 ~ 26 页。

[164] 王东京、王佳宁：《“三变”改革的现实背景、核心要义与推广价值》，《改革》2017 年第 8 期，第 5 ~ 15 页。

[165] 谢培秀：《新常态下我国转变农业发展方式的思考》，《中州学刊》2016 年第 1 期，第 36 ~ 42 页。

[166] 毛锋、张安地：《“三元结构”发展模式与小城镇建设》，《经济经纬》2007 年第 5 期，第 76 ~ 79 页。

[167] 陈靖：《村社理性：资本下乡与村庄发展——基于皖北 T 镇两个村庄的对比》，《中国农业大学学报（社会科学版）》2013 年第 3 期，第 31 ~ 39 页。

[168] 朱俊峰、郭焱：《农村发展改革面临的主要难点和风险点》，《中国发展观察》2017 年第 Z2 期，第 99 ~ 101 页。

[169] 符刚、陈文宽、李思遥等：《推进我国农村资源产权市场化的困境与路径选择》，《农业经济问题》2016 年第 11 期，第 14 ~ 23 页。

[170] 高帆：《激励相容与农业供给侧结构性改革的实施逻辑》，《天津社

会科学》2017 年第 4 期，第 99 ~ 107 页。

[171] 张绪清：《农村“三变”改革助推精准扶贫的政治经济学解析——基于六盘水的地方性实践》，《贵州师范大学学报（社会科学版）》2017 年第 1 期，第 89 ~ 99 页。

[172] 哈文丽：《“三变”变出新天地——水城县农村资源改革探索》，《当代贵州》2015 年第 23 期，第 22 ~ 23 页。

[173] 顾国：《毕节市农村“三变”改革工作做法及成效》，《中国农业信息》2017 年第 14 期，第 47 ~ 48 页。

[174] 李万军：《“三变”：推动农村发展的实践样本》，《理论与当代》2015 年第 10 期，第 42 ~ 43 页。

[175] 李家祥：《工商资本下乡经营农业：机遇与挑战》，《求实》2016 年第 7 期，第 89 ~ 96 页。

[176] 建设社会主义新农村目标重点与政策研究课题组，温铁军：《部门和资本“下乡”与农民专业合作经济组织的发展》，《经济理论与经济管理》2009 年第 7 期，第 5 ~ 12 页。

[177] 赵勇、白永秀：《知识溢出：一个文献综述》，《经济研究》2009 年第 1 期，第 144 ~ 156 页。

[178] 齐讴歌、赵勇、王满仓：《城市集聚经济微观机制及其超越：从劳动分工到知识分工》，《中国工业经济》2012 年第 1 期，第 36 ~ 45 页。

[179] 黄宗智：《小农户与大商业资本的不平等交易：中国现代农业的特色》，《开放时代》2012 年第 3 期，第 88 ~ 99 页。

[180] 黄艳、秦趣：《六盘水“三变”改革新型农业经营主体发展研究》，《经济论坛》2016 年第 9 期，第 54 ~ 56 页。

[181] 张义博：《农业现代化视野的产业融合互动及其路径找寻》，《改革》2015 年第 2 期，第 98 ~ 107 页。

[182] 岳振：《农村“三变”：打通农业市场化道路》，《当代贵州》2017 年第 3 期，第 40 ~ 41 页。

[183] 邱凌：《“三变”激发发展活力》，《当代贵州》2017 年第 30 期，第 14 ~ 15 页。

[184] 王运宝：《“三变”与激活：旌德农村股改“多赢效应”调查》，《决策》2016年第6期，第38~41页。

[185] 蒋永甫、何智勇：《资本下乡与现代农业发展中的农民组织化路径》，《云南行政学院学报》2014年第5期，第124~129页。

[186] 张亿钧、朱建文、秦元芳等：《农村“三变”改革：实践与思考——以安徽省旌德县三溪镇路西村为例》，《中国合作经济》2017年第4期，第54~58页。

[187] 姜德华、张耀光、杨柳等：《中国贫困地区类型划分及开发研究提要报告》，《地理研究》1988年第3期，第1~16页。

[188] 谢君君：《教育扶贫研究述评》，《复旦教育论坛》2012年第3期，第66~71页。

[189] 胡晓农：《新常态下金融助推精准扶贫的思考——基于农村金融供给侧视角》，《征信》2017年第1期，第59~62页。

[190] 匡萍：《对农村扶贫资金使用效率的分析》，《山西财政税务专科学校学报》2009年第5期，第3~6页。

[191] 张兆曙：《城乡关系、市场结构与精准扶贫》，《社会科学》2018年第8期，第65~75页。

[192] 姜丽丽、王士君、朱光明：《城市与区域关系演化过程及新时代特征》，《经济地理》2009年第8期，第1307~1311页。

[193] Berry D., Effects of Urbanization on Agricultural Activities [Z]. Blackwell Publishing Ltd., 1978.9, 2-8.

[194] Mishra R. K., Hota S. K., Growth of Urbanization and Decadence of Urban Agriculture: Threat to Economy and Ecology. [J]. Journal of Economic Policy & Research, 2011, 7 (1).

[195] 张晓冰：《对农村的智力掠夺》，《中国农村经济》1988年第6期，第20~64页。

[196] 程开明：《聚集抑或扩散——城市规模影响城乡收入差距的理论机制及实证分析》，《经济理论与经济管理》2011年第8期，第14~23页。

[197] 史官清：《从“掠夺之手”到“扶持之手”——城镇化的反思与

转型》，《财经理论研究》2015 年第 2 期，第 7 ~ 13 页。

[198] 纪漫云：《从“地人钱”看现代农业发展》，《江苏农村经济》2012 年第 1 期，第 63 ~ 65 页。

[199] Dholakia B. H. , Modernization of Agriculture and Economic Development: The Indian Experience [J]. Farm and Business—The Journal of The Caribbean Agro-Economic Society, 1992, 1 (1) .

[200] Wang L. , Lei Y. , Zeng Y. , et al. Modernisation in Agriculture: What Makes a Farmer Adopt an Innovation? [J]. Computational & Mathematical Methods in Medicine, 2013, 2013 (5): 399 - 412.

[201] 卫龙宝、伍骏骞、王恒彦：《工业化、城市化与农业现代化发展——基于 171 个国家 1961 ~ 2011 年的面板数据分析》，《社会科学战线》2013 年第 9 期，第 44 ~ 48 页。

[202] 石慧、吴方卫：《中国农业生产率地区差异的影响因素研究——基于空间计量的分析》，《世界经济文汇》2011 年第 3 期，第 59 ~ 73 页。

[203] 刘维奇、韩媛媛：《城镇化与农业技术变迁的互动机制——基于中国数据的理论与经验研究》，《经济理论与经济管理》2014 年第 1 期，第 87 ~ 99 页。

[204] 谢杰、李鹏：《中国农业现代化进程直接影响因素与空间溢出效应》，《农业经济问题》2015 年第 8 期，第 42 ~ 48 页。

[205] 李宾、孔祥智：《工业化、城镇化对农业现代化的拉动作用研究》，《经济学家》2016 年第 8 期，第 55 ~ 64 页。

[206] 柯善咨、赵曜：《城市规模、集聚经济与资本的空间极化——基于我国县级以上城市面板数据的实证研究》，《财经研究》2012 年第 9 期，第 92 ~ 102 页。

[207] 舒尔茨·西奥多：《论人力资本投资》，北京经济学院出版社，1990。

[208] 杨曙辉、宋天庆、陈怀军等：《工业化与城镇化对农业现代化建设的影响》，《中国人口·资源与环境》2012 年第 S1 期，第 398 ~ 403 页。

[209] Evans H. E., Ngau P. Rural-Urban Relations, Household Income Diversification and Agricultural Productivity [J]. Development & Change, 1991, 22 (3): 519 - 545.

[210] 杨向阳、赵蕾:《公共投资对农业生产率和非农就业的影响研究》,《农业经济问题》2007 年第 12 期,第 41 ~ 49 页。

[211] 程莉、刘志文:《农业现代化与城乡收入差距:内在逻辑与实证分析》,《财经科学》2013 年第 7 期,第 99 ~ 109 页。

[212] Hansen B. E., Threshold Effects in Non-dynamic Panels: Estimation, Testing, and Inference [J]. Journal of Econometrics, 1999, 93 (2): 345 - 368.

[213] 贾云赟:《城镇化、工业化、农业现代化与经济增长关系研究》,《城市发展研究》2012 年第 12 期,第 27 ~ 32 页。

[214] 谢杰:《工业化、城镇化在农业现代化进程中的门槛效应研究》,《农业经济问题》2012 年第 4 期,第 84 ~ 90 页。

[215] 黄祖辉、林坚、张冬平等:《农业现代化:理论、进程与途径》,中国农业出版社,2003。

[216] 蒋和平、黄德林:《中国农业现代化发展水平的定量综合评价》,《农业现代化研究》2006 年第 2 期,第 87 ~ 91 页。

[217] 柯善咨、赵曜:《城市规模、集聚经济与资本的空间极化——基于我国县级以上城市面板数据的实证研究》,《财经研究》2012 年第 9 期,第 92 ~ 102 页。

[218] 黄祖辉、邵峰、朋文欢:《推进工业化、城镇化和农业现代化协调发展》,《中国农村经济》2013 年第 1 期,第 8 ~ 14 页。

[219] 李伟、马永谈:《财政支农支出对农业现代化的影响效应研究——基于动态面板数据的实证分析》,《西安财经学院学报》2014 年第 3 期,第 5 ~ 9 页。

[220] 梁文泉、陆铭:《后工业化时代的城市:城市规模影响服务业人力资本外部性的微观证据》,《经济研究》2016 年第 12 期,第 90 ~ 103 页。

[221] 魏后凯、苏红键:《中国农业转移人口市民化进程研究》,《中国人

口科学》2013 年第 5 期，第 21 ~ 29 页。

[222] 厉以宁：《中国应走农民“就地城镇化”道路》，《农村工作通讯》2013 年第 21 期，第 40 页。

[223] 陈锡文：《应该认真研究农村现实问题》，《农业经济问题》2007 年第 4 期，第 4 ~ 8 页。

[224] 叶继红：《推进农民集中居住与城乡一体化健康发展》，《江淮论坛》2015 年第 3 期，第 10 ~ 14 页。

[225] 胡宝荣、李强：《城乡结合部与就地城镇化：推进模式和治理机制——基于北京高碑店村的分析》，《人文杂志》2014 年第 10 期，第 105 ~ 114 页。

[226] 罗必良：《农业供给侧改革的关键、难点与方向》，《农村经济》2017 年第 1 期，第 1 ~ 10 页。

[227] 刘灿、刘明辉：《产业融合发展、农产品供需结构与农业供给侧改革》，《当代经济研究》2017 年第 11 期，第 32 ~ 41 页。

[228] 王文龙、万颖：《乡村的终结与新生：政府作用探讨》，《经济体制改革》2013 年第 1 期，第 65 ~ 69 页。

[229] 钧胡：《科学定位：处理好政府与市场的关系》，《经济纵横》2014 年第 7 期，第 9 ~ 12 页。

[230] 何显明：《市场体系发育过程中有效政府的行为模式——基于浙江义乌的个案研究》，《中共浙江省委党校学报》2007 年第 6 期，第 46 ~ 54 页。

[231] 高长武：《习近平关于推进城乡发展一体化的思想论析》，《毛泽东研究》2017 年第 2 期，第 10 ~ 20 页。

[232] 谌新民、周文良：《农业转移人口市民化成本分担机制及政策涵义》，《华南师范大学学报（社会科学版）》2013 年第 5 期，第 134 ~ 141 页。

[233] 欧阳安蛟、蔡锋铭、陈立定：《农村宅基地退出机制建立探讨》，《中国土地科学》2009 年第 10 期，第 26 ~ 30 页。

[234] 覃成林：《区域协调发展机制体系研究》，《经济学家》2011 年第 4 期，第 63 ~ 70 页。

[235] 韩振武:《城乡社会保障并轨何以可能——苏州城乡一体化发展的启示》,《发展研究》2014 年第 5 期,第 108 ~114 页。

[236] 周锐波、闫小培:《深圳市农村管理体制城市化改革研究》,《城市规划》2008 年第 4 期,第 71 ~77 页。

图书在版编目（CIP）数据

城乡一体发展的新常态、新动力与新建构研究 / 蔡书凯著. -- 北京：社会科学文献出版社，2020.10
（国家社科基金后期资助项目）
ISBN 978 - 7 - 5201 - 7455 - 8

Ⅰ. ①城… Ⅱ. ①蔡… Ⅲ. ①城乡一体化 - 发展 - 研究 - 中国 Ⅳ. ①F299.21

中国版本图书馆 CIP 数据核字（2020）第 201439 号

· 国家社科基金后期资助项目 ·
城乡一体发展的新常态、新动力与新建构研究

著　　者 / 蔡书凯

出 版 人 / 谢寿光
组稿编辑 / 任文武
责任编辑 / 连凌云

出　　版 / 社会科学文献出版社 · 城市和绿色发展分社（010）59367143
地址：北京市北三环中路甲 29 号院华龙大厦　邮编：100029
网址：www.ssap.com.cn
发　　行 / 市场营销中心（010）59367081　59367083
印　　装 / 三河市龙林印务有限公司

规　　格 / 开　本：787mm × 1092mm　1/16
印　张：13.25　字　数：212 千字
版　　次 / 2020 年 10 月第 1 版　2020 年 10 月第 1 次印刷
书　　号 / ISBN 978 - 7 - 5201 - 7455 - 8
定　　价 / 78.00 元

本书如有印装质量问题，请与读者服务中心（010 - 59367028）联系